普通高等学校学前教育专业系列教材

学前教育现代教育技术

第2版

谢忠新　主编

复旦大学出版社

复旦学前云平台

fudanxueqian.com

复旦学前云平台
数字化教学支持说明

为提高教学服务水平，促进课程立体化建设，复旦大学出版社学前教育分社建设了"复旦学前云平台"，为师生提供丰富的课程配套资源，可通过"电脑端"和"手机端"查看、获取。

【电脑端】

电脑端资源包括 PPT 课件、电子教案、习题答案、课程大纲、音频、视频等内容。可登录"复旦学前云平台"www.fudanxueqian.com 浏览、下载。

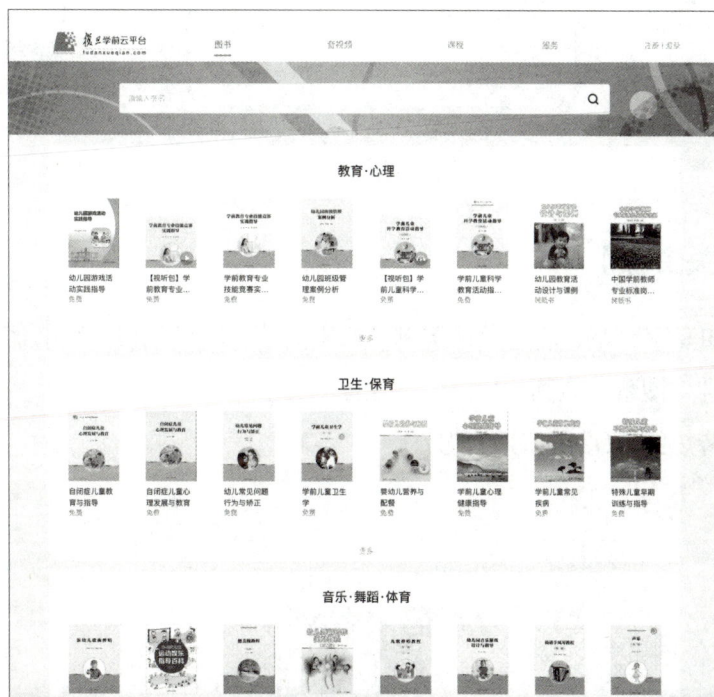

Step 1 登录网站"复旦学前云平台"www.fudanxueqian.com，点击右上角"登录 / 注册"，使用手机号注册。

Step 2 在"搜索"栏输入相关书名，找到该书，点击进入。

Step 3 点击【配套资源】中的"下载"（首次使用需输入教师信息），即可下载。音频、视频内容可通过搜索该书【视听包】在线浏览。

📱 【手机端】

PPT 课件、音视频、阅读材料：用微信扫描书中二维码即可浏览。

扫码浏览

📖 【更多相关资源】

更多资源，如专家文章、活动设计案例、绘本阅读、环境创设、图书信息等，可关注"幼师宝"微信公众号，搜索、查阅。

平台技术支持热线：029-68518879。

"幼师宝"微信公众号

第 2 版前言

此书第 1 版自 2013 年出版以来,累计印刷 13 次,累计发行 6 万余册,使用的院校分布在全国各地。第 1 版教材编写至今已有十年时间。十年来,随着现代信息技术发展的日新月异,幼儿园在教育信息化发展、教育数字化转型方面的需求有了新的转变和落脚点,如校园网络从有线网络覆盖走向有线网络与无线网络齐飞,适用幼儿园教学与管理的信息化软件及工具越来越丰富,可穿戴设备进入校园,出现了各类现代信息技术赋能的幼儿园新型学习空间,等等。因此,第 1 版教材中部分内容已不再适用,学前教育专业学生需要了解和学习现代教育技术发展新成果、新动向及其在幼儿教育与管理中的应用。

为了贯彻落实党的二十大关于教育工作的战略部署、全国教育工作会议精神,及时把握学前教育现代教育技术发展的新变化,我们开展了此次教材修订工作。修订的目标是使得修订后的教材内容更贴合当前学前教育数字化转型背景下,幼儿教师运用现代教育技术开展幼儿教育活动优化、幼儿家园共育、幼儿成长记录、教师专业发展等方面的需求,凝练更多幼儿教育与管理的成功经验,为幼儿教师继续教育提供更具专业的引领。

本次教材修订幅度大,修订特色主要体现在以下几个方面:

1. 绪论部分,删减了短信、班级博客等沟通工具和平台的相关内容;新增了人工智能技术等现代信息技术发展成果的相关内容;新增了智慧教室、物联网教室等智慧学习空间的相关内容;增加可穿戴设备的相关内容。

2. 幼儿园信息化环境部分,更新了幼儿园多媒体教室软硬件设备装备,新增了无线网络环境、幼儿园新型学习空间环境、智慧幼儿园环境等相关内容。

3. 幼儿数字化活动资源的处理部分,删减了数码相机、摄像机选择及使用基本步骤相关内容;更新了使用更为便捷的智能手机进行图像、音频、视频资源获取与处理的相关内容;补充了微视频的设计与制作相关内容。

4. 信息技术环境下幼儿教育活动的设计部分,新增了"可穿戴设备环境下教育活动的设计"的学习内容及主题活动。

5. 信息化环境下幼儿教育活动的实施部分，新增了大班语言教育"有趣的汉字"活动的实施，作为探究型幼儿教育活动的实施在语言领域的活动案例。

6. 信息技术支持下的幼儿园其他相关工作，删减了"博客的使用""微博的使用"的学习内容及主题活动；新增了问卷星采集幼儿行为数据、WPS 分析与可视化幼儿行为数据、小程序开展家园互动、数字笔记开展教师个人知识管理的学习内容及主题活动。

本次教材修订由谢忠新负责整体的策划和设计，参加修订编写的人员主要包括李晓晓、李盈、褚金岭、曹杨璐、刘冠群等老师。其中，绪论由谢忠新修订，第一章由李晓晓修订，第二章由李盈修订，第三章由褚金岭修订，第四章由曹杨璐修订，第五章由刘冠群修订。同时，谢忠新、李晓晓对书稿做了全面的统稿工作。书中引用了一些专家与学者的著作、论文，对此表示衷心的感谢。

与本书配套的素材、样例等数字资源，也与时俱进，不再制作光盘，而放在网上由读者自行下载，下载网址是：复旦学前云平台（www.fudanxueqian.com）。

编　者

2023 年 10 月

第 1 版前言

随着学前教育信息化和基础教育课程改革进程的不断深入,教育技术日益成为学前教育教师职业的一项重要素质和能力。《中小学教师教育技术能力标准(试行)》中明确指出:教学人员要能够认识到教育技术能力是教师专业素质的必要组成部分。在 2012 年教育部公布的《幼儿园教师专业标准》中将"具有一定的现代信息技术知识"作为对幼儿教师"通识性知识"领域中的一项基本要求;2011年教育部师范教育司和教育部考试中心公布的《中小学和幼儿园教师资格考试标准(试行)》中提出:教师应具有信息处理的基本能力;2012 年教育部发布的《教育信息化十年发展规划(2011—2020 年)》提出,职业教育信息化要"提高学生的信息技术职业能力"。因此,现代教育技术知识和技能也是学前教育专业学生达到职业标准必须学习和掌握的知识技能之一。

为了适应学前教育教师职业发展对教育技术的实际需求,本教材以《中小学教师教育技术能力标准(试行)》为标准,以现代教育技术理论及技术为基础,根据当前学前教育信息化发展的状况与趋势,基于学前教育信息化对幼儿教师职业的要求,在研究学前教育专业学生的现代教育技术学习要求的前提下,确定了教材的主题活动形式;在研究已有的现代教育技术相关书籍的基础上,准确定位学前教育专业学生的现代教育技术学习内容,组织编写了本教材。在编写过程中,本书力求满足信息化环境下幼儿教师对现代教学技能的需求。本教材具有以下几个方面的特色。

1. 与学前教育专业信息技术基础文化课内容衔接

"学前教育信息技术基础"作为学前教育专业第一学年的公共课,"学前教育现代教育技术"作为学前教育专业第二学年的公共课,在教学重点、教材内容和教学难度上进行了合理的衔接和拓展。

2. 现代教育技术理论与实践相结合

避免过多教育技术理论性知识的阐述,增加教育技术实践性知识的内容的比例,对接幼儿园教学和管理的岗位要求。将教学内容融入到具体真实幼儿园教师工作情境中,突破现代教育技术理论学习与实践相互独立的局限性,真正地将理论、方法与技术融入到真实情景的教学活动中,做到理论与实践的有机统一。

1

3. 现代教育技术内容与学前教育专业相结合

现代教育技术内容与学前教育具体专业相结合,体现学前教育专业特色。本教材以学前教育学生职业所需的幼儿园教师的工作内容为主,以培养学前教育专业学生的信息素养为教材设计的根本出发点。

4. 通过"项目活动"组织内容

通过"项目活动"的形式组织教材内容。教材中的项目活动应是幼儿园教师在实际工作中的真实活动,教材涉及的知识和技能应是幼儿园教学和管理中所需的,能解决在幼儿园实际工作中遇到的问题,让学生通过完成项目活动来掌握教育技术实践性知识,把相关的理论性知识作为"知识衔接"放在项目活动中。

除了绪论与第一章以外,教材其他章节的每一节就是一个与幼儿园教育教学工作相关的主题活动,把本节涉及的现代教育技术相关知识、理论融入到主题实践活动中。每一节的内容包括了"活动情境与任务""活动分析""方法与步骤""相关知识与技能"4 个部分,"活动情境与任务"通过幼儿园真实情景引出相关的任务,以具有挑战性的真实任务来组织学习内容;"活动分析"是对整个任务完成的过程与方法进行分析,着力培养学生利用信息技术分析问题的能力;"方法与步骤"是具体完成任务的详细操作方法与具体步骤,学前教育专业学生通过这部分内容可自主实践与探究;"相关知识与技能"是对这一章节涉及的现代教育技术相关理论知识进行的比较详细的阐述,以弥补采用项目活动组织教材内容而引起的现代教育技术知识完整性与系统性的不足。

5. 关注新技术在学前教育中的应用

教材内容除了传统的多媒体教学资源的制作技术、教育教学活动的设计与实施外,还增加了思维导图、微博与博客、数字笔记以及未来学习(活动)空间中幼儿活动的设计等内容,增加新技术在幼儿园教育教学中应用的内容。

本教材由谢忠新负责全书的策划和设计,参加编写的人员主要包括高丹丹、王其冰、贾晶晶、褚金铃、李艳、范莉等老师。其中绪论由谢忠新编写,第一章由王其冰编写,第二章由王其冰、贾晶晶、褚金铃、李艳编写,第三章由高丹丹编写,第四章由褚金铃、李艳编写,第五章由王其冰、贾晶晶编写,范莉提供了本教材的相关素材与实例,同时谢忠新对本教材做了全面的统稿。书中引用了一些专家与学者的著作、论文,对此表示衷心的感谢!

编　者

2013 年 6 月

目 录

		绪论	第一章 幼儿园信息化环境	第二章 幼儿数字化活动资源的处理	第三章 信息技术环境下幼儿教育活动的设计	第四章 信息化环境下幼儿教育活动的实施	第五章 信息技术支持下的幼儿园其他相关工作
第一节	学习内容	认识现代教育技术 / 1	幼儿园多媒体教室 / 19	幼儿活动图像素材的获取与处理 / 33	幼儿园教育活动设计简介 / 68	讲授型幼儿教育活动的实施 / 101	技术支持的活动优化 / 120
第一节	主题活动			"幼儿园春游活动"照片的拍摄与处理 / 33		大班主题教育活动"认识时钟" / 101	幼儿活动计划的制订 / 120
第二节	学习内容	信息技术在幼儿园管理与家园互动中的应用 / 11	幼儿园网络 / 25	幼儿活动音频素材的获取与处理 / 41	多媒体教室中幼儿教育活动的设计 / 71	探究型幼儿教育活动的实施 / 107	技术支持的幼儿行为观察与分析 / 131
第二节	主题活动			中班"听声音猜动物"游戏活动的准备 / 41	大班艺术教育"京剧脸谱"活动的设计 / 71	大班科学教育"宇宙探索"活动的实施 / 107 大班语言教育"有趣的汉字"活动的实施 / 112	幼儿健康数据的采集、处理、分析与可视化 / 131
第三节	学习内容	现代教育技术在幼儿教育五大领域中的应用 / 16	智慧幼儿园 / 28	幼儿活动视频素材的摄制与处理 / 50	未来学习空间中幼儿教育活动的设计 / 83		技术支持的家园互动 / 141
第三节	主题活动			"幼儿园家长开放日"活动视频的拍摄与处理 / 50	大班科学教育"空气的秘密"活动的设计 / 83		家园互动的开展 / 141
第四节	学习内容			幼儿活动多媒体作品的设计与制作 / 58	基于可穿戴设备的幼儿教育活动的设计 / 94		技术支持的教师专业成长 / 150
第四节	主题活动			"我们的成长"多媒体作品制作 / 58 "小球的旅行"微视频创作 / 63	户外团队运动 / 94		教师个人知识管理的开展 / 150

1

绪 论

第一节　认识现代教育技术

一、现代教育技术的概念

1. 教育技术

根据教育技术 AECT05 定义，教育技术是通过设计、开发、利用、管理、评价有合适技术支持的教育过程与教育资源，促进学习并提高绩效的理论与实践。

何克抗教授认为，教育技术的本质可以用一句话来概括就是：应用技术手段来优化教育、教学过程。这里的技术包括硬软两方面的技术——绩效技术与教学设计技术就是教育技术中较典型的软技术。

杨开城博士认为"教育技术是育人技术及其创新整合的技术，是一个以育人为目的的方法论体系。教育技术是一种具有独特技术原理的技术"。

李龙教授认为目前中国教育技术领域情况复杂，单纯使用一个概念是无法鉴定教育技术的，应该用领域的概念和不同层面的概念来共同构成其定义体系。具体包括如下几个方面。教育技术领域的概念：教育技术是恰当地运用相关的手段和方法提高教育绩效的研究和应用领域。教育技术本质的概念：教育技术是人类在教育、教学活动中所采用的手段与方法的总称。教育技术实践层面的概念：教育技术是在先进教育思想、理论的指导下，运用相关的手段和方法促进教育效果优化的实践活动。教育技术理论层面的概念：教育技术学是研究在教育中运用相关技术来提高绩效的理论、规律和方法的一门学问。李龙教授认为，教育技术的定义体系应由以上三方面的概念以及教育技术领域的概念共同构成，才能全面阐释教育技术的基本内涵。

2. 现代教育技术

现代教育技术是近几年来随着信息技术在教育领域的应用而产生的新名词，是我国特有的称法，其定义众说纷纭，没有定论。

有学者认为，现代教育技术是把现代教育理论应用于教育、教学实践的现代教育手段和方法的体系。包括以下几方面：教育、教学应用的现代技术手段，即现代教育媒体；应用现代教育媒体进行教育、教学活动的方法，即传媒教学法；优化教育、教学的系统方法，即教学设计。

也有学者认为现代教育技术是相对传统教育技术的一个术语，任何时代任何形式的教育都有其教育技术，只是技术的含量和水平有高有低而已。教育技术不仅包含物化的媒体技术，也包括非物化的教育规划与开发技术、教学设计与组合技术、教学策略与方法技术、教学信息传播与交互技术、教学测量与评价技术、教学管理与控制技术。随着现代教育思想、理论的发展,以及信息技术,尤其是计算机技术、通讯技术的发展与在教育中的应用,教育技术也进入了一个新的阶段。

还有学者指出,现代教育技术就是运用现代教育理论和现代信息技术,通过对教与学过程和教与学资源的设计、开发、利用、评价和管理,以实现教学优化的理论与实践。与教育技术定义比较,该定义强调必须运用现代教育理论和现代信息技术,不但研究学习过程,还要研究教学过程,强调现代教育技术追求的目标是实现教学优化。

综合各种说法,可以从以下4个方面来理解现代教育技术的基本思想:

第一,现代教育技术应用必须以现代教育理论作指导。现代教育技术的应用是教育思想的体现,应用现代教育技术,首先必须考虑能充分体现教师的指导作用,充分发挥学生作为认知主体地位的教育思想,要关注教育的个性化。

第二,现代教育技术要充分运用各种信息技术。在当前,应用于教育中的现代信息技术主要包括计算机多媒体技术、人工智能技术、网络通讯技术和虚拟现实与增强现实技术、移动技术等。

第三,现代教育技术是以优化教与学过程和教与学资源为任务,这就要求不仅要研究教与学资源,还必须重视研究教与学的过程,探索与建构新型的教与学的方式。教师要从知识的讲授者转变为学习的指导者和学生活动的导演者;学生要从被动的听讲者转变为主动参与的主体;媒体从过去的演示工具转变为学生的认知工具;教学过程从传统的(逻辑分析)讲授过程转变为学生的发现问题、探索问题、研究问题来获得知识,培养能力的过程。

第四,现代教育技术的应用包括设计(设计教学过程、教学软件、教学环境和教学模式)、开发(开发教学软件、硬件、课程和教学模式)、应用(应用于实际教学过程中)、评价和管理5个基本环节。而且,随着现代信息技术的发展,教育技术的应用方式也在不断地发展。

① 设计:为达到给定的教学目标,进行优化教学系统、教学信息的设计。

② 开发:应用相关的理论和技术,尤其是教育理论和信息技术开发教学软件、硬件、课件、教学模式、教学系统等教育教学过程的开发研究。

③ 应用:指将各种技术和手段,尤其是信息技术和手段应用到教育、教学及相关系统中,保证教育技术手段的不断革新,提高它们的绩效。

④ 评价:对与教育教学有关的系统制订科学的评价标准,并且进行测量,给出定量和定性的判断,以使各相关系统达到优化。评价既要注重对教育教学系统的总结性评价,又要注重形成性评价,并以此作为质量监控的主要措施,对存在的问题进行分析、解决。

⑤ 管理:对教学系统、教育信息、教育资源和教育研究计划与项目的管理。

二、现代教育技术与教育改革

现代教育技术强调充分应用信息技术。关于信息技术对教育的作用和影响,中共中央、国务院印发的《中国教育现代化2035》重点部署了面向教育现代化的十大战略任务,其中之一是"加快信息化时代教育变革"。它从4个方面强调加快信息化时代教育变革:建设智能化校园、利用现代技术加快推动人才培养模式改革、建立数字教育资源共建共享机制、推进教育治理方式变革。2021年,《教育部等六部门关于推进教育新型基础设施建设构建高质量教育支撑体系的指导意见》提出了信息网络、平台体系、数字资源、智慧校园、创新应用、可信安全等方面的教育新型基础设施建设方向,强调"教育新型基础设施建设是信息化时代教育变革的牵引力量,是加快推进教育现代化、建设教育强国的战略举措"。

(一)与教育相关的新技术

随着信息技术的快速发展,除了原有的多媒体技术、网络技术等信息技术在教育中应用外,许多新技术正在逐步进入教育领域。

1. 游戏化学习

如何提高学生的合作、解决问题的能力,已成为目前教育工作者关注的问题。研究表明,游戏已经被证实是一种有效的学习工具,有利于认知能力的发展,能够促进学生合作、沟通、处理问题和批判性思维等软技能的养成。

随着游戏程序形式发展的多样性日益突出,其中一些经常用在教育过程中,如替代现实游戏、大型多人在线游戏等,如图0-1所示。当前在广泛学科中,用于学习的大部分游戏具有一些相似的特征,主要是以目标为导向、具有很强的社会属性以及模拟一些与学生生活相关的真实社会经历。

图0-1 教学游戏

2. 电子书

电子书不仅承载了大量的文字信息,还能更好地呈现图片、声音、视频、动画、地图、游戏、图表等交互性媒体,如图0-2所示。例如 iPad/iPhone 版的"Our Choice",这本电子书的重点是全球气候变化,该电子书很好地体现了全媒体、专业性、交互性。电子书将在教育中拥有重要的意义与地位。

图0-2 电子书

3. 平板电脑

平板电脑不仅被看成是一种新型的移动设备,而且是一种新技术——一种将计算机、智能手机、老式平板电脑的功能以及大量应用程序结合起来创造个性化体验的新技术,如图0-3所示。

图0-3 平板电脑

平板电脑以其便携性、大屏幕以及可触性成为一对一学习的理想设备。一些学校正在应用它来支持和增强基于探究的学习、基于挑战的学习和其他形式的主动学习。

4. 物联网

物联网通俗地讲就是物物相连的互联网,如图 0-4～0-6 所示,包含两层意思:第一,物联网是在互联网基础上延伸和扩展的网络;第二,其用户端延伸和扩展到了任何物品与物品之间,进行信息交换和通信。因此,物联网是指把任何物品与互联网相连接,进行信息交换和通信,以实现对物品的智能化识别、定位、跟踪、监控和管理的一种网络。

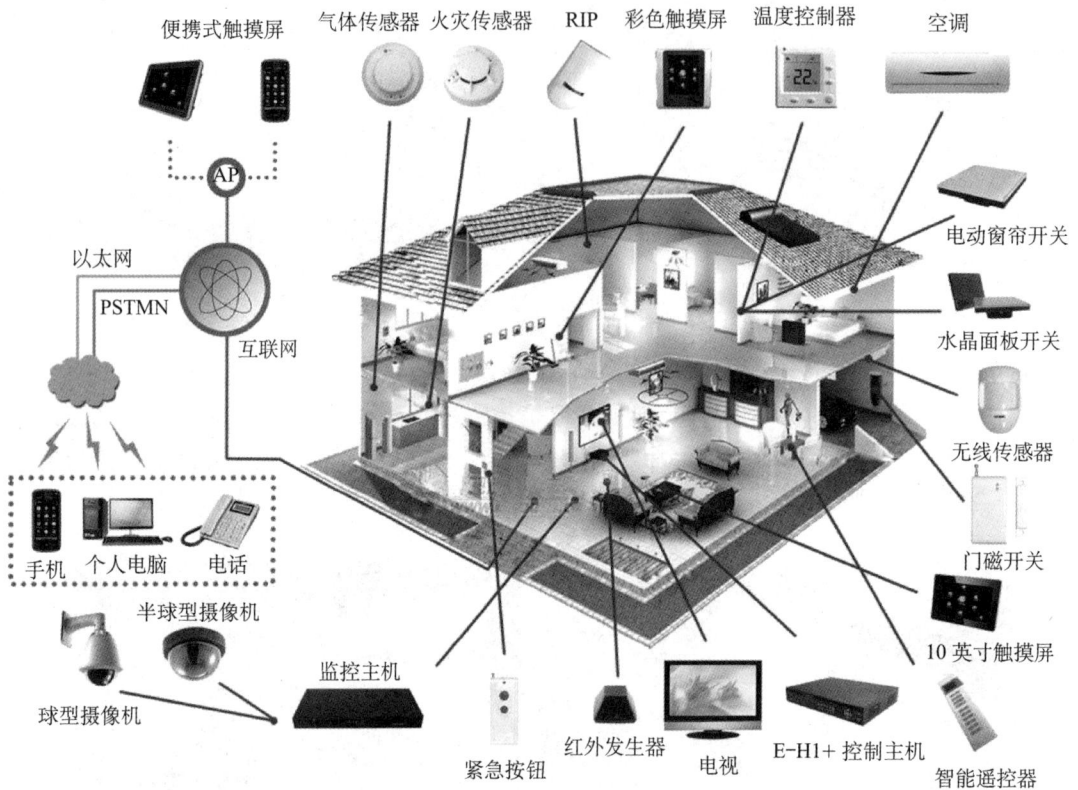

图 0-4 物联网与智能家居示意图

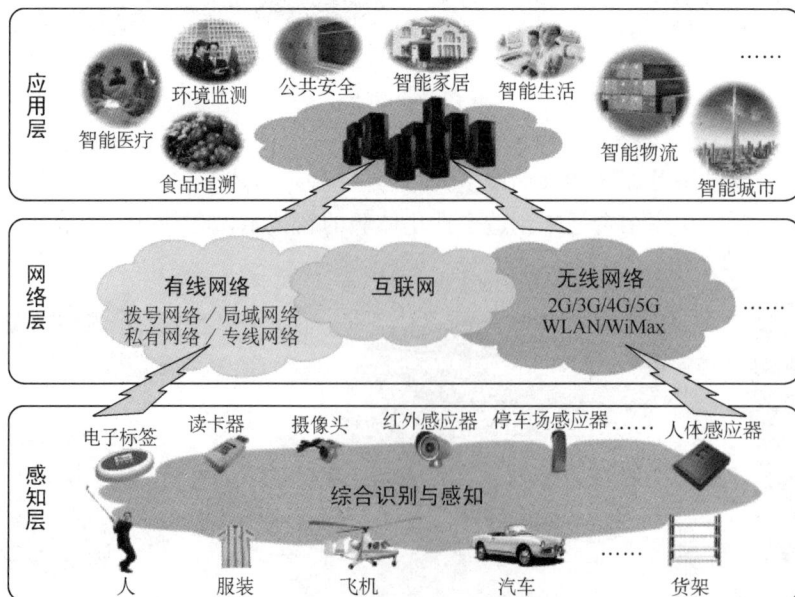

图 0-5 物联网的体系结构

图 0-6 物联网应用概念图

物联网在建构智能化教学环境、丰富实验教学、辅助教学管理、拓展课外活动等方面,日益发挥重要的作用。可利用智能标签识别需要学习的对象,同时根据学生的学习行为记录调整学习内容,这是对传统课堂和虚拟实验的拓展。

5. 云计算

云计算是一种基于互联网的计算方式,通过这种方式,共享的软硬件资源和信息可以按需提供给计算机和其他设备,如图 0-7 所示。

云计算可以大大降低信息化教学的成本。只要是计算机能接入互联网的地方,学习者都可以利用网络浏览器完成对文档、幻灯片、数据表、邮件、图片等的处理工作,而且不需要分别购买和安装不同的软件包,如图 0-8 所示。现在,许多学生已可获得云计算应用及服务,而更多的学校运用了云计算工具,这些趋势对基础教育采用云计算起到很大的促进作用,如图 0-9 和 0-10 所示。

图 0-7 云计算

图 0-8 云计算随需取用意境图

6. 增强现实

人们对增强现实的认识正从最初的空间设备转变为具有巨大潜力的、简单易用的工具。增强现实技术的一个核心特征就是它具备回应用户输入的能力。

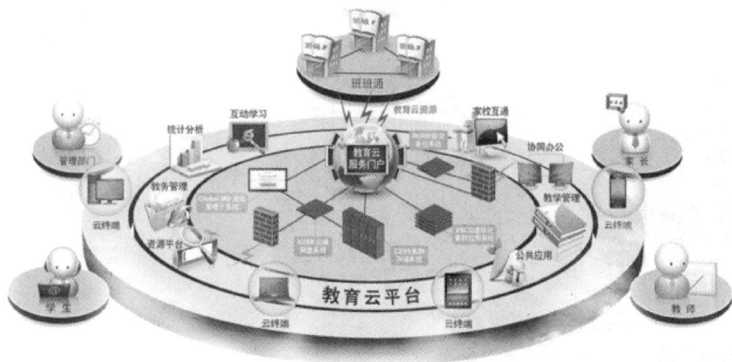

图 0-9　基于云计算的网络教育

图 0-10　基于云计算的数字校园

这种互动性为学习及娱乐带来了更大的发展空间,有了这种技术,虚拟对象可以将潜在数据带到真实生活中,学生可以通过与虚拟对象互动,建构新的认知框架,如图 0-11～0-13 所示。

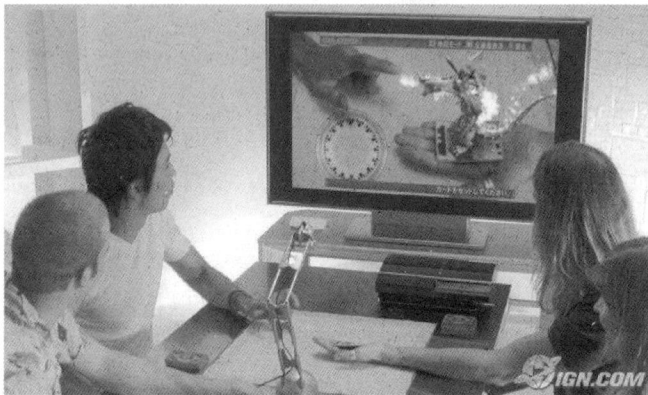

图 0-11　增强现实型 PS3 游戏

图 0-12　增强现实实例——自动跳出的电子书

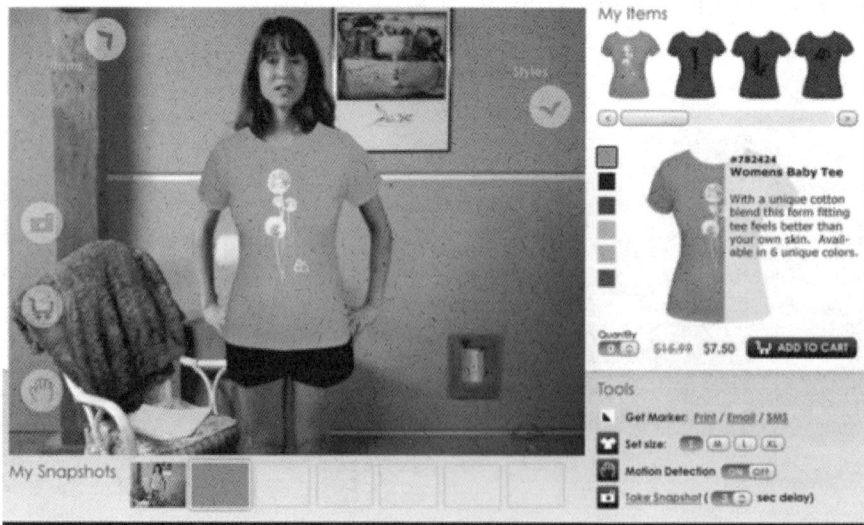

图 0-13　增强现实实例——虚拟试衣

7. 人工智能

人工智能(Artificial Intelligence,AI)是通过智能机器延伸,增强人类改造自然和治理社会能力的科学技术。该领域的研究包括机器人、语言识别、图像识别、自然语言处理和专家系统等。从 AlphaGo 围棋机器人到 ChatGPT,人工智能技术从弱人工智能发展到通用人工智能,催生了大批新产品、新技术、新业态和新模式(如图 0-14 和 0-15 所示),也为教育现代化带来更多可能性。

图 0-14 校园人脸识别

图 0-15 幼儿智能手环

习近平总书记强调,"中国高度重视人工智能对教育的深刻影响,积极推动人工智能和教育深度融合,促进教育变革创新"。国务院印发的《新一代人工智能发展规划》明确,利用智能技术加快推动人才培养模式、教学方法改革。技术改变课堂,潜力无限。校园里,虚拟教师正在进行校园播报,如图 0-16 所示;音乐课上,虚拟数字人"元老师"跨越时空限制,带领多所学校学生同唱一首歌,如图 0-17 所示;体育课上,学生开始跳绳项目测试,智能终端上实时显示心率变化、跳绳次数、平均速度等数据;英语课上,学生口语练习时人工智能自动纠正发音。人工智能技术在教育领域的应用使得大规模因材施教成为可能,结合数据挖掘、学习分析技术等,可以对学生感知数据、学习行为表现数据等建模,精准定位学情和开展预测,并进行及时、个性化的干预,为学习者绘制数字画像,如图 0-18 和图 0-19 所示。

图 0-16 教学支持服务虚拟教师"河开开"

图 0-17 深圳前海虚拟数字人教师"元老师"

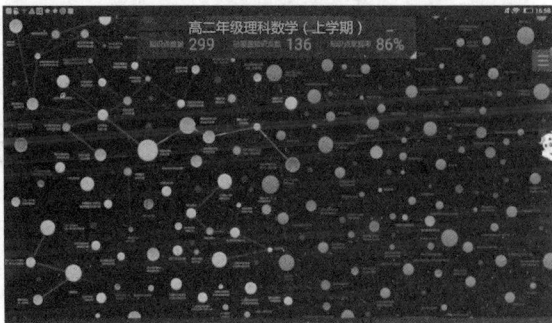

图 0-18 人工智能精准学习助手

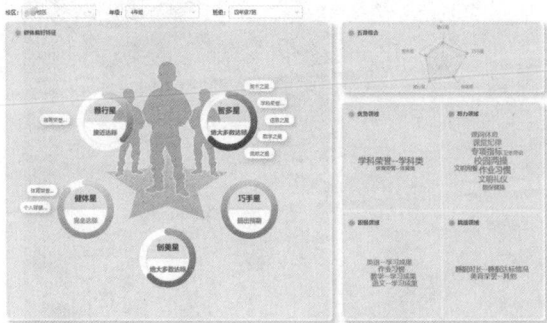

图 0-19 学生德智体美劳五育发展数字画像

(二) 现代教育技术在教育教学改革中的作用

现代教育技术在教育教学改革中的作用主要体现在以下几个方面:

1. 现代教育技术基础设施为教育教学改革提供物质条件

随着计算机技术、网络技术、通讯技术及多媒体技术的不断发展,多媒体教学环境进一步完善,现代教育技术在现代教育中发挥着越来越重要的作用。近年来,各级政府和学校都在不断加强信息化环境的建设。

(1)普通教室配备多媒体设备。根据实际需要所配备的设备包括多媒体电脑、投影机等。如图0-20所示,多媒体教室的普及,大大方便了教师应用现代教育技术实施教学,特别是教师以演示、讲授为主的多媒体教学等。

(2)建设校园网络。校园网络是数字化校园重要的基础设施,是学校公共服务体系的支撑环境,功能完善、运行稳定的校园网络是学校推进教学内容、方法和手段的更新及现代化的必要条件。随着无线网络技术的快速发展,许多学校校园网络实现有线与无线的融合,真正做到校园网络全覆盖,如图0-21所示。典型网络设备如图0-22所示。

图0-20　多媒体教室

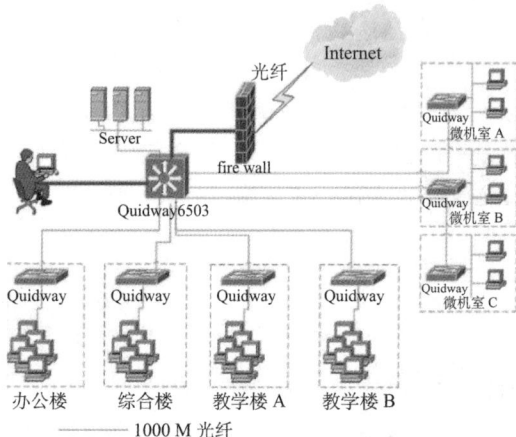

图0-21　校园网络的结构

图0-22　校园网络设备

(3)建设数字化专用教室。建设数字图书馆、数字化互动教室、数字化创新实验室等,充分运用现代教育技术,以数字化为导向,突破时间和空间的限制,支持由过去依托于传统课堂和传统媒体与技术的讲授式教学模式,转向依托于数字化互动环境的自主、探究、协作的教与学模式,如图0-23～0-26所示。

图0-23　数字化生物教室

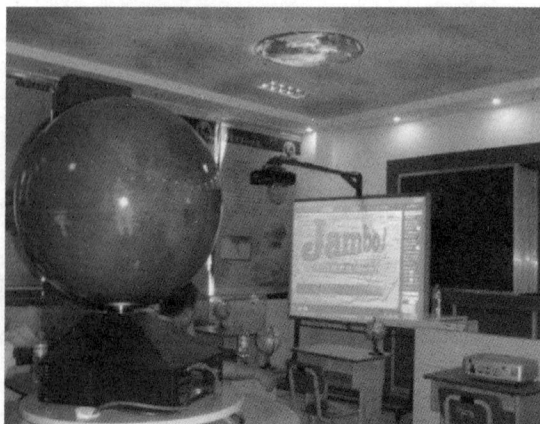

图0-24　数字化地理教室

图 0 - 25　数字化探究实验室

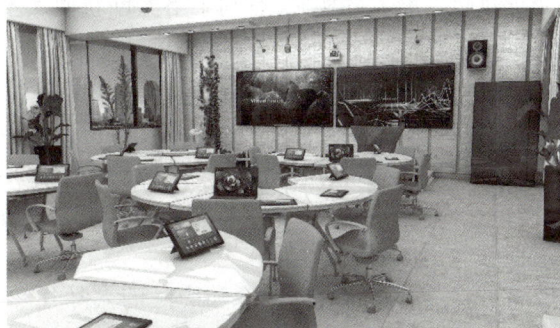

图 0 - 26　通用智慧教室

（4）建设物联网教室。物联网教室基于物联网技术实现教室灯光、电路、空调、投影、窗帘、一体机、风扇等设备的一键控制、远程控制等智能化管理，记录设备使用情况，节约用电能耗，方便教室中各类设施设备的日常精细化管理，如图 0 - 27 所示。物联网教室可以让学生在互动、实操中体验物联网技术的应用。

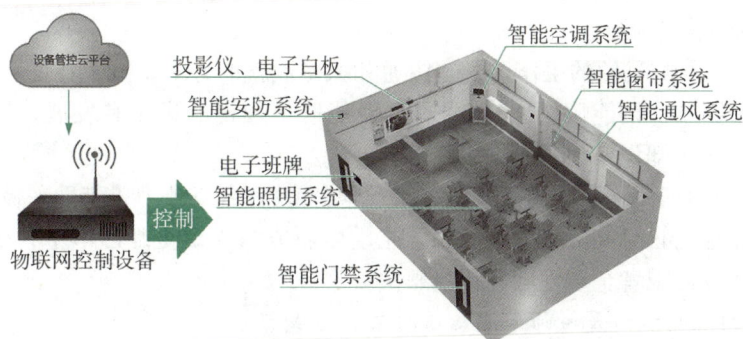

图 0 - 27　物联网教室

2. 现代教育技术有助于促进教育教学改革

现代教育技术提供多方面的技术支持，包括丰富的资源、拟真的环境，以及多种教学和学习工具等，以多种媒体呈现学习材料、优化教学设计，有助于促进学习的保持和速度、改善学习态度，提高学生的问题解决能力。具体体现在以下几个方面：

第一，充分利用多媒体等信息技术的优势，创设丰富生动的自然情境或问题情境，以激活学生的学习兴趣，唤醒学生已有的相关知识经验，激发学生的思考。

第二，充分利用信息技术手段，提供多样化的学习资源，教师设计、提供学生自主学习所需要的各种资源，有效引导学生利用资源进行自主学习。

第三,充分利用信息技术手段,构造组织教学内容,改变传统教学信息的表现形式和内在结构,使学习内容走向形式多样化、结构合理化,更加符合学生的认知方式。

第四,充分利用各种信息技术的工具、平台,充分展示学生的学习过程与成果,学生可以利用文字、表格、图形图像等多媒体处理工具制作各类电子作品,表达自己的观察和思考结果,归纳或概括自己及学习伙伴观察、思考、协商、讨论的意见,进行意义建构,逐步形成自己的知识结构。

第五,充分利用信息技术手段实现资源共享,更好地帮助学生开展协作学习。学生可以利用电子邮件、即时沟通软件、在线讨论平台、网络课程等工具,一方面可以充分交流与分享学习的资源,实现资源共享,另一方面可以借助这些沟通工具,互相协作,共同讨论与解决学习过程中的问题。

第六,充分发挥各种信息技术手段和工具在改进结果评价、强化过程评价、探索增值评价、健全综合评价方面的作用。开展基于信息技术的生机互动性测试,增加高阶思维能力及跨学科横向能力的评价。各种信息技术工具、平台伴随式采集学生学习行为数据,有助于更好地评估学生综合素质发展水平。

现代教育技术绝不仅是为学习者提供多种可供选择的学习资源和手段,而且将导致教育方法、教育模式甚至教育体制的改革。另外,由于教育技术的理论特征和实践活动都具有培养学生创新能力的优势,因而教育技术有效应用于教学还将促进创新教育的实施,有利于培养创新型人才。

3. 新技术带来基础教育的变革

随着新的信息技术逐渐应用于基础教育领域,学生的学习方式、互动方式、教师的工作方式正在发生变革,具体表现在以下6个方面。

(1)教育范式正在向包括在线学习、混合学习和协作学习的模式转型。学生们已经把他们的大部分闲暇时间花在网上,通过包括社交网络在内的各种资源学习和交流新信息。那些自觉采用面授和在线学习与混合式教学的学校都获得了显著增强教学成效的结果。

(2)任何学习者都可以凭借网络获得丰富的信息资源和广泛的人际互动。在这样一个世界,寻求意义和判断信息价值的能力至关重要。因此,指导和培养学生的社会生存能力是学校的第一要务。

(3)学生带机上学日益成为一种事实。越来越多的学生拥有智能手机和平板电脑。学校关于智能手机与移动终端的观念在转变,正逐步认识到智能手机和其他智能终端的教学功能,一些学校正尝试运用智能手机和其他智能终端开展教学。

(4)人们希望能够随时随地工作、学习和研究。学龄儿童的生活同样离不开网络,在日常生活中总是与同伴、社会团体和家庭处于"连接"状态。有专家学者认为这些"连接"带来了新的学习机遇,即学生们可以将家庭作业和课堂作业进行"翻转"。

(5)技术继续深刻地影响我们的工作、协作、沟通和取得成就的方式。技术在任何领域的业绩表现中日益成为决定成败的重要因素。谁能快捷地使用技术,便能取得预期的进步和发展。那些有机会学习技术、技能的人,在获取知识、应用知识方面就占据了优势。

(6)富有挑战性的主动学习将成为课堂教学新的重点。教育者正致力于借助平板电脑和智能手机这些工具帮助学生将所学课程与自身实际生活相联系。主动学习方法无疑更加以学生为中心,让他们自由地参与主题、头脑风暴,为地方性或者全球性问题提出解决方案。

4. 现代教育技术的应用能力是教师专业素质的必要组成部分

教师专业素质主要由专业知识、专业技能和专业态度3个方面组成。现代教育技术的应用能力是指,具有与时代相通的教育理念与教育思想,遵循教育技术的意义与原则,利用现代信息技术的手段,实施现代教育与教学的能力。它与教师的专业知识、专业技能和专业态度密切相关,是专业知识和专业技能的重要组成部分。运用现代教育理论和技术,通过对教学过程和资源的设计、开发、应用、管理和评价,以实现教学现代化的理论与实践。在信息时代和学习型社会中,现代教育技术已经成为教师必须要掌握的知识和技能。

三、现代教育技术与学前教育

信息技术的发展呈现出多元、智能和低成本化的趋势,除了原有计算机设备外,更多的平板电脑和智能手机进入了千家万户。一些更易于操作、极具互动性的应用手段融入到教育领域——如触摸,它使信息技术的应用逐渐低龄化。作为真正"数字土著"的幼儿园小朋友开始使用信息技术,信息技术已经融入学前儿童的生活,成为儿童生活和学习环境的重要组成部分。不仅如此,学前儿童家长的教养知识的获取,教养经验的分享,幼儿园教育质量的提升,幼儿教师的专业化发展等,也越来越多地依托现代教育技术。

1. 现代教育技术在学前教育中的作用

现代教育技术可以作用于从幼儿教育到高等教育的各个层次。学前教育作为终身教育的起点,是教育的基础。就现代教育技术在幼儿教育中的应用而言,适宜的信息技术在幼儿园的应用对儿童适应社会环境、发展信息素养有重要意义。现代教育技术也决定了幼儿教育机构的发展方向、发展规模和现代化水平。因此,现代教育技术在学前教育领域的深度应用,已成为学前教育改革和发展的重要课题。

(1)现代教育技术有助于改变幼儿教师教学方式。现代教育技术的运用使幼儿教师成为幼儿学习活动的支持者、合作者、引导者,形成合作探究式的师生互动,变幼儿被动学习为主动参与,鼓励、倡导幼儿勤于动手、乐于探索、主动学习实践,获得知识和经验,培养学生手脑结合、辨析新事物和处理信息的能力,充分发挥学生的主动性和创造性。

(2)现代教育技术有助于优化幼儿教学过程。利用多媒体手段,可以使学生获得直观形象的学习经验,改变教学内容的呈现方式。利用多媒体手段,可创设与学习内容相关的尽可能真实的环境,可以把对知识的学习融于新颖活泼的娱乐形式之中,使幼儿在愉快和谐的游戏氛围中产生共鸣,从而激发幼儿的学习热情,使其产生浓厚的学习兴趣。利用多媒体手段,可以营造交互式的可参与环境,激发幼儿兴趣,培养幼儿的学习能力,注重幼儿的创新意识与合作精神,重视幼儿的个性发展。

2. 现代教育技术与幼儿园教师专业发展

在2012年教育部公布的《幼儿园教师专业标准》中,要求幼儿园教师"具有一定的现代信息技术知识"。在2011年教育部师范教育司和教育部考试中心公布的《中小学和幼儿园教师资格考试标准(试行)》中提出:教师应具有信息处理的基本能力。2018年《中共中央国务院关于全面深化新时代教师队伍建设改革的意见》中明确,全面深化新时代教师队伍建设,要实现"教师主动适应信息化、人工智能等新技术变革,积极有效开展教育教学"。

党的二十大报告中提出"推进教育数字化"。在2022年教育部发布的《教师数字素养》教育行业标准中,将教师数字素养定义为教师适当利用数字技术,获取、加工、使用、管理和评价数字信息和资源,发现、分析和解决教育教学问题,优化、创新和变革教育教学活动而具有的意识、能力和责任。该标准规定了数字化意识、数字技术知识与技能、数字化应用、数字社会责任、专业发展5个维度的要求。由此可见,现代教育技术知识和技能是学前教育专业学生和幼儿教师达到职业标准必须学习和掌握的知识技能之一。

幼儿教师现代教育技术能力的核心不仅仅在于学会信息技术操作、教学演示和课件制作,而且更应当强调教学活动内容、过程和信息技术的深度融合。

在幼儿教师专业发展方面,除了需要强调幼儿教师的现代教育技术能力培养外,还需要关注如何构建幼儿教师网络研修社区,实现教师之间网络互动与资源共享,建立基于网络的幼儿教师学习共同体,为幼儿教师专业发展提供支持。

第二节　信息技术在幼儿园管理与家园互动中的应用

一、信息技术与幼儿园管理

信息技术应用于幼儿园的管理是指,建设幼儿园数字化管理的软硬件系统与平台,构建科学、现代的幼儿园管理环境,促进幼儿园构建信息化环境下的管理、沟通新方式,使管理方式从传统走向现代,沟通模式从单项走向多维,提升幼儿园管理的品质。具体可以从以下几个方面展开:

1. 通过门户网站宣传与展示幼儿园

建立幼儿园门户网站,可以向外界宣传、展示幼儿园的办园特色、教育经验等,扩大幼儿园的知名度,如图 0-28 所示。

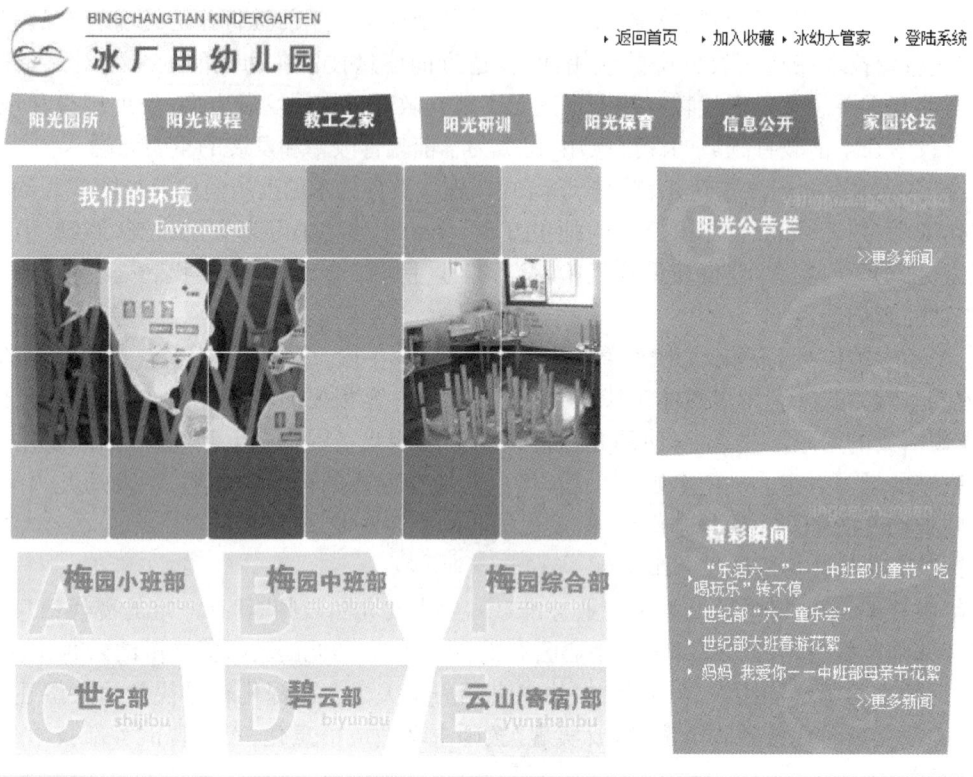

图 0-28 幼儿园门户网站

2. 通过管理平台实现幼儿园管理的智能化

将信息技术应用于教育教学、人事档案、卫生保健等幼儿园各项管理工作中,能提高幼儿园科学管理的实效性和广泛性。例如,通过幼儿园相关教学管理平台,管理者能方便地监督检查教师班务工作计划、教学进度、教育笔记、教学反思等教学资料的撰写,及时掌握教师的教育教学动态,如图 0-29 所示。

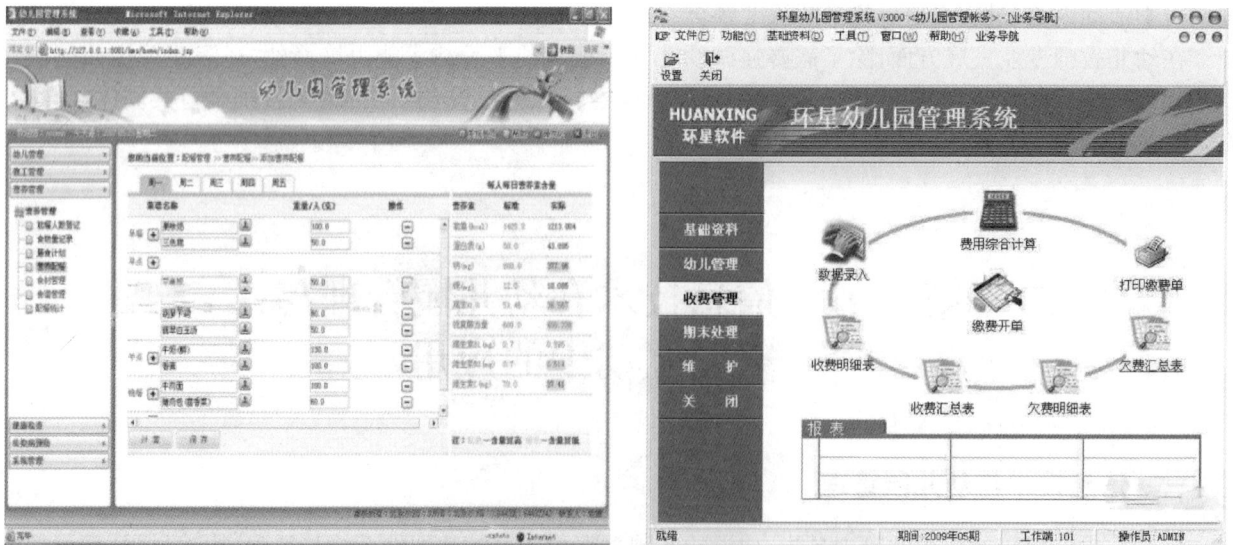

图 0-29 幼儿园管理系统

3. 基于应用程序建立幼儿成长档案

幼儿园中与幼儿成长相关的资料很多,如幼儿个人档案、幼儿电子作品、幼儿学习活动记录、幼儿学习评价信息等。此外,幼儿身体发育及健康情况,幼儿在幼儿园及生活中的一些趣事、逸事、奇思妙想、精彩瞬间等也都是幼儿成长档案的重要内容。基于应用程序的幼儿成长档案,由教师、幼儿、家长共同搜集有关幼儿发展的材料,共同制作、分析、运用,旨在更好地促进幼儿健康成长。

基于应用程序的幼儿成长档案内容可以是有针对性的反映幼儿发展的资料,幼儿在活动中的记录,各种表现探索成果的作品,也可以是教师有目的地对幼儿活动行为的及时观察记录和说明,还可以是教师集中在某个阶段对幼儿某方面的发展,通过白描、摄像、拍照等方式连续观察、持续记录。

基于应用程序的幼儿成长档案,由于真实记录下了幼儿发展的整个轨迹,为幼儿建立一个展示自己的平台,不仅能让家长体验孩子成长的点点滴滴,也能让幼儿看到这一过程,体验成长的喜悦。基于应用程序的幼儿成长档案也能发挥家园沟通的功能,无论家长在哪里,只要连入网络,都可以方便地与教师沟通。基于应用程序的幼儿成长档案资料的丰富性也使沟通有了更多的内容,更有针对性。如图 0 - 30 所示。

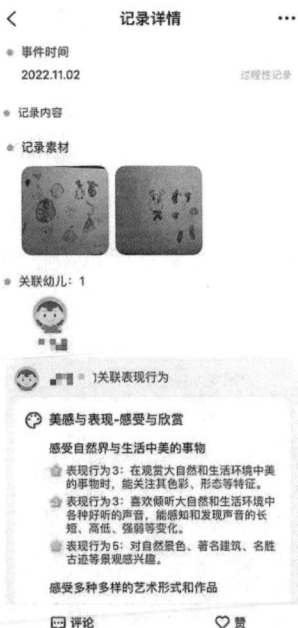

图 0 - 30 基于应用程序的幼儿成长档案

二、信息技术与家园互动

《幼儿园教育指导纲要(试行)》明确指出:"家庭是幼儿园重要的合作伙伴。应本着尊重、平等、合作的原则,争取家长的理解、支持和主动参与,并积极支持、帮助家长提高教育能力。"由此可见,家园合作是对幼儿实施教育的重要途径。

各种网络沟通工具便捷的功能使人们的学习、生活、交流更加方便、迅速,因此,各类网络沟通工具应该成为家园联系的重要方式和家园互动的桥梁。特别是随着人们工作节奏的加快,家长与教师面对面交流的时间和机会逐渐减少。而年轻家长的单位、家中基本都能上网,有良好的网络环境,家长通过网络就可以了解到孩子在幼儿园里的表现,还可以通过网络沟通工具对幼儿园和教师提出自己的宝贵意见。因此,信息技术在家园互动中的优势是显而易见的,可以充分利用各种信息技术沟通工具与平台开展家园互动。

1. 即时通讯工具

(1)微信及微信群

微信是一种为智能终端提供即时通讯服务的应用程序,教师可以通过添加好友或组建班级家长群与孩子家长建立联系。添加好友后,教师可以单独和家长沟通孩子的在园表现;组建班级家长群后,教师可以将幼儿园的通知、教育资讯、突发事件等随时发送到群中,告诉所有家长。家长也可以通过微信或者班级家长群,和老师沟通对教师和幼儿园工作的意见、疑问等。这种方式可以大大提高家园沟通的效率。如图0-31和0-32所示。

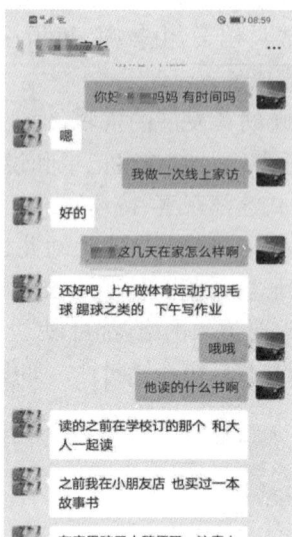

图0-31 教师通过微信在线家访　　　图0-32 班级家长群

（2）QQ软件

如图0-33所示,QQ也是一种即时聊天软件,家长可以根据自己的需要,和老师约定网上讨论的时间,即时交流孩子在家、在园情况,共同探讨教育孩子的有关问题。

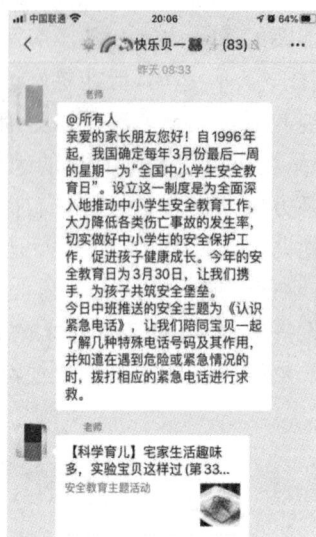

图0-33 QQ软件

2. 异步通讯工具

除了即时通讯工具外,教师也可以利用异步通讯工具与家长沟通。例如,通过电子邮箱收发邮件,如图0-34所示。一方面,邮件内容具备一定的正式性,也更方便检索和信息保存。另一方面,作为一种单向的传递形式,给予了人思考的时间,降低"永久在线"带来的回复焦虑。

3. 班级圈

孩子在幼儿园生活和学习等情况是家长最关心的,孩子每一天的进步都会给家长带来喜悦。钉钉班级圈可以让家长及时了解孩子在班级中的情况,还可以及时与老师交流。幼儿园教师可以把幼儿在幼儿园的生活、学习、游戏活动的情况用照片或视频记录下来,发在班级圈中,使家长在任何时候都能了解到幼儿在园的学习和生活情况。教师也可以在班级圈中创建不同话题,让孩子和家长共同参与,记录分享家中生活、活动的点滴。如图0-35所示。

图 0 - 34 电子邮箱

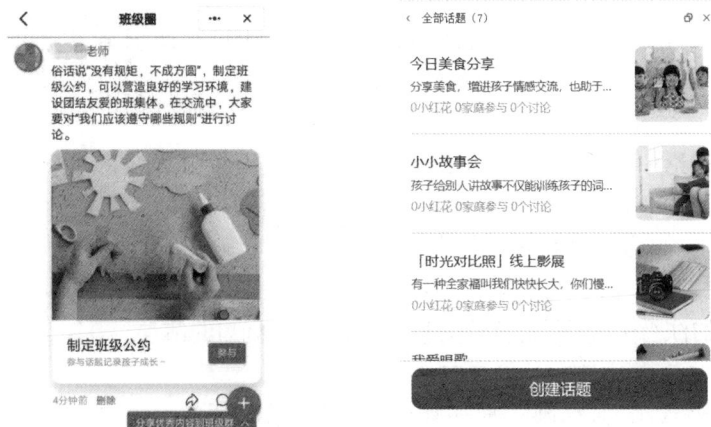

图 0 - 35 班级圈

4."云"相聚

"云"相聚是幼儿园教师与家长沟通、合力开展家园共育的一种方式,腾讯会议、钉钉等软件都可以用于组织在线会议,如图 0 - 36 所示。在线会议不受时间和空间限制,支持屏幕共享、文档共享、连麦互动等多种交流互动形式,方便幼儿园教师和家长高效、便捷地交流当下保教工作的重点、幼儿日常活动安排、孩子在幼儿园的情况等,可以更好地促进家园之间的沟通。

图 0 - 36 在线会议

第三节　现代教育技术在幼儿教育
五大领域中的应用

　　幼儿园的教育活动包括了科学、语言、艺术、健康、社会五大领域。现代教育技术能把声音、图文有机地结合在一起,能为幼儿学习创设情境,有效地激发幼儿的学习兴趣,充分调动他们的各种感官,开拓幼儿的思维,培养他们的创新精神。在幼儿园教学活动与信息技术整合的探讨过程中,人们普遍认为,集趣味性、仿真性、参与性为一体的整合方式,更符合幼儿的成长规律。因此,信息技术能让幼儿园五大教育领域的教育活动焕发新的生机。

一、现代教育技术在幼儿科学教育中的应用

　　幼儿科学教育主要是指幼儿在教师的指导下,通过自身的活动对周围物质世界进行感知、观察、操作,从而发现问题、寻求答案。信息技术应用于科学教育活动中,让科学知识不再复杂深奥,而是变得平易近人,能丰富幼儿的科学知识,使幼儿在活动中备感乐趣。

　　1. 利用现代教育技术激发幼儿科学探索的兴趣与欲望

　　皮亚杰在认知发展理论中指出:儿童的发展与周围环境相互作用,紧密相关。基于这一点,教师要想方设法布置一个与幼儿年龄特征相适宜的小环境。信息技术为创设环境带来了极大的便利。教师可以从网上收集各种多媒体资料,在幼儿活动室里创设科学探索的小环境,让孩子们产生身临其境的感觉,充分调动他们观察、发现和探索的欲望。活动之前播放与本次活动有关的动画、录像等,则更易引起幼儿的兴趣,像磁石一样牢牢吸引幼儿的注意力,从而新颖巧妙地导引出学习新知的活动。

　　2. 利用现代教育技术有效地进行科学启蒙教育

　　幼儿园孩子由于年龄较小,对动画特别感兴趣,这就要求教师在教学中,要充分考虑到幼儿的年龄特点,想方设法让静态的教材"活"起来,而利用现代信息技术就可以有效地突破科学教学中的重点和难点。现代信息技术可以使抽象的概念具体化和形象化,给幼儿直观的表象,让他们学起来感觉更轻松,从而带着浓厚的兴趣积极主动地去学。

　　3. 利用现代教育技术培养幼儿科学探索的精神

　　通过现代信息技术的运用,开展丰富的科学小观察、小制作和小实验,满足孩子们的好奇心,让他们从小就爱科学、学科学。开发幼儿的创新精神,培养他们的科学素养,让他们从小就科学地分析和思考问题,进而用科学的态度发现问题、提出问题和解决问题。

二、现代教育技术在幼儿语言教育中的应用

　　幼儿园语言教育是以言语教育为手段,以一日生活为途径,利用一切积极因素和机会,灵活、随机地引导幼儿的语言活动。现代教育技术在幼儿园语言教学中的作用,已为每位幼儿园教师共知。在幼儿语言教育活动中利用多媒体技术,不仅能使教学过程充满童心、童趣,更能充分活跃幼儿思维,激发其表达欲望,对幼儿语言能力的提高有着深刻的影响。

　　1. 用现代教育技术创设情境,激发幼儿学习语言的兴趣

　　在幼儿园语言活动中,多媒体课件鲜艳生动的画面、动静结合的图像、悠扬悦耳的音乐唤起了幼儿高涨的学习兴趣,愉快轻松的情感体验更有利于幼儿形成积极、健康、愉快的学习心理。例如在一个大班的诗歌学习活动中,活动的主要意图是让幼儿理解诗歌,学习仿编诗歌。教师收集多媒体资料制作多媒体课件,清晰地演示出诗歌的相关内容,再加上美妙的背景音乐,配上教师声情并茂朗诵诗歌的声音,一下子把诗歌的优美意境表现了出来。而且动态画面能让幼儿轻易理解,唤起了他们的求知欲望和学习热情。

　　2. 用现代教育技术营造语言环境,在语言活动中激发幼儿主动讲述

　　在幼儿园语言教学活动中,运用多媒体技术为故事、儿歌等配上生动、活泼、形象的声音和动画,能一下

子吸引幼儿的注意力,调动幼儿各种感官,促进幼儿积极思维,激发其表达和表述的欲望,从而使幼儿能够主动地观察,主动地学习。

3. 用现代教育技术直观展现,让幼儿在语言活动中学会观察

信息技术在幼儿园语言教学活动的运用中,由于声音和图画有效并存,使原来较为生疏、难以理解的教学内容变为图文并茂、生动形象的教学课件,枯燥的文字变成了动态生动、形象逼真的画面,使原来的看图讲述、儿歌等静态的教学变为集动画、图像于一体的动态的教学,由表及里地引导幼儿观察。

4. 用现代教育技术拓展想象,让幼儿在语言活动中学会思考

在幼儿语言教学中,由于受到知识水平、理解能力和判断推理能力的限制,他们观察到的事物,呈现为表象的、浅层的。所以,在活动过程之中,教师可以根据教学内容和教学目标,结合幼儿认知程度,合理使用现代教育技术手段,引导他们的观察方向,引导他们分析问题、思考问题,抓住事物特点,加深理解,促使幼儿对事物的认知由感性到理性,由表层及深层,由现象到本质,让幼儿在语言活动中学会观察与思考。

三、现代教育技术在幼儿艺术教育中的应用

幼儿的艺术教育主要是通过捕捉周围环境和艺术作品中的美来培养幼儿对美的感受,提高他们的审美能力。艺术教育的特点是通过美的事物的具体、鲜明的形象来感染人,调动人的心理功能,激发人们的情感,以美感人,以情感人,使人在潜移默化中受到陶冶。美术、音乐等的艺术形式,可陶冶幼儿的性情,激发他们对艺术的兴趣,培养他们的美感和初步的审美能力,提高幼儿的艺术素养。将多媒体技术引入艺术教育中,可收到事半功倍的效果。

1. 现代教育技术与幼儿美术教育

美术活动是一种视觉艺术,需要对物体进行深入细致的观察,尤其在物体的整体与局部的关系、物体的细节等方面都需要仔细观察,才能形成丰富的物体表象,为幼儿绘画奠定基础。

现代教育技术为幼儿提供的观察对象具有声、形并茂的特点,易引起幼儿观察的愿望,每个部分的鲜明色彩,引起幼儿对细节的关注。同时,因其可控性强,可以根据幼儿观察的需要进行调整,可以弥补幼儿在观察中的诸多缺陷。通过现代教育技术的运用,促进幼儿学习过程的优化。

2. 现代教育技术与幼儿音乐教育

音乐艺术是以声音为形象塑造载体,需要欣赏者具备各方面的知识,在聆听音乐时自发地产生联想。多媒体的信息,特别是图片、动画、影像、声音,使教学内容形象化、具体化,可视可感,将音乐中蕴含的意境美、音乐美、艺术美充分展示出来,同时多方位刺激幼儿的生理感官,激发幼儿的各种积极心理因素,调动审美主体的心理功能活动,从而产生强烈的美感效应。例如,多媒体技术进入音乐欣赏的课堂教学中,能迅速将抽象的音乐通过图片、动画转化得通俗易懂、形象直观,使原来许多抽象、难以理解的内容变得生动有趣,达到了事半功倍的效果。

四、现代教育技术在幼儿健康教育中的应用

幼儿健康教育是指根据幼儿身心发展特点,提高幼儿的健康认知,改善幼儿的健康态度,培养幼儿的健康行为,是保持和促进幼儿健康的系统的教育活动。运用现代教育技术开展幼儿健康教育,能激发幼儿学习兴趣,为幼儿提供主动学习的良好环境,能提高教学效率。

1. 借助现代教育技术,培养幼儿良好的生活、卫生习惯

良好的生活、卫生习惯,都是从小培养的。因此,幼儿园教师需要培养幼儿正面的、良好的生活、卫生习惯。由于学龄前儿童年龄小,行为多变,易反复,某些正确的行为需不断地强化才能得到巩固。运用多媒体技术把现实生活中的一些场景通过动态的画面、游戏的方式呈现,充分发挥多媒体教学直观、生动、快捷的优势,帮助幼儿牢固树立规则意识。

2. 借助现代教育技术,提高幼儿必要的安全、健康常识

幼儿期的儿童认识具体形象,心理活动及行为具有无意性,独立生活能力差,正确的安全、健康知识的获得直接关系到他们安全、健康行为的形成。幼儿掌握的安全健康知识越多,产生某种有益安全、健康行为的可能性就越大。现代教育技术能让幼儿获得不易亲身感知或接触的经验,并将不能感知的事物放大、再

现,模拟演示有关重要的过程。因此,应从兴趣入手,结合幼儿的认知特点,通过信息技术手段,让幼儿在游戏活动中了解安全健康知识,在活动中享受乐趣。

五、现代教育技术在幼儿社会教育中的应用

幼儿社会教育是指以发展幼儿的社会性为目标,以增进幼儿的社会认知,激发幼儿的社会情感,培养幼儿的社会行为为主要内容的教育,是幼儿全面发展教育的重要组成部分。信息技术的飞速发展给幼儿园教育注入了新活力,拓宽了幼儿园社会教育的内容,增强了幼儿的感官体验,进一步激发了幼儿关爱社会、理解社会的情感。

1. 运用现代教育技术,体验真实情境

教育技术在幼儿园社会活动中的广泛运用,可以从幼儿学习兴趣出发,综合运用形、声、色、光的效果,创设各种形象生动、灵活多变的学习情境,再现生活物景,把静态知识动态化、抽象知识形象化、枯燥知识趣味化,从而营造轻松自然的学习氛围,唤起幼儿的有意注意,使幼儿在不知不觉中全身心地投入到教学活动中,增强幼儿认识社会的能力。

2. 利用现代教育技术,拓宽知识领域

运用多媒体信息技术,可以搜寻大量为幼儿园社会教育内容服务的图像、视频、动画等网络资料,从而大大拓宽幼儿园社会教育的领域。例如,在社会教育活动中,可以通过网络搜索相关的动画,将故事内容声情并茂地展现出来,让幼儿园小朋友很容易理解故事,懂得相关的社会道德情感。另外,还可以用视频摄制设备将活动内容带入课堂,弥补以前由于时间空间限制不能开展社会体验活动的不足。信息技术不受时间和空间的限制,能化静为动,化难为易,化虚为实,化远为近,大大拓宽幼儿社会教育领域的内容,丰富教学手段,增强幼儿在学习中的表现力,有效地激发幼儿良好的社会情感。

第一章

幼儿园信息化环境

第一节　幼儿园多媒体教室

一、幼儿园多媒体教室的组成

（一）多媒体教室的概念

实施素质教育，充分发挥现代教育技术的作用，大力提高教育技术手段的现代化水平和教育信息化程度，是信息化促进教育现代化的发展趋势。近年来，数字化校园建设日趋完善，很多幼儿园的教室都装备了现代化多媒体教学设备和相应的教学系统，积极利用多媒体技术，为实施素质教育提供了新的视野和前景，提供了有力的技术支持。

多媒体技术是一种把文本、图形、图像、动画和声音等形式的信息结合在一起，并通过计算机进行综合处理和控制，能支持完成一系列交互式操作的信息技术。多媒体教学是指在教学过程中，根据教学目标和教学对象的特点，通过教学设计，合理选择和运用多媒体技术，并与传统教学手段有机组合，共同参与教学全过程，以多种媒体信息作用于学生，形成合理的教学过程结构，达到最优化的教学效果。多媒体教室是指将多种教学媒体有机结合在一起，并能使其发挥最优效果，满足传统教学、电化教学、多媒体教学多种教学的需要，充分发挥教师主导、学生主体优势的现代化教室。

推进教育现代化是世界教育发展的主流，采用先进的教学手段，提供全新的教学环境，运用现代教育技术手段设计教学内容，已经成为趋势。随着技术的进步和经济的发展，可以提供更多高效与便捷的设备辅助教学，多媒体教室正是系统结合众多技术与设备的重要平台。

（二）多媒体教室的基本组成

多媒体教室的基本组成部分包括多媒体计算机、多媒体中央控制系统、投影仪、电动屏幕、视频展台、音响等现代教学设备，如图 1-1-1 所示。

1. 多媒体计算机

如图 1-1-2 所示，多媒体计算机是多媒体教学设备的主体平台，也是多媒体教室的核心设备之一，负责运行各种教学软件、教师课件。教室配置的台式计算机或笔记本计算机均可，计算机配置要适中，能满足日常的教学软件需要，各种配件为主流接口，日后方便更换计算机配件。一般多媒体计算机采用还原软件保护计算机系统。

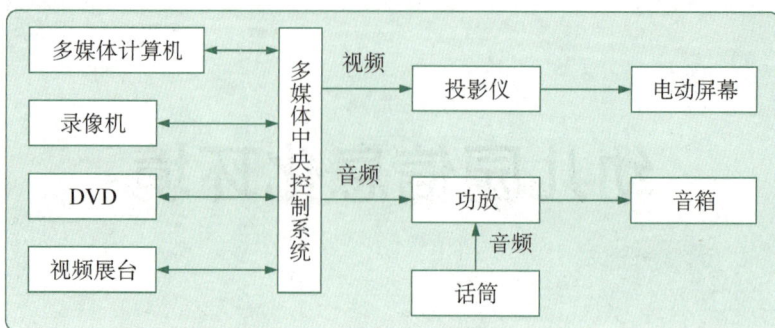

图 1-1-1　多媒体教室的基本组成

图 1-1-2　多媒体计算机

在使用多媒体计算机时应注意以下内容：

（1）要对计算机进行统一的分区，一般将硬盘分为固定的 3 个区，即 C 盘、D 盘、E 盘。其中 C 盘通常作为操作系统，安装统一的常用操作系统，如 Microsoft Windows 10，D 盘放置备份的软件及相应的备份资料，E 盘为自由区域，任课教师可以放置自己的课件、文档。

（2）计算机要安装教师常用的教学软件，如 Microsoft Office 或 WPS 办公系统软件、ACDSee 看图软件、媒体播放器（支持多种格式的文件播放的暴风影音等）。为了保证系统安全，最重要的是安装杀毒软件，如 360 杀毒软件等，这些基础软件占用内存资源少，可以有效缩短计算机的开机启动时间。

（3）安装硬盘保护卡或保护软件，保证计算机系统的安全。硬盘保护技术及保护软件的使用可保证计算机良好的运行状态。硬盘是计算机的"大脑"，一旦遭到破坏，重要信息就会丢失，导致系统瘫痪或软件无法使用，因此，必须采取有效措施保护硬盘中的数据不被破坏。如系统已安装保护卡，应将文件放在最后一个盘符——E 盘，不要将文件放在 C 盘和桌面上。

2. 中央控制系统

如图 1-1-3 所示，中央控制系统是用系统集成的方法，把整个多媒体教学设备的操作集成在一个平台

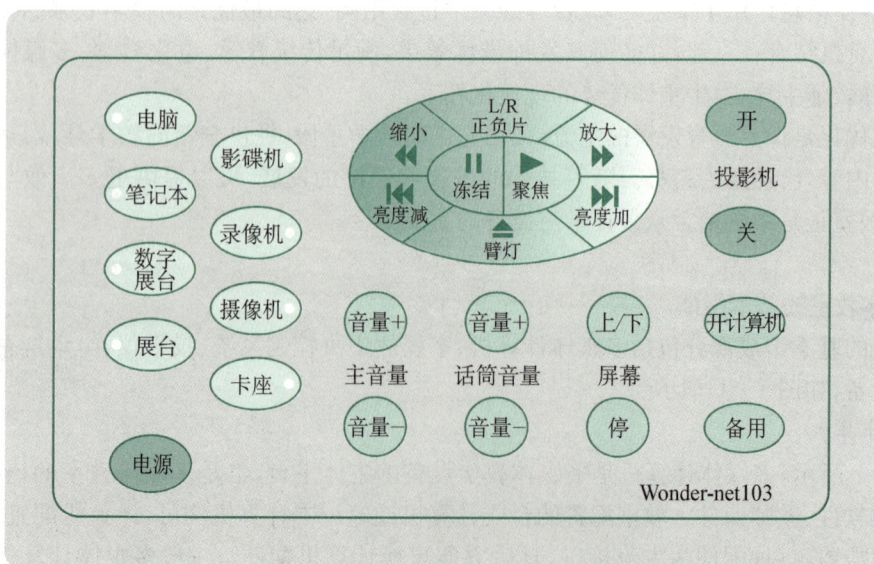

图 1-1-3　中央控制系统的操作界面

上,使所有设备的操作均可在一个平台上完成,从而简化操作。中央控制系统性能要求必须稳定,操作简单易用,并具有高扩展性和可网管性。

中控系统的主要功能包括:

(1) 控制银幕升降;

(2) 投影机开关,投影机关机延时断电;

(3) 各种接入信号源的切换(台式机、笔记本、展台等);

(4) 统一为计算机、投影机、幕布、音箱等设备供电,能实现中控待机状态,断开以上设备电源,避免电器设备长时间供电而老化。

3. 投影仪

投影仪是整个多媒体演示教室中最重要的设备,负责把输入给它的视频信号、数字信号输出并显示在投影屏幕上,如图1-1-4所示。投影仪的好坏将直接影响到显示效果。投影仪的重要性能参数是亮度。投影仪的亮度指标应该根据教室面积大小和照明采光情况来确定,以满足最佳视觉效果为原则来选择合适的产品。

4. 投影屏幕

投影屏幕与投影仪是配套使用的,选用投影屏幕要注意与多媒体教室的大小相适应,投影屏幕的升降电机要求性能灵活、稳定。屏幕的感光材质直接影响到投影的实际效果,选择性价比适中的为佳。

配有中控的教室可通过中控按键控制幕布升降。幕布展开后,要保持整洁,避免粉笔等涂污,课后须保证收好幕布,不得让幕布长期暴露在空气中。

图1-1-4 投影仪

5. 音响

音响是多媒体教学的声音设备,包括功放、无线扩音音箱、无线话筒等,负责声音的输入和输出,如图1-1-5所示,用于教师发言和教学音视频放映。

在较大的教室环境中,为将教师的声音传播出去,让学生听清,并减轻教师上课疲劳感,需考虑音箱数量及在室内的摆放位置与角度。话筒可采用多种方式,定点授课时,多使用有线式鹅颈话筒或界面话筒;活动授课时,可使用无线手持话筒或无线领夹式话筒,但要避开相互干扰,避免频率点串音现象。

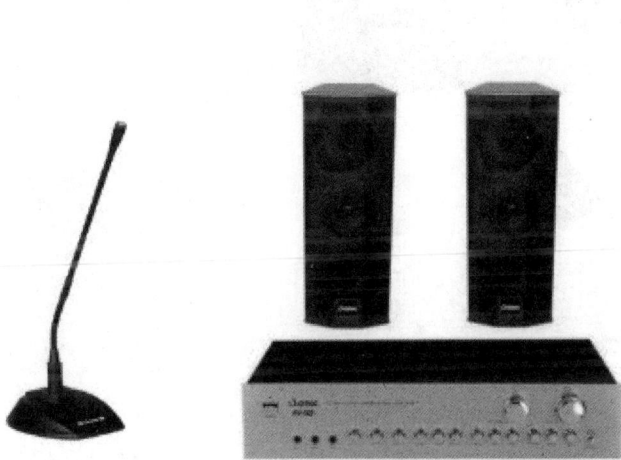

图1-1-5 多媒体教室的音响系统　　　　图1-1-6 数字视频展示台

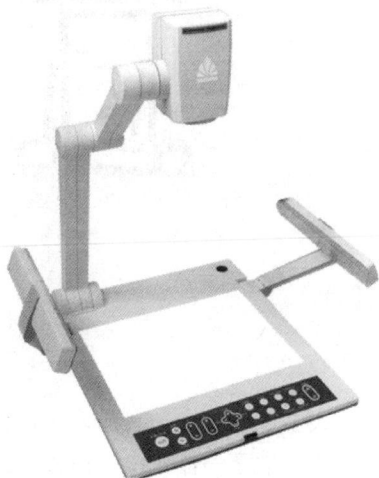

6. 数字视频展示台

数字视频展示台是进行现场实物讲解的设备,可将图表、照片、图书资料、实物,以及教师书写的文字等通过投影仪显示出来,是进行多媒体教学的最直接设备,如图1-1-6所示。

(三) 交互式多媒体教室

随着技术的发展,多媒体教室硬件设备也在不断改进。例如,随着短焦投影机和交互白板的普及,以短焦投影机和交互白板为核心的多媒体解决方案被越来越多的中小学和幼儿园采用,如图1-1-7所示。

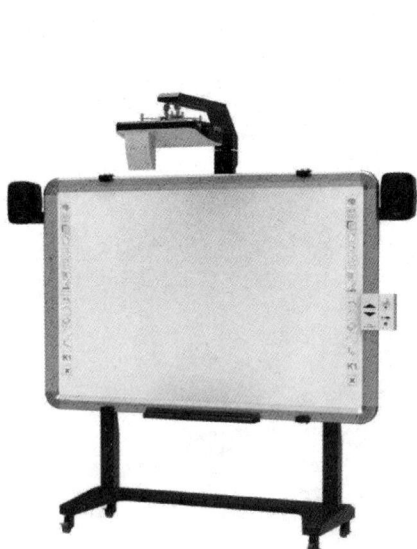

图1-1-7　短焦投影机和交互白板

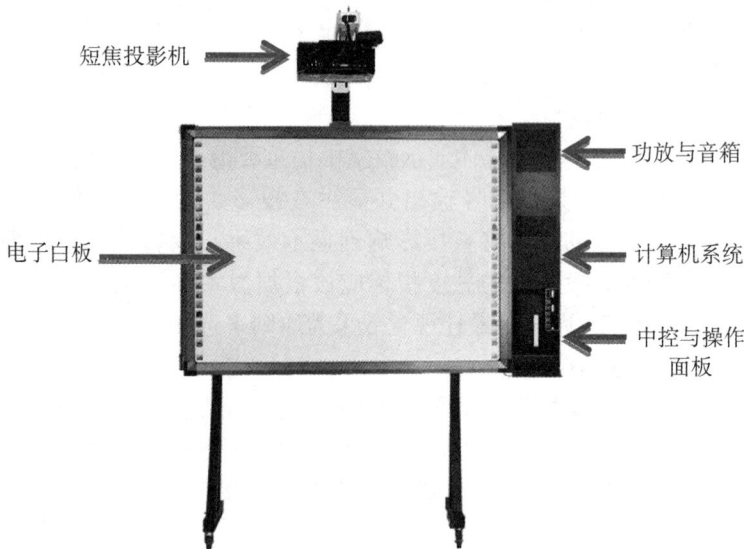

短焦投影机

电子白板

功放与音箱

计算机系统

中控与操作
面板

图1-1-8　数字一体化电子白板

集电子白板、计算机、功放、音箱、视频展台、操作面板、控制系统等功能于一体的数字一体化电子白板、交互式触控一体机等设备,如图1-1-8和图1-1-9所示,使多媒体教室中屏幕的可交互性特点越来越突出,交互式多媒体教室成为多媒体教室的一种常见形式。

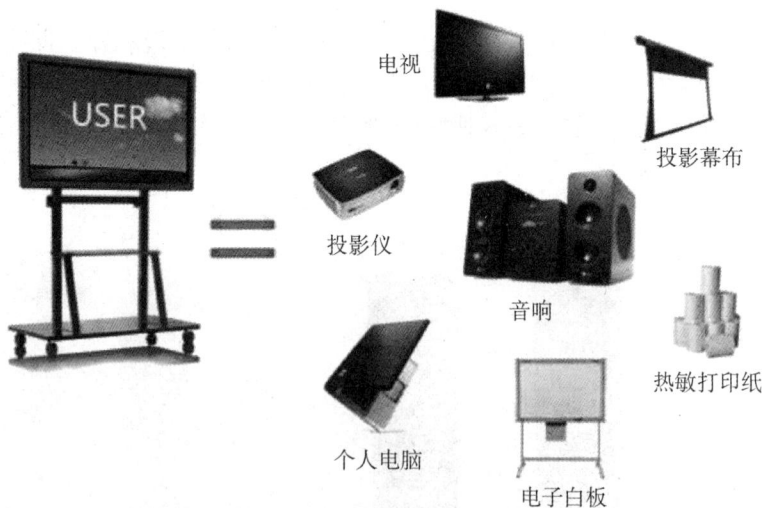

电视

投影幕布

投影仪

音响

热敏打印纸

个人电脑

电子白板

图1-1-9　交互式触控一体机

交互式多媒体教室与普通多媒体教室的主要区别在于投影屏幕被数字一体化电子白板或交互式触控一体机代替。数字一体化电子白板、交互式触控一体机具有交互触摸功能,无须往返于电脑与屏幕之间,手指取代鼠标操作各种应用软件与课件;具有屏幕键盘功能,可实时录入文字,保证课堂教学的连贯性;具有自由书写和标注功能;具有页面截取和抓拍功能等。

在信息技术与教学整合的过程中,板书仍然是有效的教学工具,将数字一体化电子白板或交互式触控一体机与传统黑板组合成为的电子黑板,如图1-1-10所示,也是交互式多媒体教室中常见的解决方案。

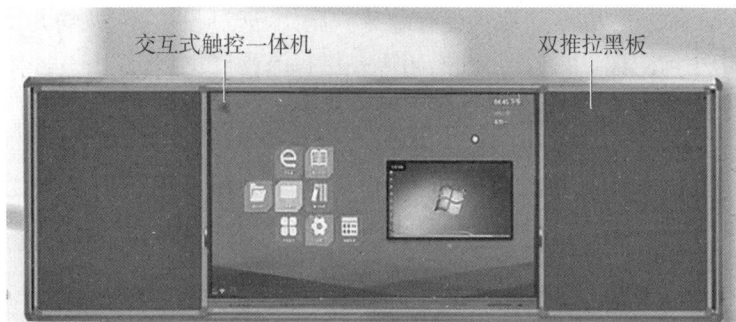

图 1-1-10　交互式触控一体机与传统黑板组合的电子黑板

二、幼儿园多媒体教室的主要功能

多媒体教室配备了现代化多媒体教学设备和相应的教学系统,集成性好,交互性强,教学资源丰富,提供图文并茂、丰富多彩、生动活泼的授课环境,为教师的课堂教学和学生的自主学习提供优良的互动平台,是实现教育现代化的技术基础。

在多媒体教室环境下,幼儿的观察、阅读对象不仅有文字和图片,而且有大量的有声读物、动画、视频资料。它以其鲜明的教学特点,丰富的教学资源,形象生动的情境,多角度调动幼儿的情绪、注意力和兴趣。通过对真实情境的再现和模拟,使幼儿在积极参与主题教育活动的过程中成为信息加工的主体和知识的主动建构者,启发幼儿思维发生与发展,培养幼儿观察问题、理解问题和分析问题的能力。

三、幼儿园多媒体互动设备的发展

随着现代教育技术的快速发展,凸显"互动"特性的各类多媒体设备不断涌现,许多多媒体互动设备引入教育领域。出生在信息时代的幼儿被称为"数字土著",他们使用多媒体互动设备学习和娱乐是非常自然的事情。通过图片文字、动画视频、互动游戏等方式,在幼儿亲自参与的过程中,给他们直观、新颖、有趣的引导,让他们在学中玩、在玩中学,真正实现寓教于乐。

1. 平板电脑

平板电脑以其强大的多媒体功能和良好的人际交互性能而备受教师和学生的青睐,越来越多的学校开始将平板电脑应用到中小学课堂教学中,甚至有很多地区的幼儿园也开始使用平板电脑进行幼儿教学,如图 1-1-11 所示。在幼儿教育中使用平板电脑,可以促进教学互动的有效性,获取实时的信息反馈,及时了解每一个孩子的活动情况,甚至思维过程,进而有针对性地调整下一步的教学活动组织。

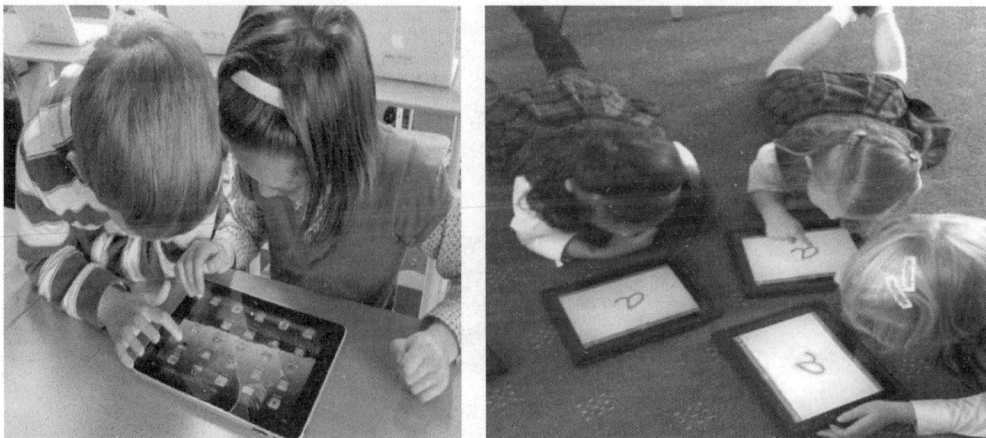

图 1-1-11　平板电脑进幼儿园

2. 互动投影大屏

利用投影机在墙面投出一块互动屏幕,代替传统的黑板来教学,如图 1-1-12 所示。互动投影屏具有触控互动、智能绘图、移动缩放等功能,让课堂更有趣味。比如,通过投影屏,教幼儿认识动物。屏幕上出现各类动物图像,幼儿点击小狗图像,小狗就会发出叫声并伴有语音自我介绍,让小朋友印象更加深刻。

图 1-1-12　互动投影大屏

3. 互动答题系统

墙面大屏幕上出现题目,用投影技术将答案选项显示在地面,如图 1-1-13 所示。小朋友踩在对应的答案选项上,就能参与趣味知识答题。答案正确,屏幕上会出现欢快的音乐和鼓掌的表情,答案错误则出现忧伤的音乐和哭泣的表情,让知识答题更有趣。互动答题系统可以用于幼儿生活常识、自然等基础知识的普及。

图 1-1-13　互动答题系统

4. 互动触摸桌

互动触摸桌就像一个大型的平板电脑,由一个触控屏作为互动展示平台,如图 1-1-14 所示。互动触摸桌为孩子们提供了一个自主、宽松的学习平台,活动内容均在触控屏上实现播放,让孩子都参与到互动中,在人机互动和生生协作的游戏中感受学习的乐趣,提高幼儿的学习兴趣与实践能力。

图 1-1-14　互动触摸桌

第二节　幼儿园网络

一、幼儿园网络的组成

以计算机和网络技术为主的信息技术,对当今的教育产生着重大的影响,逐步改变着教师的工作、学习和生活方式。学校构建校园网络,在网络信息平台上推进信息技术教育,广泛运用现代教育技术为教育教学改革服务。

幼儿园网络是将各种不同应用的信息资源通过高性能的网络设备相互连接起来,形成园区内部的Intranet 系统,对外通过路由设备接入广域网。建设一个以办公自动化、计算机辅助教学、现代计算机校园文化为核心,以现代网络技术为依托,技术先进、扩展性强、覆盖全校主要办公教学点的校园主干网络,将幼儿园的各种 PC 机、终端设备和局域网连接起来。

随着平板电脑等移动终端的迅速普及并引入教育领域,传统的网络信息点已经无法满足该类设备无线上网的需求。在幼儿园主干网络的基础上,搭建无线局域网,将原有的校园网络进一步扩充升级,使幼儿园的每个角落都处在网络覆盖中,形成无线网络覆盖,支持各种数字终端接入校园网及互联网。

幼儿园网络基础设施的硬件通常有服务器、网间互联设备、传输介质等部分组成。

1. 服务器

服务器(Server)是网络上一种为客户端计算机提供各种服务的高性能的计算机,如图 1 - 2 - 1 所示。根据其在网络中所执行的任务不同,服务器可分为 Web 服务器、数据库服务器、视频服务器、FTP 服务器、Mail 服务器、打印服务器、网关服务器、域名服务器等。小型的校园网络,是把 Web 服务、FTP 服务、数据库服务等集于一台服务器上。

图 1 - 2 - 1　服务器

图 1 - 2 - 2　集线器

2. 网络互联设备

① 集线器(HUB):集线器是计算机网络中连接多个计算机或其他设备的连接设备,如图 1 - 2 - 2 所示。集线器主要提供信号放大和中转的功能,把一个端口接收的信号向所有端口分发出去。有些集线器还可以通过软件对端口进行配置和管理。

② 交换机(Switch):交换机的外形与集线器很接近,也是一个多端口的连接设备,如图 1 - 2 - 3 所示,主要区别在于:交换机的数据传送速率通常要比集线器快很多,网络中心的核心交换机往往还具有路由功能。

图1-2-3　交换机　　　　　　　　　　　图1-2-4　路由器

③ 路由器(Router)：路由器是连接多个网络或网段的网络设备，如图1-2-4所示。通常路由器有两大典型功能，即数据通道功能和控制功能，数据通道功能一般由硬件来完成，控制功能一般用软件来实现。

④ 防火墙(fire wall)：是指一种将内部网和公众访问网(如 Internet)分开的硬件或软件技术，如图1-2-5所示。防火墙可通过过滤不安全的服务而减低风险，极大地提高内部网络的安全性，控制内部计算机的网络访问并审计网络使用记录，执行安全策略。

图1-2-5　防火墙

⑤ 无线 AP(Wireless Access Point)：即无线访问接入点，是组建无线校园网的必需设备，如图1-2-7所示，相当于常规网络设备的集线器或交换机。每个无线 AP 都能容纳一定的信道，相当于交换机的接口数量。无线 AP 有一定的覆盖距离，主要提供无线工作站对有线局域网、有线局域网对无线工作站的访问，在访问接入点覆盖范围内的无线工作站可以通过它相互通信。

图1-2-6　无线 AP　　　　　　　　　　　图1-2-7　双绞线

3.传输介质

① 双绞线(twisted pair)：是由两根相互绝缘的铜导线按照一定的规格互相缠绕在一起而成的网络传输介质，如图1-2-7所示。在当前的技术下，传输数据的距离一般限定在 100 m 范围内，双绞线是目前局域网中使用最多的传输介质。

② 光纤(fiber):光纤是以光脉冲的形式来传输信号,材质是以玻璃或有机玻璃为主的网络传输介质。光纤具有极高的传输带宽,目前技术可以 1 000 Mbps 以上的速率进行传输。光纤的衰减极低,抗电磁干扰能力很强,传输距离可达 20 km 以上。

二、幼儿园网络的主要功能

随着信息技术的日益普及,计算机在学前教育中的应用越来越多,给幼儿园的教学与管理工作带来巨大的变革。随着应用软件开发的不断深入,计算机使用起来也越来越简便。幼儿园园区网络建设为教师教育教学和个人专业发展提供良好的信息环境,促进幼儿园管理和教学信息化。

1. 实现幼儿园学校管理信息化

通过幼儿园的办公管理软件系统,将幼儿园的日常业务迁移到互联网上,提高幼儿园管理效率,如日常办公中涉及的行政管理、文件管理、人力管理、交流园地、公共信息、园长查询等,园长和教师可以通过网络进行园内信息的了解与查询。

2. 以信息化手段推动实现家园共育

通过成长档案袋,记录、收集幼儿成长过程中的点点滴滴的成果与信息。通过家校互动等平台搭建家校沟通的桥梁,发挥网络在合作交流中的作用。在网络环境下,教师和家长的沟通丰富多样,并有较强的针对性,消除了家长和教师之间的距离,使家教指导更具有针对性、实效性。幼儿园网站,为家长和教师架起了一个快捷方便、生动、形象的交流平台,传递着丰富的家庭教育信息资源。把信息技术融入到家庭教育指导中,满足不同层次家长的需求,提高家园共育新模式的实效性。

3. 提高课堂教学质量,促进教师专业发展

教师可以充分利用互联网上的不同来源、不同类型的资源,为自己的教学所用,将个人的教育教学资源,如教学计划、教育总结、教育笔记、教学案例、教学资源、教科研成果等内容上传到学校的校本资源库和教师专业发展档案袋中,实现资源在幼儿园内部的共建共享,为教师提升教学质量提供资源基础,通过不断记录、反思教师在教育教学中的实践过程,促进教师专业发展。

三、幼儿园网络应用系统

幼儿园网络基础设施构建完成以后就等于修建了"信息高速公路",但如果没有丰富的网络资源等,就等于高速公路上没有车辆,因此也发挥不了应有的作用。功能完善的校园网除硬件外,还包括满足幼儿园管理、教师教学和学生发展需求的多样化的平台系统,如满足幼儿园管理需求的办公管理 OA 系统、满足教师教育教学需求的资源平台、记录教师专业发展历程的教师专业发展档案袋、实现家园信息互通的家园互动平台、提升幼儿园管理和安全的幼儿视频监控系统、记录幼儿成长过程的幼儿个性化成长空间等,通过构建功能强大的信息化软环境,促进幼儿园教育的内涵发展、学前教育教师的专业发展、幼儿的健康成长。幼儿园常见的应用系统包括:

1. 幼儿园办公管理 OA 系统

幼儿园办公管理 OA 系统的作用在于充分利用现代网络技术为幼儿园管理服务。信息化办公、无纸化办公,让每个办公室通过幼儿园网络进行办公、管理和获取校内外的信息资源;同时,通过网络进行即时通信和协同工作,提升幼儿园内部管理的效率。主要功能包括幼儿园园务管理、园务通知、教学管理、教师助理、保健卫生、营养分析、食谱安排、安全管理、短信中心等。在线、即时、通畅、稳定、高效是幼儿园办公管理 OA 系统的最大特征,可以用它全面了解幼儿园的运作情况,轻松进行幼儿园的管理工作。

2. 学前教育资源库平台

教育资源库是幼儿园开展教学的重要工具,它包括多媒体素材库、教案库、课件库、主题资料库等。资源库为教师提供全文检索、属性检索,具有资源的上传、下载、共享、审核、删除功能。为提高系统安全性,幼儿园园本资源库需要具有用户权限管理模块,为不同用户赋予不同的权限,保证资源的安全性和资源的质量。

3. 教师专业发展档案袋

教师专业发展档案袋收集教师专业学习的成就和进步的材料,真实反映教师专业成长历程,是教师师

德、教育教学、教育科研、继续教育等全方位的记录和展示,具体包含教师作为教学者的课堂教学设计、课堂教学资源、教学随笔、教学反思、教学案例等,形成教师个人专业发展的电子档案。教师专业发展档案袋记录了教师专业成长的轨迹,可以有效诊断教师发展。

4. 幼儿园家校互动平台

打破传统沟通方式的限制,利用互联网、微信等方式实现及时、方便、个性化的沟通,为家园互动建立一座良好的沟通桥梁。幼儿园通过微信或微信群及时向家长传递各类重要、实时的信息,例如,紧急通知、幼儿园通知、班级通知、幼儿在园情况、育儿知识、保健提醒等。

5. 幼儿园网络监控管理系统

幼儿园网络监控管理系统是为幼儿园管理者提供的一种现代化的高效管理工具。它是增进幼儿园同幼儿家长之间相互了解的重要纽带,也是家长了解幼儿在园内生活情况的一个重要窗口。它还可在调查幼儿园内发生的意外事故时提供重要参考依据;帮助家长消除顾虑,使得他们能更好更主动地配合教育;使家长直观地了解到托班幼儿的教养工作内容及对幼儿常规的要求,例如如厕坐盆、定时定位进餐等,使家长在平时有目的地进行相关能力的培养。

6. 幼儿个性化成长空间

它是专业针对幼儿的集成长日记、电子相册、视频库为一体的幼儿个性空间,通过幼儿园教师和家长共同地日积月累,为幼儿建立童年的成长档案库,将是幼儿园、家庭给予孩子的最珍贵的童年记忆。具体内容包括幼儿的基本情况、照片、作品、点滴进步记录、奖状以及教师的评价结果、观察记录等。

第三节 智慧幼儿园

一、智慧幼儿园的组成

2018年教育部印发的《教育信息化2.0行动计划》中提出:"推动信息化建设与应用水平全面提升,以人工智能、大数据、物联网等新兴技术为基础,依托各类智能设备及网络,积极开展智慧教育创新研究和示范"。《加快推进教育现代化实施方案(2018—2022年)》指出,要大力推进教育信息化,加快推进智慧教育创新发展,实施人工智能助推教师队伍建设行动,构建"互联网＋教育"支撑服务平台,深入推进"三通两平台"建设。党的二十大报告首次将"推进教育数字化"写入"办好人民满意的教育"部分,提出"推进教育数字化,建设全民终身学习的学习型社会、学习型大国",教育数字化成为普遍共识。这些文件指明了今后幼儿园智慧教育建设发展的方向。在5G时代,大数据的发展和智能学习体系将影响幼儿园教育的发展。

智慧幼儿园是指基于幼儿园现状,以物联网、大数据、云计算等新一代信息技术为支撑,全面整合园所内外的资源,综合运用信息技术,全面感知幼儿园物理环境,有机衔接物理空间和信息空间,为教师和幼儿建立数智开放的教育教学环境,以信息化技术赋能教育教学数字化转型,优化、重构教学、教研、评价和管理等过程,提高教育教学质量和管理水平,促进教师和幼儿的全面发展。

智慧幼儿园服务体系通常包括一套完善的智能化基础设施、一个服务园所整体管理与运营的一站式管理平台、许多智慧化业务应用,如图1-3-1所示。

1. 幼儿园智能化基础设施

幼儿园智能化基础设施包括园所网络环境、终端及配套设备、园所安全环境、智能化教学设施设备、智能物联感知与管控设施等部分。

(1)园所网络环境。幼儿园网络环境主要通过校园网络提质增速,来满足幼儿园保育教育、管理服务、家园共育等功能要求。同时,园所实现无线网络覆盖,支持移动学习、移动办公等应用。

(2)终端及配套设备。终端及配套设备主要包括数字化活动空间、园所文化生活空间和数字终端,使幼儿园拥有能够满足信息化环境下教学、研训、学习和交互的智能终端与配套设备。所有班级教室和活动室

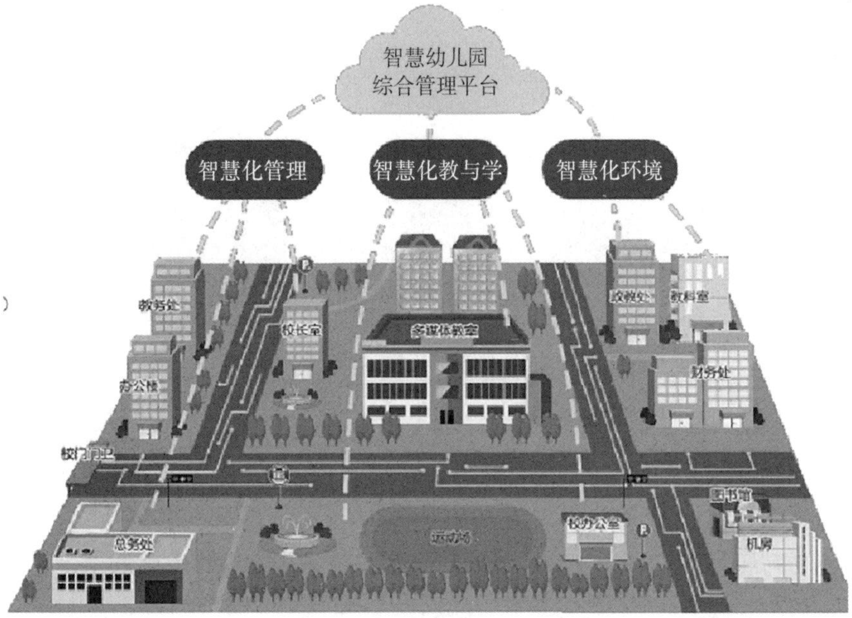

图 1-3-1 智慧幼儿园

均安装互动多媒体教学设备。如图 1-3-2 所示,在幼儿阅读室中安装了互动多媒体设备。园所主要公共服务区域配备相应的公用信息终端,为教师和幼儿提供个性化发展、共享空间和各类信息化服务。

图 1-3-2 安装互动多媒体设备的阅读空间

(3)园所安全环境。智能安防系统覆盖幼儿园全部物理空间,如图 1-3-3 所示,实现园所视频监控、入侵报警、电子巡更、幼儿出入控制、消防报警、紧急广播与疏散等智能安防的统一管理和控制。

图 1-3-3 幼儿园智能安防监控

（4）智能化教学设施设备。借助虚拟现实、增强现实、物联网、人工智能等技术，对幼儿园多媒体教室或活动室进行智能化改造，形成智慧活动教室、智慧艺术教室、智慧探究空间等，如图1-3-4所示，以便更好地开展各类主题的游戏活动、实践探究活动等。

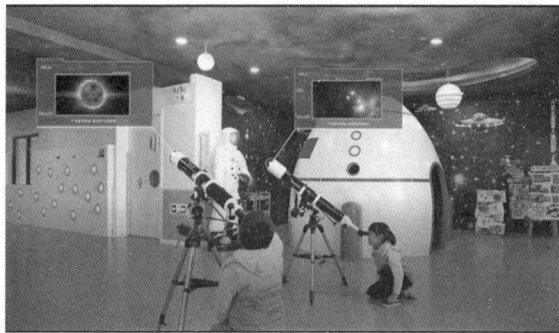

图1-3-4　智慧探究空间

（5）智能物联感知与管控设施。幼儿园智能物联感知与管控主要是指集物联感知、人工智能、大数据等功能于一体，用以支持幼儿园智能化管理的系统，主要包括物联感知、智慧班牌、智能共享空间等，改善教师和幼儿学习与生活的实体环境，如图1-3-5所示。

图1-3-5　智能手环

2. 幼儿园一站式管理平台

幼儿园一站式管理平台利用云计算、大数据、人工智能等多种现代智能技术，整合园所内同步多数据源，进行统一数据口径、业务规则清洗等自动化的数据处理与验证。在此基础上实现多源异构数据接入汇聚，汇聚园所日常需要的基础数据、设备数据、业务数据、幼儿发展数据、教师成长数据等各领域的数据；通过自动化的集中管理和数据治理，为幼儿数字画像、教师数字画像、幼儿园数字化画像等提供基础数据支撑；面向幼儿园保育教育、管理服务、家园共育等各项业务应用场景提供数据赋能，如图1-3-6所示。

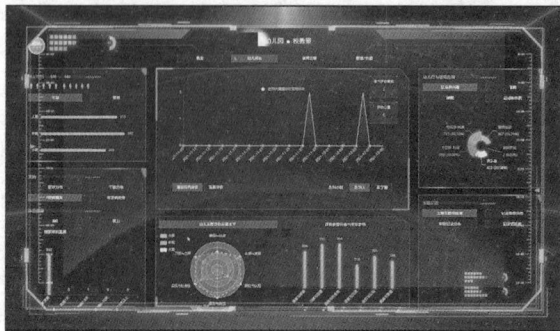

图1-3-6　幼儿园一站式管理平台

3. 幼儿园智能化业务应用

基于幼儿园数字基座部署幼儿园软件平台环境,推进教育应用上云部署,适应新时期集约管理要求,实现资源弹性管理。通过统一门户集成业务应用,单点登录实现多个智能化业务应用的访问,使得幼儿园的管理和教育更加便捷高效。幼儿园智能化业务应用包括智能化教学软件平台、智能化研修平台、智能化评价系统等。

智能化教学软件平台用于教师备课、授课与幼儿学习等数字化教学活动及教学资源的建设与管理。智能化研修平台方便教师开展在线教研、在线培训、在线科研等活动,并采集教师行为数据。智能化评价系统从科学、语言、艺术、健康、社会五大领域的幼儿园教育活动等维度建立幼儿发展综合评价体系,从教师的教学水平、科研水平、获得荣誉等维度建立教师发展综合评价体系,从而全面评价幼儿的个性化成长与教师的专业发展。

二、智慧幼儿园的主要功能

智慧幼儿园立足于智能感知与管控的园所环境和新型教育教学空间,利用各种现代信息技术,实现保育教育、管理服务、家园共育等业务的模式创新和流程再造,实现幼儿园教育场景的创新应用。

(1) 实现园所的智能化管理。通过智能化设备和信息化管理系统,实现对幼儿园的全面管理和监控,形成"可感知、可诊断、可分析、可预警"的幼儿园数字化发展新形态。比如:通过智能门禁系统,应用无感测温、智能考勤等技术采集幼儿来离园数据,实时监控进出幼儿园的人员;通过智能呼叫器,可以实现幼儿的远程监控和管理;通过物联设备及终端,实时采集并监控园所的空气质量、温湿度等环境数据,为幼儿成长营造最舒适的园所环境。

(2) 实现幼儿的个性化教育。通过智能化技术精准定位幼儿成长需求,开展个性化教育。比如:通过语音识别技术,可以实现智能化的听写和语音训练;通过智能教学系统,可以根据每个幼儿的学习能力和兴趣爱好,定制个性化的教学计划;通过物联终端,可以采集每个幼儿在园生活及学习的动作数据、位置数据、体质健康数据等,以便更好地进行智慧评价,引领幼儿更好地成长。

(3) 实现同频联动的家园共育。通过智能化设备和信息化管理系统,实现同频联动的家校互动,合力赋能幼儿成长。比如,家长可以通过手机应用程序,随时了解孩子在幼儿园的表现和学习情况。幼儿园也可以通过手机应用程序,向家长发送各种通知和提醒。

三、智慧幼儿园的教育场景

在智慧幼儿园中,各种新型基础设施和数字技术成为一种底色,教育数据无处不在,与外部环境之间开放流动,使处在该教育场域中的人们自然而然地用数字意识、思维、技能来分析、处理、运作各项教育教学管理活动。技术支持的教育活动组织、技术赋能的发展评价、技术助力的研修转型、技术加持的管理重塑成为一种必然结果。

1. 智慧生活

多媒体互动教室及活动室为幼儿创造促进其成长的生活空间和内容,通过数字化硬件对幼儿的成长过程进行及时记录、采集、分析;生活类体感游戏设备让幼儿在玩乐中学习各类生活知识,同时伴随式积累数据,为形成幼儿智慧评价提供有利依据。

2. 智慧运动

通过智能手环、智能摄像头采集数据,实现幼儿运动数据实时监测,用运动时长、运动消耗、运动心跳、血压及运动动作等客观数据,来描绘孩子在运动过程中的情况。利用 AI 机器视觉算法自动记录幼儿部分运动项目的成绩,自动识别运动关节,实时反馈运动次数和有效运动时间,减轻教师日常体育测试的数据采集压力。

3. 智慧阅读

利用 VR、AR 技术,打造智慧幼儿阅读及信息浏览学习的场所,形成一个内容丰富又充满趣味性的获取知识的智慧环境。在幼儿的阅读中,采集包括阅读习惯、阅读兴趣、阅读能力等相关数据。让幼儿学会在传统阅读与智慧交互阅读中获取知识、培养良好学习习惯、激发对知识学习的兴趣。例如:将 AR 技术与图书相结合,利用 AR 课件独有的放大、360°旋转、全方位细节观察的特点,用直观、真实的视觉体验激发幼儿阅读兴趣;运用 VR 技术生成可交互的三维环境,营造幼儿参与学习和活动的沉浸感。

4. 智慧探究

基于幼儿探究的天性,为幼儿创造更多的探究内容和空间,通过智能硬件,记录和分析幼儿探究过程。利用实体沙盘、光影交互、虚拟增强现实、数字多媒体等各类技术,配套对应的数字课件,激发孩子对科学探究的兴趣,并促使孩子积极主动地探索。通过优质、成熟的课程体系和成熟的设备及技术,打造"体验卓越、乐享互动"的灵活、开放、智慧的幼儿智能活动室系统,让科学变得更为有趣,更易理解,启发和点燃幼儿的科学兴趣和科学梦想。

5. 智慧物联

在园所各教室、室外、进出口处,广泛部署物联网网关,利用手环、AI 摄像头、各环境监控传感器等物联终端,汇聚园所物联网数据,管理物联网设备,构成物联网云平台,实现数据汇聚、能力开放、终端管理等功能,并实现数据互通。

6. 智慧研修

教师可以通过集教研、培训、科研于一体的智能研修平台,方便地开展在线教研、在线培训、在线科研等活动。基于在线研修活动采集的数据,能够形成教师数字画像,全方位刻画幼儿园教师的专业发展情况。基于一体化智能研修平台,教师能够及时获取教研、科研、培训等信息和资源,支持教师专业发展。

7. 智慧评价

基于智慧幼儿园环境下的幼儿、教师和园所的大数据,通过幼儿园数据仓库,实现数据的汇聚、分析和处理,实现幼儿、教师和园所的发展评价,绘制幼儿、教师、幼儿园发展数字画像。基于智能化评价系统,从健康、艺术、社会、语言、科学五个维度,建立幼儿发展综合评价体系,全面记录幼儿的个性化成长。从教师的教学水平、科研水平、获得荣誉等维度,建立教师发展综合评价体系,全面评价教师的专业发展。从学校办学条件、教师发展、幼儿发展、教学改革、教育科研等维度,建立园所发展综合评价体系,全面评价幼儿园的发展情况。

第二章

幼儿数字化活动资源的处理

第一节　幼儿活动图像素材的获取与处理

一、活动情境与任务

主题活动　　　　　　　　"幼儿园春游活动"照片的拍摄与处理

又到了一年一度春游的时候了！小朋友们早就盼着这一天了。今年情况有点特殊，阳光幼儿园做了一个幼儿展示的班级博客平台，可以展示班级活动情况，记录每位小朋友的成长。在这个平台上，春游这个大日子的照片是必不可少的，要让小朋友们和家长都能够看到欢乐春游的照片。展示出来的东西自然要拍得好看些，而且有些照片还要美化修饰，还有很多照片有着很好的创意，需要加上标题文字说明。

二、活动分析

做一个班级的春游活动展示，要解决两个问题：首先是照片的拍摄，第二是照片的处理。随着现在数码相机的普及，拍照已经是一项基本的生活技能，大家都能够掌握，但还需要学习掌握一些基本的拍摄技巧。

照片的处理通常是通过图片处理软件，对图片进行调色、抠图、合成、明暗修改、添加特殊效果、编辑、修复等。目前市场上图像处理软件种类繁多，可以任选一种，根据要求进行图像的处理。

（一）活动计划

1. 数码相机的准备

为保证顺利完成拍摄，拍摄前需要检查相机部件工作是否正常，为相机充足电，准备备用电池等。

2. 春游活动照片的拍摄

照片的拍摄要注意聚焦、曝光、构图等问题。春游照片要突出春天的主题，尽量拍到每个小朋友欢乐的笑脸。

3. 春游照片的导出与处理

要对照片进行后期的处理,首先要导出照片到电脑,然后使用图像处理软件对照片进行后期的美化、修饰等处理,添加背景,添加文字说明,制作动态闪图等。

4. 春游照片的分享与上传

处理好的照片按照要求上传到幼儿园的班级群或云空间中,还可以分享到班级家校圈以增进家校互动,通过幼儿园的微信公众号等宣传渠道进行风采展示。

(二)相关技能

(1)数码相机的选择。

(2)照片的拍摄技巧。

(3)图像处理软件的选择与下载安装。

(4)软件的启动与文件的打开。

(5)照片的修饰、场景特效、添加文字说明等处理。

(6)照片的保存与分享。

三、方法与步骤

(一)数码相机的准备与春游照片拍摄

一般来讲,数码相机分为卡片机、具备手动功能的数码相机和单反数码相机。随着手机拍照技术的普及,也可使用高像素智能手机拍摄照片,如图 2-1-1~图 2-1-4 所示。

图 2-1-1 卡片式数码相机　　图 2-1-2 具有手动功能的数码相机　　图 2-1-3 单反数码相机

图 2-1-4 高像素智能手机

分辨率是数码相机的一个重要指标,根据幼儿园的条件,选择分辨率相对高的相机能够较好抓住幼儿动态的表情和动作。在出游拍摄前,要做好相关准备工作。检查相机包装套件,检查包装内容物是否齐全,装好镜头。有条件的还可以带上三脚架,保证拍摄的稳定。最重要的一条是要将相机充好电,如果有备用电池,也充满电。

无论使用相机还是手机,拍摄时最好采用蹲姿,将视线与宝宝们拉平,体会幼儿眼中的世界。幼儿天性爱动,有些可爱的表情或动作不容易抓拍,可通过连拍来捕捉完美瞬间。拍摄幼儿特写时,应该在幼儿的上下左右预留空间,不要令小朋友太贴近照片边缘,以免相片带有压迫感。

此外,拍摄的画面既要呈现每一位幼儿的活动状态,增强家校互动,也要体现大的春游活动的场景主题,方便幼儿园进行活动记录和宣传。

(二) 图像处理软件的选择与下载安装

图像处理软件是用于处理图像信息的各种应用软件的总称,专业的图像处理软件有 Adobe 的 PhotoShop 系列,基于应用的处理管理软件 Picasa,专门看图处理的软件 ACDSee 等,还有国内很实用的大众型软件光影魔术手,非主流软件有美图秀秀。美图秀秀是一款简单、实用的免费图片处理软件,其独有的图片特效、美容、拼图、场景、边框、饰品等功能,加上每天更新的精选素材,可以快速做出特效照片,还能一键分享到新浪微博、微信朋友圈。以流行的美图秀秀软件为例,介绍图像处理软件的下载与安装。

在浏览器中输入关键词"美图秀秀",打开美图秀秀官网(https://pc.meitu.com),选择"美图秀秀(最新版)",点击【立载下载】,如图 2-1-5 所示,并保存。

图 2-1-5 美图秀秀官方网站下载页面

下载完成之后,找到下载的安装文件,双击打开,选择默认安装位置或自定义安装位置,并按照提示一步步安装,直至完成。

(三) 相机照片的导出与图像处理

1. 照片的导出

数码相机拍摄的照片存储在内存卡中。为方便后期图像处理和长期保存,可将照片导出到电脑。将照片从数码相机导出到电脑有 3 种方式。第一种,取出闪存卡,用读卡器连接电脑,导出图片文件。这种方式最高效、安全。第二种,用数据线连接数码相机和电脑,打开数码相机,电脑识别出新的 USB 设备,再拷贝出图片文件。这种方式的数据传输速度低于读卡器。第三种,利用数码相机自带的 Wi-Fi 功能,将数码相机和电脑置于同一 Wi-Fi 环境下,将数码相机中的照片无线传输至电脑。这种方式适合智能化的移动通讯设备。

2. 美图秀秀软件的使用

打开美图秀秀软件,首页如图 2-1-6 所示,可根据实际需要选择"图片编辑""海报设计""抠图""拼图"等功能入口。可利用"批处理"功能,批量处理春游活动照片。如果需要制作有趣的 GIF 小动画,可通过首页的"工具箱"跳转至"GIF 制作"页面。

3. 活动照片的处理

由于拍摄技术与拍摄条件的限制,数码相机拍摄的相片往往存在一定的缺陷,如曝光不足、主体不够突出等,利用图像处理软件可以很好地弥补这些缺陷。一般图片处理软件都具有图片裁剪、旋转、调整曝光、添加文字饰品等修饰功能。

(1) 曝光的调整

有的时候受天气或者拍摄角度的影响,整个照片曝光不足,照片显得灰暗,色彩不明朗。曝光的调整主

图 2-1-6　美图秀秀软件首页

要有亮度、对比度、色彩饱和度等几项参数。根据可见即可得的即时效果，进行调整，如图 2-1-7 所示，调整曝光系数前后的对比。

（a）调整前　　　　　　　　　　　　　　　　　　　（b）调整后

图 2-1-7　曝光调整前后效果对比图

（2）照片的裁剪

构图技巧是体现摄影艺术的重要方面，好的构图能够突出主体，画面有美感。但受拍摄者的主观局限，很多时候构图不合理，这时就可以利用裁剪功能。在图片编辑页面，打开待裁剪的照片后，点击左侧的"裁剪/旋转/尺寸"，可进行图片的尺寸调整、比例裁剪、形状蒙版裁剪。尺寸调整是根据照片的不同用途，比如公众号首图、朋友圈封面、标识设计等，调整照片的尺寸。比例裁剪是将照片裁剪为 4∶3 或 3∶4 等标准比例的尺寸，也可自定义比例裁剪。形状蒙版可以将照片裁剪成蒙版的形状，比如将照片裁剪成椭圆形。如图 2-1-8～图 2-1-10 所示，将照片分别按 4∶3 的比例裁剪、按椭圆形的形状蒙版裁剪。

图 2-1-8　裁剪前的照片　　　　　　　　　图 2-1-9　按比例裁剪后的照片

图 2 - 1 - 10   按形状蒙版裁剪后的照片

（3）照片的配文和装饰

照片的文字说明类似"画外音"，通过简洁的语言突出主题，把画面不能表达的意思表达出来。点击"文字"标签，选择"输入静态文字"，即可为一幅照片添加标题。调整文字的大小、颜色和字体等。用同样办法可以为照片添加边框、饰品、卡通图标等，如图 2 - 1 - 11 所示。

图 2 - 1 - 11   添加标题前后的照片对比

（4）照片拼图和整合处理

一般照片都要经过多种综合处理，调整曝光度、裁剪、添加文字等。春游的照片是一个整体的系列，为了能够在一张图片上反映整个活动过程，还可以对照片进行拼图处理。美图秀秀有"网格""海报""拼接""自由"4 种拼图模式，每一种拼图模式均匹配不同图片数量的拼图效果。拼图后的图片还可以添加文字说明，这样一整张经过处理后的图片就可以描述一整天的春游活动，如图 2 - 1 - 12 和图 2 - 1 - 13 所示。

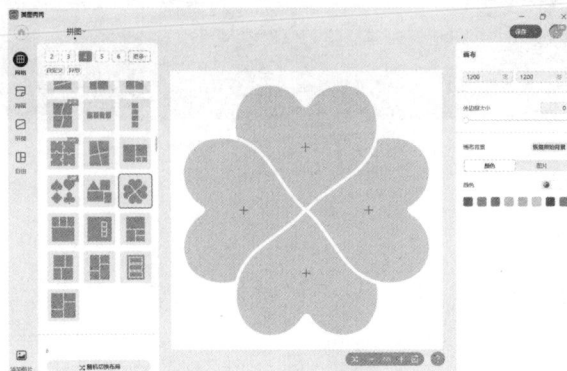

图 2 - 1 - 12   4 种拼图的操作

图 2-1-13　整张照片描述春游活动的效果

(四) 图像的保存与分享

如图 2-1-14 所示，图片经过处理后，点击软件右上角的"保存"，选择保存路径，设置文件名称与格式，调整画质后，可将处理后的图片保存至电脑。教师可将处理后的图片上传到幼儿园的班级群或云空间中，还可以分享到班级家校圈以增进家校互动，也可作为幼儿园微信公众号等活动宣传、学生风采展示的图片素材。

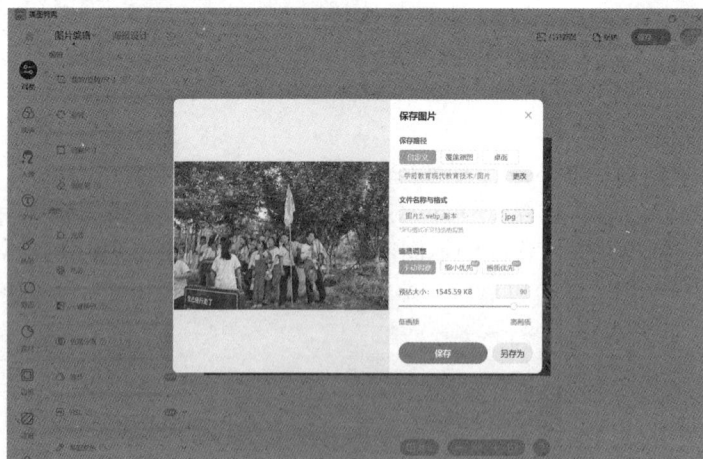

图 2-1-14　图片保存

四、相关知识与技能

(一) 幼儿活动图像素材的获取

1. 认识数码相机

数码相机是 20 世纪末开发出的新产品，是信息时代工作和生活中不可缺少的工具。它是在传统相机的基础上发展起来的,但是又摆脱了银盐类感光材料——胶卷的束缚,而以一种电子芯片——CCD(charge coupling device,电荷耦合器件)作为成像器件,将被摄景物以数字信号方式记录在存储介质中,以数字信息的方式实现照片的传输、浏览和打印输出。

数码相机是光、机、电一体化的产品,其核心部件是CCD图像传感器,由一种高感光度的半导体材料制成,在光线作用下,可将光线的强度转化为电荷的积累,通过模拟/数字(A/D)转换芯片转换成数字图像。数字图像经过压缩以后由相机内部的快闪存储器或移动式存储卡保存下来,然后根据需要可将图像传给电脑,以决定是否编辑修改或打印输出。数码相机的最大优势在于将图像信息数字化,因为数字信息可以借助互联网即时传送,使得数字图像的应用范围和前景十分广阔。

数码相机由镜头、图像传感器、A/D转换器、MPU(微处理器)、存储设备、LCD(液晶显示屏)、输入输出接口七大部分组成,如图2-1-15所示。图像传感器的作用是将光信号转变为电信号。A/D转换器即模拟数字转换器,作用是将模拟信号转换成数字信号。MPU(微处理器)的作用是通过对图像传感器的感光强弱程度进行分析,调节光圈和快门。

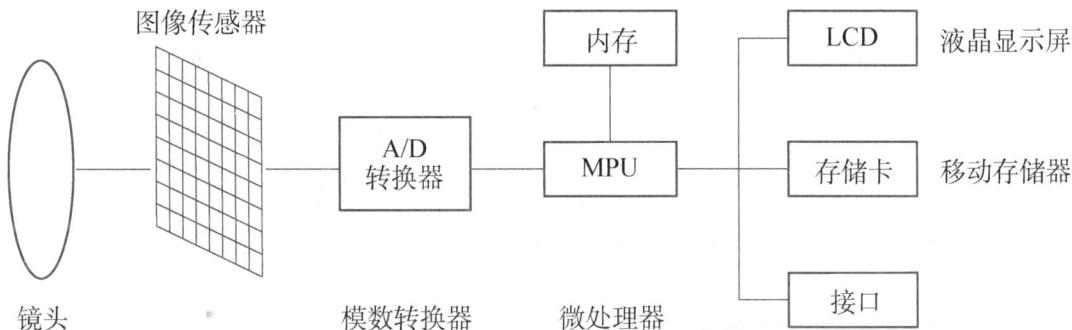

图2-1-15 数码相机结构示意图

数码相机的使用和操作并不复杂,只要对着被摄景物按动快门,CCD就感应从镜头接收的光信号并转换成对应的模拟电信号,再变成数字信号,最后使用相机中的固化程序(压缩算法)按照指定的文件格式将图像以二进制数码的形式存入存储介质中。

2. 数码相机的拍摄技巧

拍照片的三大要素:聚焦、曝光、构图,是拍摄的重点步骤。所谓曝光就是指底片或CCD感光元件对光感应的强弱。如果不能把光线调节到最适合的强度,底片和CCD就不能正确记录和确认影像。而光的强弱,可透过调校光圈和快门速度来控制。

(1)对焦要清晰

① 认清对焦点:一般数码相机的对焦点,都是在相机的中心位置,可以从相机的LCD看到一个小框,拍照时,先把人对到小框内,半按快门,听到"哔"一声,同时会有小绿灯亮起(依相机种类决定),表示已经对好焦了。

② 主体是否对焦:先把人物放在中心对焦点,半按快门先完成对焦,此时按住快门的手不要放开,否则焦点会跑掉。把人物移到旁边,完成构图后,再全按快门,完成拍照。因为之前已经先对焦,所以焦点不会跑掉。

③ 注意手晃:相机稳定是拍摄的基本要求,要随时注意快门速度。现在的数码相机,都会显示快门和光圈的数据。一般所谓的安全快门,简单说是不要低于1/30 s,如果发现快门值低于1/30,应使用三脚架增加稳定度。

(2)曝光要正确

在传统摄影中的曝光值(exposure value),即所谓的EV值,可以做"+"或"-"的调整,也就是多曝一格(变亮)或少曝一格(变暗)的调整,使曝光时的影像更准确,照片才不会太暗或太亮。

① 注意环境:通常背景过亮的环境,有可能是主角站在一片白色墙壁前或是穿白色衣服,或是在白色沙滩上或是雪地里,都会造成背景亮度大于主体,要增加曝光值;如果穿深色衣服,或是背景太暗,要相对减少

EV 值。

② 闪光灯：闪光灯不是只有晚上才能用，白天适当的时机使用闪光灯，更能获得正确的曝光率。

（3）构图要特别

① 黄金构图：就是按一定比例的分割，分割比例有 2∶3,3∶5,5∶8 等，在照片中，切出一定比例的线，然后安排照片中的景物，呈现 2∶3 等的比例。

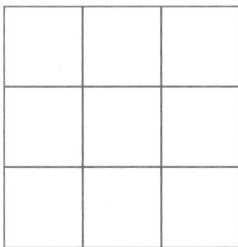

② 九宫格构图：人们发现在九宫格中 4 条线的交汇点，是人类眼睛最敏感的地方。这 4 个点，在国外的理论学上又称为趣味中心点，只要掌握住这 4 个点来构图，便能获得一定的艺术效果。

拍摄时，可以用想象的方式，在相机的 LCD 切割出九宫格，然后把主体及延伸的前景或是背景，安排在不同的两个点上，做一个斜对角的划分，即完成一个九宫格的构图。九宫格的构图可以应用在很多地方，例如拍摄海岸线，可以把海岸放在上方 1/3 处或是下方 1/3 处，都可以营造出不同的感觉。

（二）幼儿活动图像素材的处理

1. 代表性图像处理软件 PhotoShop

PhotoShop 是目前 PC 机上公认最好的通用平面美术设计软件，几乎所有的广告、出版、软件公司都把它作为首选的平面处理软件。PhotoShop 是 Adobe 公司开发的图像软件，是目前应用最广泛的点阵图像软件之一。通过 PhotoShop 的处理，以前手工的照相暗房技术在计算机中以数字化信息的处理方式体现出来，可以对图像进行裁切、旋转、修整、调整颜色、分色处理等，并可以在处理后输出到各种不同的介质，比如打印、分色制版、写真、喷绘、网络等。

如今，PhotoShop 已成为图像处理软件的标准，因其强烈的优势，PhotoShop 深受广大平面设计人员和电脑美术爱好者的喜爱。

2. 常见图像格式

一般来说，目前的图像格式大致分为两大类：一类为位图；另一类为描绘类、矢量类或面向对象的图形（图像）。前者是以点阵形式描述图形（图像）的，后者是以数学方法描述的一种由几何元素组成的图形。后者对图形的表达细致、真实，缩放后图形的分辨率不变，在专业级的图形处理中运用较多。常见图片格式主要有：

（1）BMP 格式

BMP 是英文 Bitmap（位图）的简写，它是 Windows 操作系统中的标准图像文件格式，能够被多种 Windows 应用程序支持。随着 Windows 操作系统的流行与丰富的 Windows 应用程序的开发，BMP 位图格式越来越被广泛应用。这种格式的特点是包含的图像信息较丰富，几乎不进行压缩，但由此也导致了它与生俱来的缺点——占用磁盘空间过大。所以，目前 BMP 在单机上比较流行。

（2）GIF 格式

GIF 是英文 Graphics Interchange Format（图形交换格式）的缩写。顾名思义，这种格式是用来交换图片的。上世纪 80 年代，美国一家著名的在线信息服务机构 CompuServe 针对当时网络传输带宽的限制，开发出了这种 GIF 图像格式。

GIF 格式的特点是压缩比高，磁盘空间占用较少，所以这种图像格式迅速得到了广泛的应用。最初的 GIF 只是简单地用来存储单幅静止图像（称为 GIF87a），后来随着技术发展，可以同时存储若干幅静止图像进而形成连续的动画，使之成为当时支持 2D 动画为数不多的格式之一，称为 GIF89a，而在 GIF89a 图像中可指定透明区域，使图像具有非同一般的显示效果。目前 Internet 上大量采用的彩色动画文件多为这种格式的文件。

（3）JPEG 格式

JPEG 也是常见的一种图像格式，它由联合照片专家组（Joint Photographic Experts Group）开发。JPEG 文件的扩展名为.jpg 或.jpeg，其压缩技术十分先进，它用有损压缩方式去除冗余的图像和彩色数据，获取极高的压缩率的同时能展现十分丰富生动的图像，换句话说，就是可以用最少的磁盘空间得到较好的图像质量。

同时 JPEG 还是一种很灵活的格式,具有调节图像质量的功能,允许用不同的压缩比例对这种文件压缩,最高可以把 1.37 MB 的 BMP 位图文件压缩至 20.3 kB,使我们完全可以在图像质量和文件尺寸之间找到平衡点。

由于 JPEG 优异的品质和杰出的表现,它的应用也非常广泛,特别是在网络和光盘读物上。目前各类浏览器均支持 JPEG 图像格式,因为 JPEG 格式的文件尺寸较小,下载速度快,Web 页有可能以较短的下载时间提供大量美观的图像,也就顺理成章地成为网络上最受欢迎的图像格式。

（4）PSD 格式

这是 Adobe 公司的图像处理软件 PhotoShop 的专用格式 PhotoShop Document（PSD）。PSD 其实是 PhotoShop 进行平面设计的一张"草稿图",它里面包含各种图层、通道、遮罩等多种设计的样稿,以便于下次打开文件时可以修改上一次的设计。在 PhotoShop 所支持的各种图像格式中,PSD 的存取速度比其他格式快很多,功能也很强大。

第二节　幼儿活动音频素材的获取与处理

一、活动情境与任务

主题活动　　　　　中班"听声音猜动物"游戏活动的准备

阳光幼儿园中班准备以"听声音猜动物"为主题开展语言活动,即以儿童诗歌《吧嗒—吧嗒》为主线,开展"听声音猜动物"的游戏活动,让幼儿识别并尝试模仿多种动物的声音,提高其语言能力以及对大自然的欣赏能力。作为中班的教师,请根据提供的教学设计,在因特网上下载音频,使用 GoldWave 软件录制音频并对音频进行编辑处理。为"听声音猜动物"游戏活动准备好相关的音频素材,以保证游戏活动的顺利实施。

二、活动分析

（一）活动计划

1. 交流与讨论

认真分析,要完成"听声音猜动物"活动,应该准备哪些音频素材？这些素材可以通过哪些途径来获取？

2. 在因特网上下载需要的音频素材

使用搜索引擎,在因特网上搜索所需的音频素材,包括《森林狂想曲》等音乐,小鸟、猫、狗、兔子、蛇等动物的声音以及人走路的声音等。

3. 使用音频编辑软件对下载的素材进行编辑

按教学需要,使用音频编辑软件 GoldWave 对下载的音频进行编辑,包括几段声音的剪裁与组合编辑、音量大小的调整、声音的特技处理等。

4. 为教师的诗歌朗诵进行录音

使用 GoldWave 软件,在课前录制好诗歌《吧嗒—吧嗒》,以便学生更好地欣赏语言的美,感受诗歌的节奏和旋律。

5. 将录音与背景音乐、动物声音等进行编辑

为了更符合游戏活动的需要,给录音配上《森林狂想曲》音乐,以及小动物们的声音等,作为游戏活动时的背景音乐。

6. 自我检查与交流分享

对照活动要求,对准备的音频素材进行对照检查,并与班级中其他小组进行交流与分享。

(二)所需知识与技能

(1)因特网上音频的搜索及下载。

(2)音频编辑软件 GoldWave 的启动与退出。

(3)GoldWave 中音频文件的新建与保存。

(4)GoldWave 中音频的编辑,包括音频文件的打开、声音的剪裁与组合编辑、声音的特技处理等。

(5)GoldWave 中音频的录制。

三、方法与步骤

(一)讨论需要获取或处理的音频素材

1. 需要准备的音频素材内容及准备的途径

分析提供的教学设计,需要准备的音频素材包括背景音乐《森林狂想曲》,小鸟、猫、狗、兔子、蛇等动物的声音,人走路的声音,教师朗诵诗歌《吧嗒—吧嗒》的声音 4 项。其中前 3 项声音可以在因特网上下载,后面一项则应该使用录音设备录制。

2. 需要对音频素材进行的编辑处理

在第二活动环节“听声音猜动物”中,小鸟、猫、狗、兔子、蛇等动物的声音,应该编辑组合到一个文件上;第三活动环节“学习诗歌”中,教师朗诵的诗歌《吧嗒—吧嗒》应提前录制;在第四环节“分角色扮演”中,背景音乐及动物声音应该在一个文件上,进行相应的裁剪和组合编辑。

(二)在因特网上下载需要的音频素材

需要在因特网上下载的音频有背景音乐《森林狂想曲》,小鸟、猫、狗、兔子、蛇等动物的声音,人走路的声音等。以背景音乐《森林狂想曲》的下载为例:

(1)打开网页浏览器,在地址栏输入搜索引擎地址。如输入 https://www.baidu.com,进入百度搜索引擎页面。

(2)在搜索框中输入关键词“森林狂想曲 MP3 下载”,点击“百度一下”,在网页的搜索结果中选择最恰当的《森林狂想曲》MP3 音频文件,下载并保存至电脑的合适位置。

由于《森林狂想曲》是一首音乐,也可以通过百度的分类搜索功能,在搜索框输入关键词之后,单击“音乐”进行搜索。

(3)使用同样的方法可以进行小鸟、猫、狗、啄木鸟、兔子、蛇等动物声音,以及人的脚步声的下载。

点拨

设置合适的关键词可以提高搜索效率,如“狗的叫声下载”就比“狗的叫声”搜索出的结果更符合要求。也可以尝试使用“动物叫声下载”进行搜索,先搜索到相关的素材网站,再进入网站下载。

提示

(1)教师一定要在安全、正规的网站下载音频资源,且最好是在开启浏览器安全扫描或拦截病毒的情况下进入下载链接。

(2)下载网络音频资源的过程中,教师要注意不点来路不明的链接,不扫来路不明的二维码。

(3)教师应尽量选择已公开授权的音频资源。

(三)运行 GoldWave 软件,认识 GoldWave 窗口界面

GoldWave 是一款功能强大的音频编辑软件,可以对音频内容进行播放、录制、编辑以及转换格式等处理。

（1）运行 GoldWave 软件。GoldWave 是绿色软件，不需要安装，将压缩包的几个文件释放到硬盘下的任意目录里，直接双击图标 GoldWave.exe 即可。运行界面如图 2-2-1 所示。

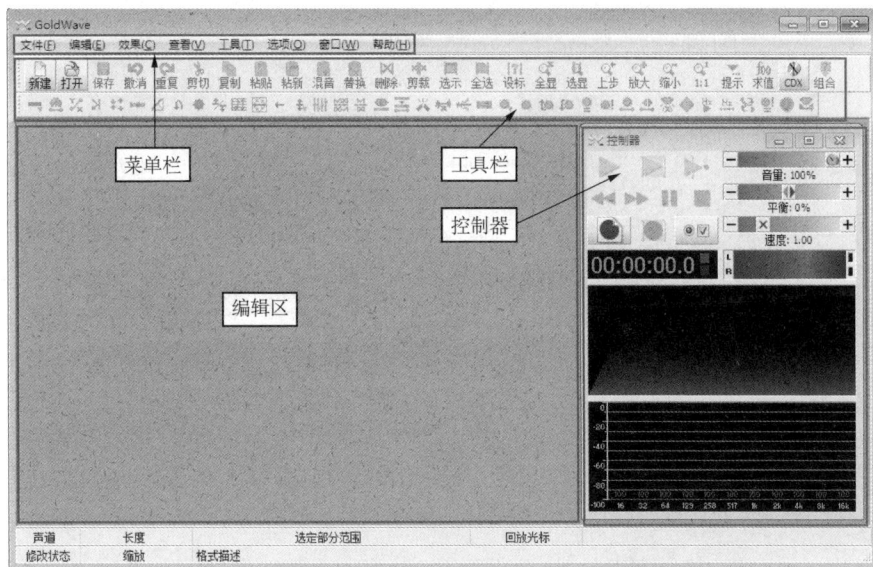

图 2-2-1 GoldWave 窗口界面

（2）讨论：GoldWave 和常见的办公软件（如 Word）窗口界面有哪些相同点和不同点？菜单栏一样吗？工具栏一样吗？哪些工具是不一样的？尝试使用这些工具。

认识 GoldWave 软件窗口界面：菜单栏、工具栏、编辑区、控制器中的菜单、工具及按钮等。对声音的各种处理都是使用工具栏里的工具完成的，控制器可控制录制、播放和一些设置操作。拖动控制器可以移动其位置。

（3）新建声音文件。单击"文件"→"新建"命令，会弹出"新建声音"对话框，如图 2-2-2 所示。

其中"声道数"可选择单声道或立体声；"采样速率"中默认是"44 100"，里面有很多选项，可根据需要选择；"初始化长度"是建立的声音文件的长度，输入值按 HH：MM：SS．T 的格式，前面的 HH 表示小时数，中间的 MM 表示分钟数，后面的 SS 表示秒数，以冒号分隔。没有冒号的数字就表示秒；有一个冒号，前面为分钟后面为秒；有两个冒号，最前面为小时。例如，长度为 1:0 就表示 1 分钟。

图 2-2-2 "新建声音"对话框

单击【确定】按钮，在编辑区里出现了新建立的声音文件的波形图（当前是空的），如图 2-2-3 所示。波形图分上下两部分，上部分绿色波形为左声道，下部分红色波形为右声道。在波形显示区域的下方有一个指示音频文件时间长度的标尺，对掌握音频时间、音频长短有很大的帮助。

单击"文件"→"另存为"命令，在弹出的"另存为"对话框中，选择保存到指定的文件夹，输入文件名"动物叫声"，保存类型为"MPEG 音频（＊.mp3）"。

（四）使用 GoldWave 软件编辑动物声音

按照教学设计第二环节的要求，应该把下载的动物叫声的声音素材文件剪裁合并成一个文件。

（1）打开下载的声音素材文件"鸟的声音"。单击工具栏上"打开"按钮，选择声音文件"鸟的声音"，单击控制器上的播放按钮 ，可以听到该声音。

（2）选定需要编辑的一段音频。对文件进行各种音频处理之前，必须先从中选定要处理的那一段音频

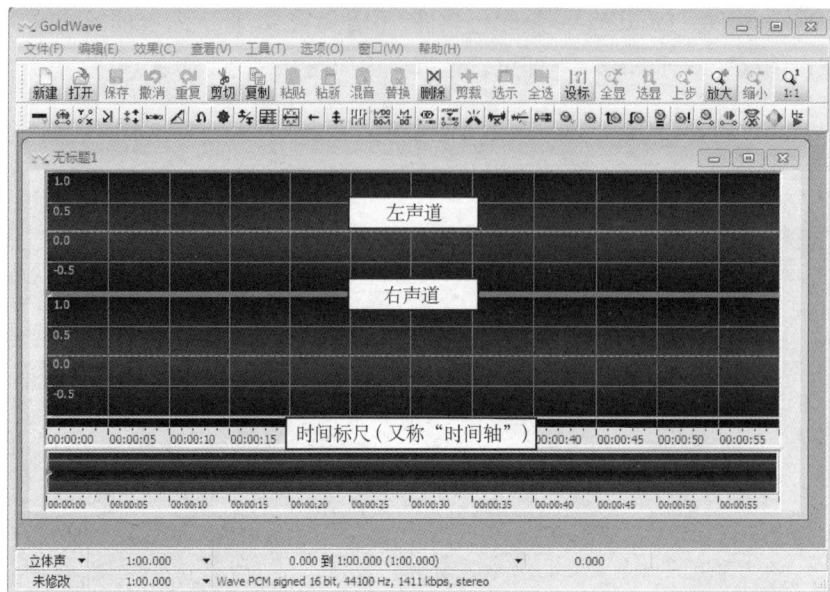

图 2-2-3　新建的声音文件波形图

（被选定的部分称为一段"音频事件"）。GoldWave 的选择方法很简单，充分利用鼠标的左右键，配合进行，在某一位置上左击就确定了选择部分的起始点，在另一位置上右击鼠标，选择"设置结束标记"就确定了选择部分的终止点。这样选择的音频事件将以高亮度显示，现在所有操作都只会对这个高亮度区域进行，其他的阴影部分不会受到影响。保存声音文件，如图 2-2-4 所示。

图 2-2-4　保存声音文件对话框

可以重复设置音频事件的起始位置，设置的结果如图 2-2-5 所示。

（3）复制选定的音频文件。右击选定的音频事件，选择"复制"。单击选择"动物叫声.mp3"文件，设定"开始标记"，在声道上右击，选择"粘贴"，被复制的音频事件就被粘贴到了当前文件的"开始标记"处，可单击控制器按钮 ▶ 进行播放浏览。如果觉得该段鸟的叫声时间太短，可以复制粘贴多遍音频事件。

（4）插入一段静音。由于每段声音结束后，老师都要进行一定的讲解，所以声音与声音之间应该有一定的空白。

将开始标记设置在上一段波形结束的位置，可以直接使用鼠标左键，也可以在结束位置右击，选择"设

图 2 - 2 - 5 音频事件的设置

置开始标记"。

选择"编辑"→"插入静音",在弹出的对话框中输入静音持续时间,如 5 s,输入数字 5 即可,如图 2 - 2 - 6 所示。

(5)打开文件"啄木鸟的声音",复制音频片段到"动物叫声.mp3"文件。打开声音文件"啄木鸟的声音",单击控制器上的播放按钮 ▶,浏览该声音,选择需要复制的声音片段。

单击选择"动物叫声.mp3"文件,设定"开始标记",在声道上右击,选择"粘贴",被复制的音频事件就被粘贴到了当前文件的"开始标记"处,可单击控制器按钮 ▶ 进行播放浏览。

图 2 - 2 - 6 "插入静音"对话框

选择"编辑"→"插入静音",在弹出的对话框中输入静音持续时间 5 s。

使用同样的方法,依次将"狗的声音""猫的声音""蛇的声音""松鼠的声音"等声音文件中需要的声音片段复制到"动物叫声.mp3"文件中。

(6)删除一段音频。可以对已经编辑好的声音进行再次编辑。例如,如果觉得两段声音之间的静音时间太长,可以进行删减。

选定一段音频事件,如图 2 - 2 - 7 所示,右击选择"查看选定部分",即可放大选定部分。选定要删除的音频部分,如图 2 - 2 - 8,选择工具栏中的 删除 工具即可。

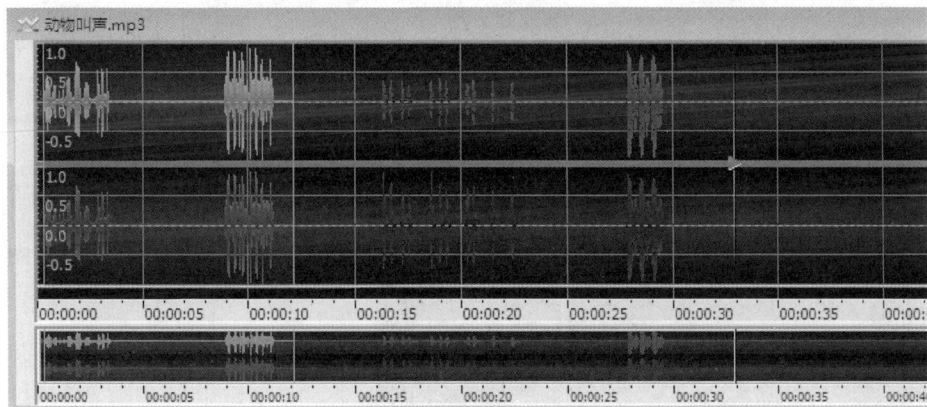

图 2 - 2 - 7 选定音频事件

图 2-2-8　删除音频事件

（7）设置提示点。由于现在声道上的声音片段比较多，为了更加方便编辑，可以对每一段声音设置"提示点"。选择音频事件为啄木鸟的声音，单击"编辑"→"提示点"→"放置提示"，在时间标尺上会出现提示点标志 。

在提示点符号上右击，选择"编辑提示"，输入编辑点名称"啄木鸟"，如图 2-2-9 所示。

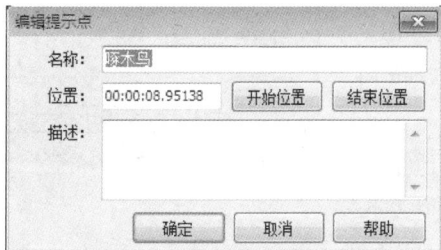

图 2-2-9　编辑提示点对话框

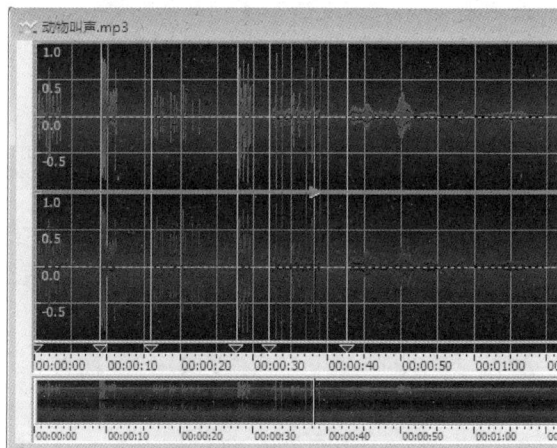

图 2-2-10　提示点设置结果

使用同样的方法为其他声音片段添加提示点。单击"编辑"→"提示点"→"显示提示线"，如图 2-2-10 所示。拖动提示点标记，可以快速改变提示点的位置。

（8）保存声音文件。单击"文件"→"保存"，将编辑的"动物的声音.mp3"文件进行保存。

（五）使用 GoldWave 进行诗歌朗诵的录音

在实际教学中，有很多音频素材是教师根据需要自己录制的，网上下载的素材并不能直接用。如本教学设计第三环节，教师朗诵诗歌《吧嗒—吧嗒》，就需要教师提前录制。

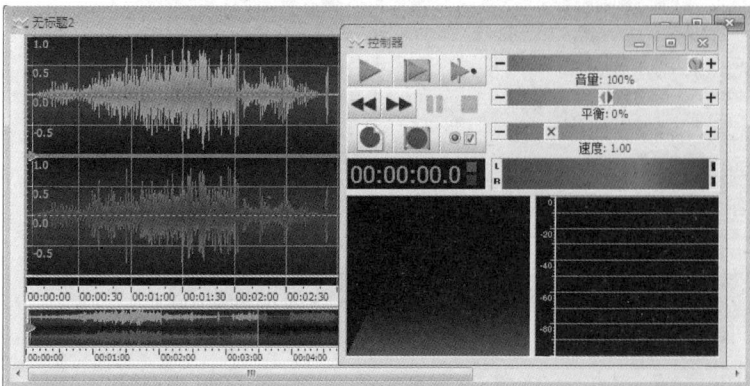

图 2-2-11　录制声音

（1）正确连接话筒等录音设备。

（2）新建一个声音文件。单击"文件"→"新建"命令，设置"新建声音"对话框，声道选择"2（立体声）"，初始化长度为 5 min，即"5∶00.0"，单击【确定】。

（3）录制声音。如图 2-2-11 所示，单击控制器中的录音按钮 ，可进行录音开始和结束的控制。在录音时间栏里显示录音的时间。朗诵时注意在句与句之间留下空白部分，以便插入动物的声音。如果录音的效果不理想,可以多次录制。将诗歌的语句使用提示点进行提示,以便后期编辑。

(4) 保存声音文件为"教师朗诵.mp3"。单击"文件"→"保存",将录制好的文件保存为"教师朗诵.mp3"。

(六) 将录音文件、背景音乐及动物声音进行编辑

按照教学设计中第四环节的游戏设计,需要将教师的录音、背景音乐、动物声音以及人走路的声音等进行编辑,组合成游戏活动的背景音乐。

(1) 新建一个声音文件。新建一个声音文件,声道选择"2(立体声)",初始化长度为 5 min,将其保存为"吧嗒吧嗒.mp3"。

(2) 复制背景音乐《森林狂想曲》。打开背景音乐《森林狂想曲》,单击控制器上的播放按钮 ▶,浏览该声音,按需要复制一部分,如截取前 35 s,将其复制到"吧嗒吧嗒.mp3"文件中。关闭"森林狂想曲"文件。

(3) 添加声音的"淡出"特效。单击工具栏中的淡出工具 📷,对弹出的"淡出"对话框进行设置,使背景音乐逐步减小淡出,如图 2-2-12 所示。可以通过控制器进行播放,听听声音效果。

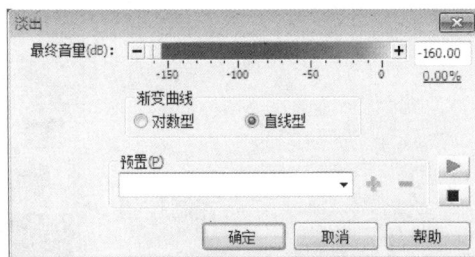

(4) 复制录音文件。打开"教师朗诵.mp3",复制前两句话的录音,选择"吧嗒吧嗒.mp3"文件,单击工具栏中的混音工具 📋,将其复制到"吧嗒吧嗒.mp3"文件中,将背景音乐和教师朗诵混合在一起。注意设置该段教师朗诵声音的提示点,以便和后面的声音片段相区分。

图 2-2-12 淡出对话框

(5) 复制人的脚步声。打开"人的脚步声"文件,按需要复制一部分,如截取前 35 s,将其复制到"吧嗒吧嗒.mp3"文件中。

(6) 完成录音文件和动物声音的合成。复制录音文件中的相应部分"'笃笃'听见了,一下飞到树枝上"到"吧嗒吧嗒.mp3"文件中,复制"啄木鸟的声音"中的一部分,采用工具 📋,将其混音到朗诵中。

使用相同的方法将其他录音文件中的其他语句与动物的声音合成。

(7) 朗诵结束,再次添加人的脚步声,并设置"淡出"特效。复制录音中的最后一句对应的部分到"吧嗒吧嗒.mp3",复制人的脚步声,到"吧嗒吧嗒.mp3"文件中,使用淡出工具 📷,使脚步声逐步淡出。

(8) 复制背景音乐。复制背景音乐《森林狂想曲》的一部分到文件结束,表示森林恢复热闹。

点拨

还可以有其他的方法完成"吧嗒吧嗒.mp3"文件的编辑,如以"教师朗诵.mp3"为主线,使用"内插" ◣ 功能将其他的声音插入进来,也可以完成。

(9) 保存。单击"文件"→"保存",将编辑的"吧嗒吧嗒.mp3"文件进行保存。

四、相关知识与技能

(一) 幼儿活动音频素材的获取

幼儿活动音频素材的获取大致有两种途径:

1. 在因特网上搜索并下载

使用搜索引擎,在因特网上搜索音频信息的方法与搜索其他信息的方法基本一样,步骤为:

(1) 打开网页浏览器。

(2) 在地址栏输入搜索引擎地址,进入搜索引擎界面。

(3) 在搜索框中输入关键词,进行搜索。

(4) 在搜索出的信息列表中,选择需要的信息下载。

如果搜索音乐文件,还可以使用搜索引擎提供的分类搜索功能,选择搜索类别为"音乐"进行搜索。

2. 使用具有录音功能的设备进行录制

(1) 将话筒连接到电脑上,使用专业的录音软件如 Windows 自带的"录音机"(见图2-2-13)或 GoldWave 软件等进行录音。使用 GoldWave 软件,通过控制器的录音、暂停、停止等按钮控制录音,如图2-2-14所示。

图 2-2-13　Windows 自带的"录音机"界面

录音控制按钮

图 2-2-14　GoldWave 软件的控制器

(2) 使用集成了话筒的数码设备进行录音,如使用专业录音笔,或可以录音的智能手机、平板电脑等。这些设备的话筒是直接安装在设备上的,用户只需要安装相应的录音软件就可以进行录音了。

(二) 幼儿活动音频素材的处理

1. 选择要编辑的一段音频("音频事件")

在进行各种音频处理之前,必须先从文件中选择一段(选择的部分称为一段音频事件)。GoldWave 软件中,在波形图某一位置上单击就能确定选择部分的起始点和终止点,这样选择的音频事件就将以高亮度显示,其他的阴影部分不会受到影响,如图2-2-15所示,中间高亮部分为一段音频事件。

2. 音频的剪切、复制、粘贴、删除

音频编辑与 Windows 其他应用软件一样,也大量使用剪切、复制、粘贴、删除等基础操作命令,其快捷键也和其他 Windows 应用软件差不多。要进行一段音频事件的剪切,首先要选择该音频事件,然后按[Ctrl]+[X],用选择查看命令并重新设定指针的位置到将要粘贴的地方,用[Ctrl]+[V]就能粘贴。同理,用[Ctrl]+[C]进行复制、用[Del]进行删除。如果在删除或其他操作中出现了失误,用[Ctrl]+[Z]就能够进行恢复。

3. 时间标尺和显示缩放

在波形显示区域的下方有一个指示音频文件时间长度的标尺,如图2-2-16所示,它以秒为单位,清晰地显示出任何位置的时间情况,这对了解掌握音频时间、音频长短有很大的帮助。有的音频文件太长,一个屏幕不能显示完毕,一种方法是用横向的滚动条进行拖放显示,另一种方法是改变显示的比例。在 GoldWave 中,改变显示比例的方法很简单,用查看菜单下的放大、缩小命令就可以完成。

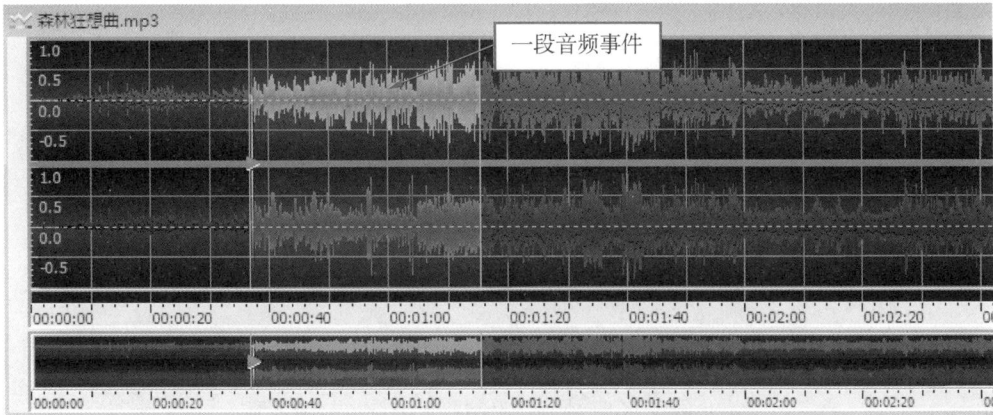

一段音频事件

图 2 - 2 - 15　选择音频事件

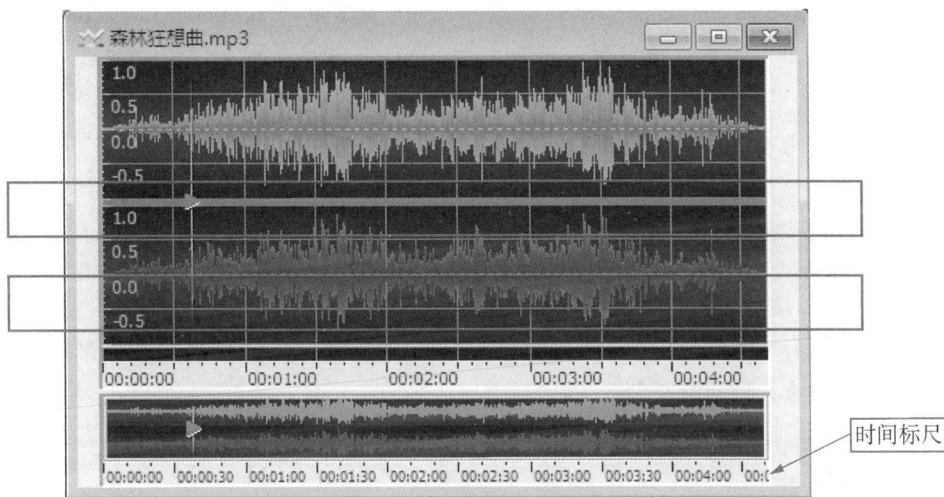

时间标尺

图 2 - 2 - 16　时间标尺和显示缩放

4．声道选择

立体声音频文件在 GoldWave 中的显示是以平行的水平形式分别进行的。有时在编辑中只想对其中一个声道进行处理，另一个声道要保持原样不变化，则使用编辑菜单的声道命令，直接选择将要进行作用的声道（上方表示左声道，下方表示右声道）即可。

5．插入空白区域

在指定的位置插入一定时间的空白区域也是音频编辑中常用的一种处理方法，选择编辑菜单下的插入静音命令，在弹出的对话框中输入插入的时间，然后按下【确定】按钮，这时就可以在指针停留的地方看到这段空白的区域。

6．音频特效制作

在 GoldWave 的效果菜单中提供了 10 多种常用音频特效的命令，如图 2 - 2 - 17 所示，从压缩到延迟再到回声等，每一种特效都是日常音频应用领域广泛使用的效果，掌握它们的使用能够更方便在多媒体制作、音效合成方面进行操作，得到令人满意的效果。

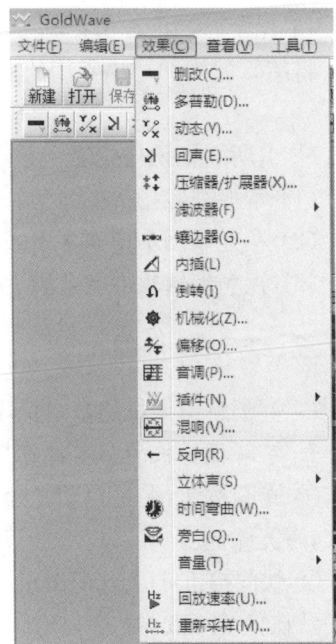

图 2 - 2 - 17　GoldWave 提供的
音频特效

49

第三节　幼儿活动视频素材的摄制与处理

一、活动情境与任务

主题活动　　　　　**"幼儿园家长开放日"活动视频的拍摄与处理**

　　为了让家长了解幼儿在园的学习生活情况,增进家园互动和家园共育,阳光幼儿园计划举办家长开放日活动。通过活动让家长了解幼儿在园的一日学习生活情况,加强家园联系,增进家长与老师的沟通,更好地了解幼儿的情况。通过亲子游戏活动,提供一个增进幼儿与家长之间感情的机会。幼儿园园长需要你将幼儿园家长开放日活动全程拍摄下来,并对拍摄的视频依据活动方案选择合适的视频编辑软件进行编辑处理,制作成视频保存在幼儿园的档案室中。

二、活动分析

(一) 活动计划

1. 了解摄像机的基本操作,掌握摄像技巧

为保证拍摄质量,拍摄前先了解学校摄像机的基本操作,掌握基本的摄像技巧和摄录要领。

2. 熟悉活动方案,现场拍摄活动视频

熟悉当天的活动方案,制订拍摄方案,撰写拍摄的分镜头脚本。在活动现场依据拍摄方案摄录活动视频。

3. 视频的编辑处理

搜集后期编辑需要的音视频素材,如配乐、片头素材等。选择合适的视频编辑软件,安装成功后,制作片头,完成剪辑、配音、配乐、字幕、特技转场等操作。

4. 视频的导出与保存

将编辑的视频导出常用的视频格式并制作成 DVD。

(二) 所需知识与技能

(1) 掌握视频拍摄的技巧。

(2) 在互联网中搜索并下载所需要的视频。

(3) 视频编辑软件的剪辑、字幕、视频特技转场操作。

三、方法与步骤

(一) 了解摄像机的基本操作,掌握摄像技巧

1. 了解摄像机的基本操作

① 光圈按钮:A 是自动光圈;M 是手动光圈。光圈值包括 F16,F11,F8,F5.6,F4,F2.8,F2 等。光圈值越大,曝光量越少。

② 快门按钮:打开快门按钮,可以看到快门速度,有 1/50,1/125,1/250,1/500 甚至高速摄影机的 1/1 000 s。一般默认值为 1/50 s。

③ 变焦环:电动变焦按键 T 是前推,W 是后拉。急推、急拉与缓推、缓拉的效果完全不同。

④ 聚焦环(手动):聚焦的作用是保证拍摄画面上的景物清晰。摄像机上的焦距有自动聚焦和手动聚焦两种模式。

⑤ RET：回放按钮。

可以参照摄像机的操作说明熟悉摄像机的常用功能按钮。

2. 掌握摄像机的基本操作技巧

① 平：常见的持机姿势包括肩扛式、掌托式、下蹲式、托举式、抱持式、使用三脚架等。无论采用何种姿势，在取景屏上观察，画面应该横平竖直。在拍摄运动镜头时，更应注意，不仅起幅、落幅画面要平，而且在拍摄过程中也应保持水平。利用三脚架摇摄时，脚架应水平安置，并先预演一遍，观察效果后才可实拍。手持拍摄应注意被摄物在整个拍摄范围中的位置，随时加以校正。

② 准：拍摄时，聚焦要求准确，拍摄范围同样也要求准确。拍摄范围的准确主要体现在运动镜头的落幅上：起幅范围一般都经过观察处理，而落幅时，经验不足者往往不知该停在何处。

③ 稳：高质量的镜头，包括运动镜头和固定镜头，画面应稳定，无摇晃和抖动现象。使画面保持稳定的最好办法是使用三脚架拍摄。

④ 匀：在拍摄运动镜头时，摄像机移动或镜头的运动速度要均匀。但是，为了表现主观的心理状态和特定的情绪要求，会出现一些不均匀的摇晃，比如在文艺节目中。

(二) 熟悉活动方案，现场拍摄活动视频

1. 熟悉当天的活动方案，撰写分镜头脚本

详细了解幼儿园家长开放日活动的具体内容，根据活动方案，构思入园活动、游戏活动、阅读活动、体能活动、劳动活动等不同类型活动的拍摄内容和拍摄技巧，撰写拍摄的分镜头脚本。

2. 依据分镜头脚本摄录视频

依据分镜头脚本，拍摄当天活动的视频，在拍摄过程中考虑摄像技巧。

(1) 电源开启及焦距、聚焦调整。电源开通的顺序依次是：合上电池开关，接通摄像机电源，预热 $1\sim$ 2 min 后，将摄像机/录像机开关从"预热"位置倒向"开"位置，几秒钟后录像器亮；然后打开镜头盖，录像器中应见到所摄图像；此时，可开始作焦距和聚焦的调整，以得到清晰满意的画面。

(2) 光圈的选择。镜头的光圈有自动、手动和瞬时自动 3 种方式。在拍摄亮度反差大或某种特殊需要的效果时，使用手动光圈较好；在镜头变焦范围较大或是摇镜头拍摄时，瞬时自动光圈较为适宜。

(3) 镜头焦距的控制。有手动和电动变焦两种方式。电动变焦，速度平稳，适用于一般推拉镜头使用；快速变焦或制作激动场面的特殊效果时，应该使用手动变焦。

(4) 黑/白平衡调整。为了使图像能够重现逼真的色彩效果，黑/白平衡的调整是十分重要的，否则，图像色彩将严重失真。具体拍摄方法为：对准白纸或白墙，使其充满整个图像画面，将"黑白平衡选择"开关置于"自动"位置；然后把"黑白自动调整"开关扳到"黑"的一边，松开几秒钟后，录像器中黑白平衡指示灯亮，说明黑白平衡已调好。

(三) 视频的编辑处理

1. 导出视频，搜集整理后期编辑所需要的音视频素材

(1) 导出摄像机拍摄的视频。使用数据线将摄像机和电脑的 USB 接口相连，电脑上会出现一个 USB 连接的磁盘。双击打开磁盘，复制视频即可。

(2) 搜集整理所需要的音视频。在 D 盘新建文件夹，名为"幼儿园家长开放日活动视频"，将所需要的音视频都复制到该文件夹下。按照第二节中讲到的互联网音频素材下载方法，在互联网中搜索适合幼儿园家长开放日活动专题片的背景音乐，并下载保存至同一文件夹下，命名为"专题片背景音乐"。

提示

专题片背景音乐一般选择安静、欢快的轻音乐，因为它可以使观众放松，增强观众的感受。音乐也需要有一定的节拍感，可以使观众更容易投入到专题片的故事情节中。此外，要根据专题片的内容来确定专题片的背景音乐。一般来说，节奏要有力，旋律要悦耳，和声要丰富，以更好地表现出专题片的主题思想。

2. 视频编辑软件的下载与安装

在电脑浏览器中输入关键词"剪映",打开剪映官网(https://www.capcut.cn/),选择"剪映(专业版)",如图 2-3-1 所示,选择适合电脑系统的软件版本,点击下载,并保存至电脑。选择默认安装位置或自定义安装位置,并按照安装步骤提示一步步完成安装。

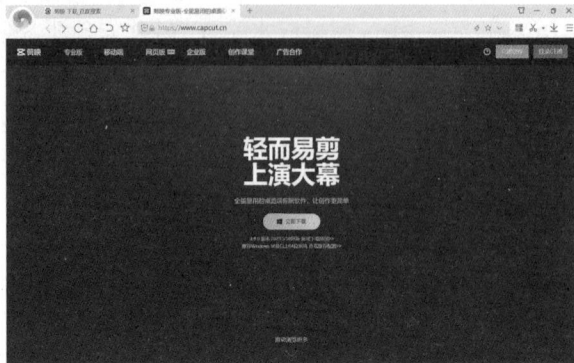

图 2-3-1　视频编辑软件下载

3. 视频的编辑

对所整理和搜集的视频进行编辑,选择视频编辑软件剪映,制作片头,完成剪辑、配音、配乐、字幕、特技转场等操作。

(1) 进入视频编辑页面

安装完剪映软件后,点击软件图标进入剪映软件首页,点击首页的"开始创作",即可进入视频编辑页面,如图 2-3-2 所示。

(a) 剪映软件首页

(b) 视频创作编辑页面

图 2-3-2　进入视频编辑页面

(2) 音视频素材的导入

在视频编辑页面中,点击"媒体"→"本地"→"导入",选择电脑中"幼儿园家长开放日活动视频"目录下的所有视频、音频、图片素材,点击"打开",即可将视频编辑所需素材导入剪映软件,如图 2-3-3 所示。

图 2-3-3　素材导入

52

（3）视频的剪辑

① 将视频拖到编辑的时间线上。可以按照活动方案的顺序,将视频依次拖拽到时间线上,如图2－3－4
所示。

图2－3－4　将视频拖拽到视频轨道

② 剪辑视频。如图2－3－5所示,选择工具面板中的"剃刀"工具,在所需要切割的时间处单击,即可对
视频进行切割操作,以便后面做视频镜头的切换特效。切割后,选择不需要的镜头内容,右键单击,在弹出
窗口中选择"删除"即可清除不需要的镜头内容;也可直接选择不需要的镜头,点击回格键,清除不需要的镜
头内容。

③ 制作视频片头。可自己制作视频片头,也可利用剪映软件提供的片头模板。如果是自己制作的片
头,在插入视频时,将其拖拽至时间线最左侧即可。如果使用剪映软件提供的片头模板,如图2－3－6所示,
在软件编辑页面左上角点击"模板"→"片头片尾",找到恰当的片头模板后,点击该模板右下角的"＋",即可
将该模板插入视频轨道最左侧。视频片尾可利用同样的方法制作。

图2－3－5　切割视频

图2－3－6　利用模板制作视频片头

（4）编辑配乐

① 视音频分离。导入的视频素材,默认状态会在时间线上出现一条视频轨道,该轨道包含视频素材的

原声,即视频和音频是锁定的。如果要关闭所有视频素材的原声,可点击时间线左侧的扬声器按钮,即可一键关闭所有视频素材原声,如图2-3-7所示。如果要对视频素材的原声进行个别编辑,可点击待编辑的视频素材,点击右键,在弹出框中选择"分离音频",即可将该视频素材的音频分离出来;如图2-3-8,音频分离后,时间线上会多一条音频轨道,显示该视频素材的原声音频,这样就可以灵活地对视频和音频进行单独操作。

图 2 - 3 - 7　关闭视频素材原声

图 2 - 3 - 8　视频素材的音频分离

② 添加背景音乐。将素材库的"专题片背景音乐"音频素材拖拽到时间线上,为视频添加背景音乐,如图2-3-9所示。

图 2 - 3 - 9　添加背景音乐

③ 背景音乐编辑。如果背景音乐过长,可利用分割工具分割,并删除多余的背景音乐,保证背景音乐和视频的时长相同。设置背景音乐的淡入和淡出效果,具体操作为:选中背景音乐的音频时间线,在剪映编辑页面右上角的"音频"编辑区,可设置背景音乐的淡入时长、淡出时长。可在剪映编辑页面右上角的"音频"编辑区,设置背景音乐的音量,如图2-3-10所示。此外,也可对背景音乐进行降噪、变声、变速等操作。

图 2 - 3 - 10　编辑背景音乐

（5）添加字幕

① 添加字幕。在视频编辑页面，点击左上方菜单栏的"文本"可给视频添加字幕。字幕分为默认文本字幕、花字字幕、智能字幕 3 种，其中智能字幕是自动识别视频素材中的声音并将其呈现为文本字幕。以添加花字字幕为例进行说明，如图 2-3-11 所示，具体操作为：点击"花字"，选择恰当的花字颜色和样式，下载，点击该花字右下角的"＋"可将该花字添加至字幕轨道。

在字幕轨道中点击花字字幕，在视频编辑页面右上角区域中，点击"文本"可编辑花字字幕的文本内容、字体、字号、颜色、位置、排列等属性；点击"动画"可编辑花字字幕的入场、出场、循环的动画效果；点击"跟踪"可设置花字字幕是否跟随选中物体缩放或远近变化；点击"朗读"可设置是否朗读字幕、以何种特色声音朗读。如果要调整字幕的出场位置、显示时长等，可在字幕轨道中，通过左右拖拽调整字幕位置、时长。

图 2-3-11　制作字幕

② 导入字幕。在视频编辑页面，点击"文本"→"本地字幕"→"导入"可将本地字幕导入视频中。

（6）添加视频特效

剪映软件内置了多种视频特效，包括画面特效和人物特效。在视频编辑页面，点击"特效"，选择恰当的画面特效或人物特效，如图 2-3-12 所示。点击选中特效的右下角，下载并添加至某段视频中，即完成了对该段视频添加视频特效。

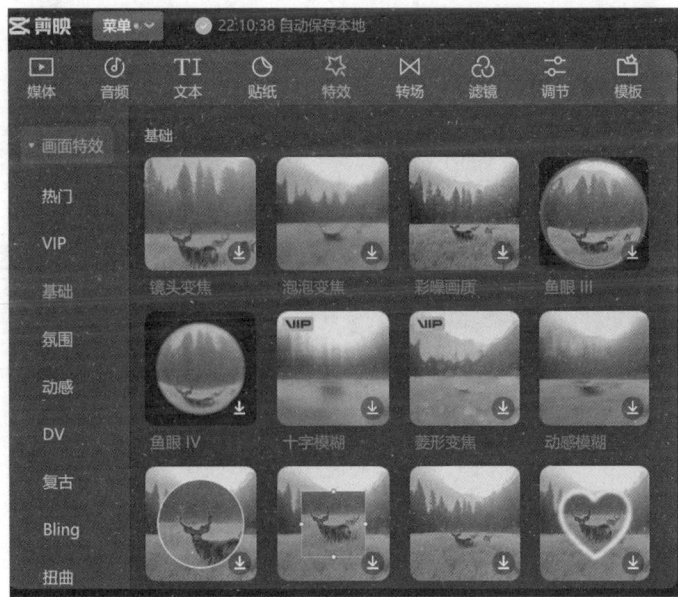

图 2-3-12　添加视频特效

（7）添加视频转场效果

如图2-3-13所示，视频编辑页面的"转场"菜单栏中可查看剪映软件内置的多种转场特效。为某视频片段添加转场特效的具体操作如下：点击某视频片段，在"转场"菜单栏中选择恰当的转场特效，点击该转场特效下载，再点击该转场特效右下角的"＋"，即可将该转场特效添加至选中的视频片段。

图2-3-13 添加视频转场效果

（8）查看编辑效果

在时间轴中将视频播放起始线拖动到某位置，点击视频编辑页面中"播放器"区域的播放按钮，即可查看视频的最终编辑效果，如图2-3-14所示。在播放器区域中，可设置视频的比例，可设置不同视频片段的缩放，以实现视频大小的统一。

图2-3-14 查看视频编辑效果

（四）视频的导出与保存

在视频编辑页面中，如图2-3-15所示，点击右上角的"导出"，在弹出的导出框中，设置作品名称、导出位置、视频分辨率、格式等，点击"导出"。导出完成后，即可将编辑后的视频保存至电脑文件夹下。

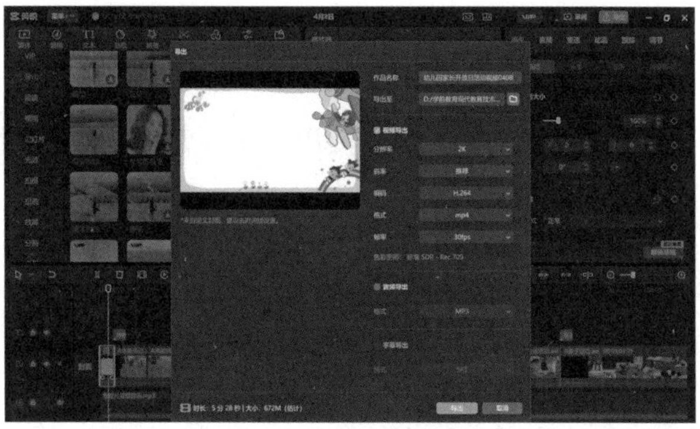

图 2-3-15 视频导出

提示

剪映软件会自动保存视频编辑项目文件,在剪映首页的"本地草稿"中可以查看,点击可再次编辑。

四、相关知识与技能

(一) 视频的制作流程

视频制作的基本流程包括:

1. 拍摄前准备工作

(1) 策划阶段。深入了解拍摄任务要求和具体内容,构思制作思路,根据拍摄的主题内容(定稿)制作分镜头脚本。分镜头脚本是将文字转换成立体视听形象的中间媒介,主要任务是根据解说词和电视文学脚本来设计相应画面,配置音乐音响,把握片子的节奏和风格等。分镜头脚本是前期拍摄的脚本,也是后期制作的依据,主要内容见表 2-3-1。

表 2-3-1 分镜头脚本

镜号	景别	技巧	画面内容	解说词	音乐	音响	长度/s

分镜头表格各项说明:

① 镜号:每个镜头按顺序的编号。

② 景别:一般分为全景、中景、近景、特写和显微等。

③ 技巧:包括镜头的运用——推、拉、摇、移、跟等,镜头的组合——淡出淡入、切换、叠化等。

④ 画面内容:详细写出画面里场景的内容和变化,简单的构图等。

⑤ 解说词:按照分镜头画面的内容,以文字稿本的解说为依据,把它写得更加具体、形象。

⑥ 音乐:使用什么音乐,应标明起始位置。

⑦ 音响:也称为效果,用来创造画面身临其境的真实感,如现场的环境声、雷声、雨声、动物叫声等。

⑧ 长度:每个镜头的拍摄时间,以秒为单位。

(2) 素材整理。根据分镜头脚本和制作构思收集一些后期可用的视音频素材。

2. 现场阶段

根据分镜头脚本选择相关设备、拍摄地点,制订出拍摄时间表。尽量按照时间表完成拍摄工作。

3. 剪辑阶段

采集拍摄阶段的素材,对采集好的素材进行筛选,收集相关的视频素材及资料,按照分镜头脚本,完成影片的精确剪辑工作。在精剪过程完成后制作片头、片花、字幕、动画等,并从整体上对画面的色调、风格,以及影片的节奏进行进一步的调整。从整体上对背景音乐、配音、音效等音频效果的强弱及衔接做进一步调整。

（二）视频的编辑

通过各种方式收集的视频素材,有时候并不能直接用于实际教学中,一般情况下需要根据教学和教材的具体内容对视频素材进行二次加工处理,即视频的编辑工作。

视频的编辑工作有以下几个步骤:

（1）采集视频素材。可以通过前面提到的拍摄或者网上下载视频等几种方法来收集素材。

（2）选择一款视频编辑软件,完成下载安装。当前比较流行的视频编辑软件有 Adobe Premiere、剪映等。

（3）使用视频编辑软件,按照分镜头脚本编辑视频。对编辑后的视频添加一些转场、特技、音效、字幕等,以丰富视频的可观赏性与衔接。

（4）选择视频保存格式,将处理好的视频保存到本地硬盘或者刻录到光盘。

第四节　幼儿活动多媒体作品的设计与制作

活动一　"我们的成长"多媒体作品制作

一、活动情境与任务

主题活动　　　　　　　　**"我们的成长"多媒体作品制作**

　　六一儿童节到了,幼教老师要综合运用前面所学技能,用 PPT 制作一份多媒体宣传作品——"我们的成长",通过插入图像、音频、视频及动画,活泼生动地展现一年来孩子们的成长足迹。制作样例如图 2-4-1 所示。

图 2-4-1　PPT 多媒体作品的样例界面

二、活动分析

最常用的 PPT 软件就可以制作多媒体作品。PPT 软件的基本操作包括文字与图片的插入、页面背景与切换、简单视音频的插入等,现在就要综合运用这些技能,更进一步地深入学习,如电子相册的制作、视音频插入与播放的高级技巧、字幕动画设计等,来完成所需要的多媒体宣传作品。

(一) 活动计划

1. 收集、整理多媒体素材

围绕活动的主题,收集、整理多媒体作品中要用到的多媒体素材,包括图片、音频、视频,并根据需要进行相关的加工和处理。

2. 多媒体作品的设计

在制作作品前,需要对作品进行整体设计,就好比盖房子前要画好图纸,才能胸有成竹。需要考虑作品的主题与整体风格,大约需要制作多少张幻灯片,每张幻灯片放些什么内容,需要用到哪些制作技能,都要心中有数。

3. 多媒体作品的制作

开始制作时,要列个计划,开始做什么,然后做什么,最后做什么。如在"我们的成长"这个作品中,首先要制作首页有标题的PPT,然后就要创建电子相册,图片配上相应的音乐,接着插入一段视频,并进行播放控制,最后设计一个片尾字幕。

4. 多媒体作品的修改与保存

作品的初稿完成后,还要整体上进行修改和美化,考虑前后的字体大小、页面布局、页面背景是否统一,还存在哪些不理想的地方,需要进行进一步制作。全部定稿后,根据需要保存不同的格式。

(二) 所需知识与技能

(1) 电子相册的制作。

(2) 音乐文件的插入与播放。

(3) 视频文件的插入与播放。

(4) PPT字幕的设计与制作。

(5) PPT文件的保存。

三、方法与步骤

(一) 收集整理多媒体素材

围绕着"我们的成长"的主题,收集、整理幼儿园里近一年来孩子们的活动照片、活动视频,按照前面几节介绍的方法进行文件的处理与加工,网络搜索需要的音乐、PPT模板等素材文件。

(二) 多媒体作品的设计

1. 主题与风格

设计"我们的成长"PPT文件主题,整体风格是活泼生动、色彩明快、积极向上,体现庆祝六一儿童节气氛。

2. 设计每张内容

计划制作的张数(本样例是11张)和每张的显示内容,如第1张显示标题"我们的成长";第2～8张设计成电子相册,内容为孩子们快乐活动的照片并配有音乐;第9张作为活动照片向活动视频的过渡页;第10张插入一段幼儿园活动的视频;第11张设计片尾字幕。

(三) 多媒体作品的制作

1. 制作首页PPT(以下操作步骤及截图基于 WPS Office 软件)

打开收集到的以庆祝六一为主题的PPT模板,如图2-4-2所示,在软件顶部菜单栏中依次点击"插入"→"艺术字",选择适合"我们的成长"电子相册的艺术字样式,输入电子相册标题"我们的成长",调整标题的字体、字号和位置,使之美观大方。

图 2-4-2　插入艺术字

2. 创建电子相册

（1）电子相册一般每张幻灯片一张图片。操作时可以先将所有图片素材保存至一个文件夹，如图 2-4-3 所示。点击菜单栏中的"插入"→"图片"→"分页插图"，选中所有待插入的图片，点击"打开"，即可将多张图片批量插入到幻灯片，且每张幻灯片插入一张图片。

（a）步骤 1　　　　　　　　　　　　　　　　　　　　（b）步骤 2

图 2-4-3　分页插入照片

（2）此时，每张幻灯片中的图片尺寸不统一，排列比较死板，做出来的相册非常不美观。可以为每张图片设置剪裁形状和大小、每张图片的边框，以及每张图片在幻灯片页面中的布局和格式效果，变换多种角度，如图 2-4-4～图 2-4-6 所示，使得页面更加生动多样，同时也与幻灯片模板有机融合。

图 2-4-4　裁剪图片尺寸与形状

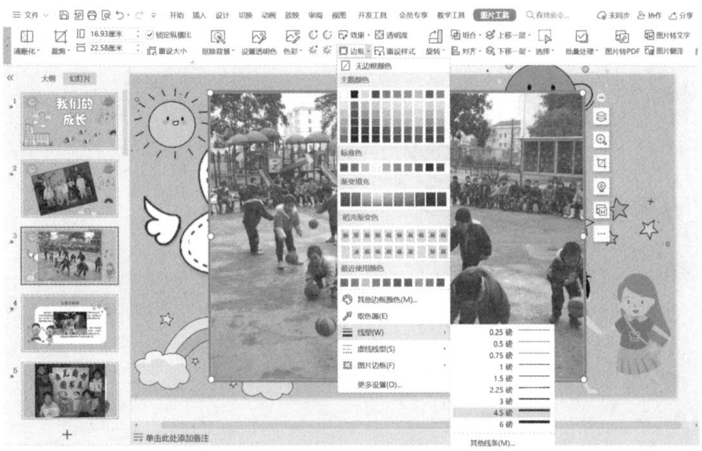

图 2 - 4 - 5　设置图片边框

图 2 - 4 - 6　设置图片效果

（3）为每一张幻灯片设置一种切换特效。依次选中幻灯片，然后在"切换"中为每一张幻灯片都选择任意一种切换效果，使幻灯片相册在播放的时候更生动，如图 2 - 4 - 7 所示。如果需要设置幻灯片自动切换，可在"切换"工具栏中勾选"自动换片"并设置自动换片时间。

图 2 - 4 - 7　设置幻灯片切换效果

（4）WPS 还有丰富的动画效果、动画路径等，都可以自定义设置，包括进入动画、强调动画及退出动画，如图 2 - 4 - 8 所示。

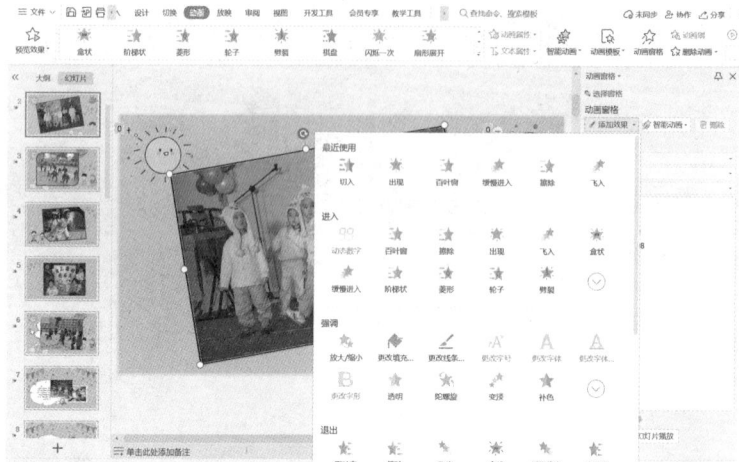

图 2 - 4 - 8　添加动画效果

3. 音乐的插入与播放控制

（1）给前面做好的相册配上动听的音乐。点击"插入"→"音频"→"嵌入背景音乐"，如图 2 - 4 - 9，选择准备的背景音乐素材，插入。

图 2 - 4 - 9　插入背景音乐

（2）背景音乐默认为自动循环播放，直至停止。如需设置背景音乐的音量、淡入淡出效果、持续播放背景音乐的 PPT 页码范围等，可在音频工具设置工具栏，如图 2 - 4 - 10 所示，分别设置。

图 2 - 4 - 10　背景音乐的播放设置

4. 视频的插入与播放控制

接着要在第 10 张幻灯片中插入一段幼儿舞蹈的视频文件。视频文件有很多格式，能插入到 PPT 中的有 WMV，MPG，AVI 等。插入视频的具体操作如图 2 - 4 - 11 所示，在工具栏选择"插入"→"视频"→"嵌入视频"，选择电脑中的视频素材，插入。插入后的视频默认为鼠标单击时播放。为达到电子相册自动播放的效果，可点击插入的视频，如图 2 - 4 - 12 所示，在"视频工具"栏中选择"自动"，以实现视频的自动播放。也可通过缩放工具、位置移动工具设置视频显示框的大小和位置，以实现视频在 PPT 中的最佳布局。

5. 片尾字幕的设计制作

在作品的最后，常常要设计制作片尾字幕，表达祝愿，或者说明作者及时间，可通过插入文字并设置文

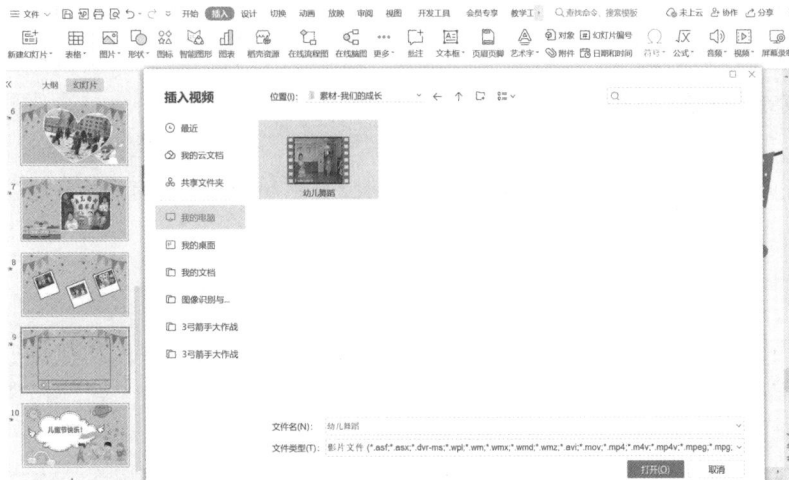

图 2-4-11　插入视频素材

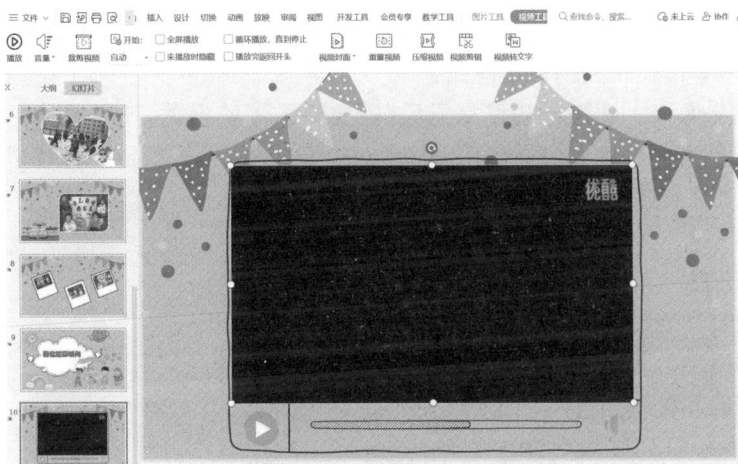

图 2-4-12　视频播放效果设置

字动画的方式实现。

（四）多媒体作品的美化与保存

　　整个多媒体作品完成后，从头播放一遍，若有不满意的字体、字号、颜色、位置等细节之处可以进一步地美化，所有的视音频素材都要保存好。保存电子相册时，可将其保存为 .pptx 格式，也可将其输出为视频。如果保存为 .dps 和 .dpt 格式，再次打开时建议采用 WPS Office 工具。

活动二　"小球的旅行"微视频创作

一、活动情境与任务

主题活动　　　　　　　　　　"小球的旅行"微视频创作

　　某幼儿园中班开展的"小球的旅行"课堂教学被评为幼儿科学教育优秀教学课例，为有效进行本课例的展示交流，授课教师需要将本节课的课堂教学过程进行提炼，收集教学过程中能反映学生学习表现的图片、视频等素材，制作成"小球的旅行"课堂教学微视频。

二、活动分析

从微视频的生成方式来看,微视频制作有两种方式:第一,通过 PPT 录屏生成微视频;第二,利用视频编辑软件生成微视频。"小球的旅行"微视频制作将综合利用 PPT、视频编辑软件来完成。其中,PPT 用来制作教学环节的过渡页,视频编辑软件用来实现课堂教学的图片素材、视频素材、PPT 过渡页和背景音乐的整合以及微视频输出。

(一) 活动计划

(1) 明确微视频的核心主题,设计微视频内容大纲。微视频内容短小精悍,往往只围绕一个突出的主题内容讲解。因此,在制作微视频之前,要明确微视频的核心主题,围绕该核心主题,按照起承转合、循序渐进的思路设计大纲。

(2) 收集、整理微视频素材。围绕微视频的主题和大纲,收集、整理微视频作品中需要用到的多媒体素材,如图片、视频、音频、内容讲解稿等,并根据需要加工和处理。

(3) 微视频的制作。根据内容大纲,利用微视频制作软件,整合多媒体素材,制作微视频各环节的内容,如片头制作、主体内容制作、片尾制作、背景音乐添加、字幕添加等。微视频制作过程中,各环节的起承转合一定要明晰,方便学习者理清微视频的讲解思路。

(4) 微视频的优化与保存。微视频初稿完成后,还要整体浏览播放,比如字体、页面布局、背景音乐效果、各环节过渡效果等,不理想的地方做局部调整优化。全部定稿后,根据需要保存成易于播放和展示的视频格式,并保存微视频项目文件。

(二) 所需知识与技能

(1) 图片文件的拍摄和处理。

(2) 视频文件的拍摄和处理。

(3) 音频文件的获取和处理。

(4) 基于 WPS Office 的 PPT 文件制作。

(5) 视频编辑软件的使用。

三、方法与步骤

(一) 明确微视频的核心主题,设计微视频内容大纲

"小球的旅行"微视频旨在体现科学教育活动中如何把分析和解决问题的主动权交给幼儿,引导幼儿在自主探索中实现让小球在管道中旅行且不落地的核心主题。在课堂教学活动中,围绕该主题,教师将按照"探索如何让小球在直管道中旅行→探索如何让小球在有连接、有转向的管道中旅行→探索如何才能不让小球落到地上"的思路,引导学生循序渐进地探索实践。"小球的旅行"微视频内容大纲见表 2 - 4 - 1。

表 2 - 4 - 1 "小球的旅行"微视频内容大纲

核心主题:如何引导幼儿在渐进式自主探索中解决让小球在管道中旅行且不落地的问题		
	内容大纲	微视频素材
游戏环节 1	滚球:探索如何让小球从直筒管道里滚出来	图片素材＋背景音乐,或视频素材
游戏环节 2	滑滑梯:探索管道的连接和转向	图片素材＋背景音乐,或视频素材
游戏环节 3	小球的家:探索不让小球掉到地上的方法	图片素材＋背景音乐,或视频素材

(二) 收集、整理微视频素材

围绕着"小球的旅行"微视频的主题和内容大纲,拍摄、收集、整理微视频作品中需要用到的多媒体素

材,比如幼儿自主探索游戏各环节的图片、视频、音频等,并根据需要进行适当的加工和处理。

(三) 微视频的制作

1. 制作微视频首页和各环节过渡页,并分别保存为图片

在 WPS Office 中打开 PPT 工具,设置 PPT 的背景,添加文字并设置字体、字号和布局,完成"小球的旅行"微视频首页和 3 张过渡页的制作。点击"文件"→"输出为图片",如图 2-4-13 所示,选择将首页和 3 张过渡页的 PPT 逐页输出为图片,并保存至电脑文件夹。

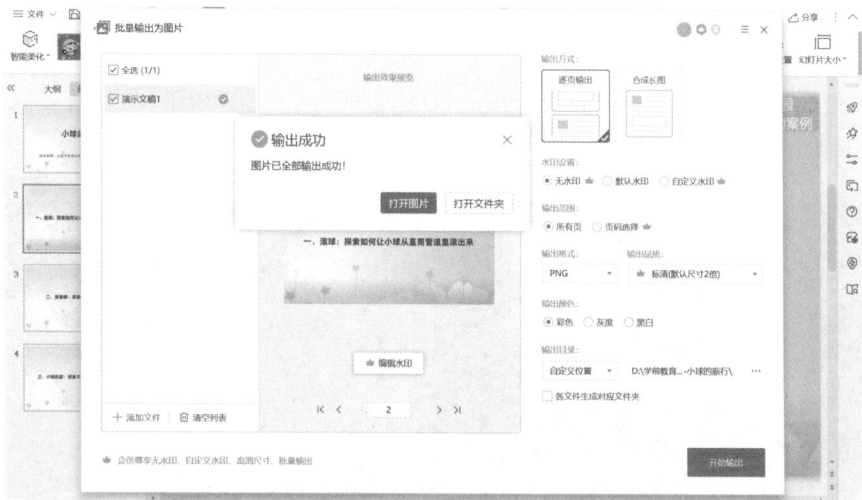

图 2-4-13 将 PPT 逐页保存为图片

2. 创作微视频

(1) 在视频编辑软件(以剪映为例)中,新建项目,导入微视频创作所需的所有素材,如图 2-4-14 所示,包括微视频首页和 3 张过渡页的图片,加工处理后的 3 个游戏环节中幼儿表现的图片和视频,微视频背景音乐。

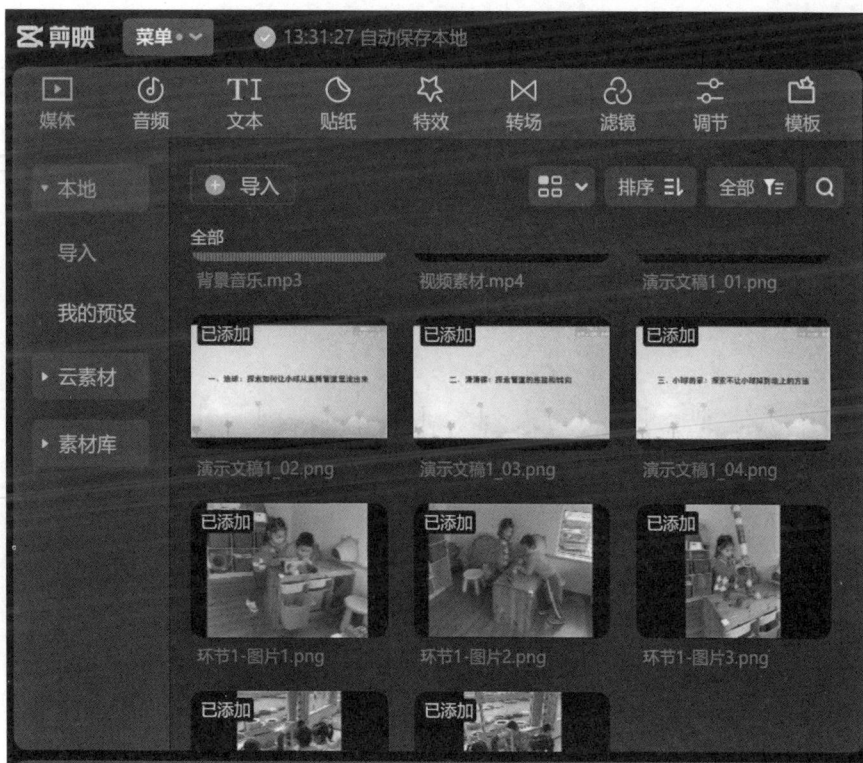

图 2-4-14 导入微视频所需素材

（2）按照"小球的旅行"微视频大纲，按照"首页→游戏环节 1→游戏环节 1 的多媒体素材→游戏环节 2→游戏环节 2 的多媒体素材→游戏环节 3→游戏环节 3 的多媒体素材"的顺序，将导入的素材依次拖放至剪映软件的视频时间轴，并设置转场效果，如图 2－4－15 所示。

图 2－4－15 按照内容大纲顺序将素材拖放至视频时间轴

（3）插入微视频的背景音乐，并设置背景音乐的效果，如图 2－4－16 所示，包括背景音乐的时长、音量、淡入时长、淡出时长等。

图 2－4－16 插入背景音乐并设置音频效果

3. 微视频的优化、导出与保存

微视频编辑完成后，点击剪映软件播放器的播放按钮，从头到尾播放一遍微视频，如有不满意的转场效果、图片大小等细节，可以进一步优化。确认微视频优化完成后，点击剪映软件右上角的"导出"，并设置视频文件的保存位置、视频文件格式等，完成"小球的旅行"微视频的导出和保存，如图 2－4－17 所示。

图 2－4－17 导出微视频

四、相关知识与技能

(一) 什么是教学微视频?

微视频是可通过手机、电脑等多种视频终端摄录或播放的视频短片的统称。教学微视频也称为微课,是基于教学设计思想,围绕课堂教学中的一个或几个内容要点,针对性地讲解和展示的教学视频。教学微视频具有时间短、内容精、随时随地可利用的特点。

(1) 时间短。短小精悍是微视频的最大特点,微视频的时长短则 30 秒,长则不超过 15 分钟。

(2) 内容精。微视频一般是围绕一个核心主题或一个核心知识点展开,开讲的 1 分钟内要能够点明主题,内容设计要完整、思路清晰、由浅入深、循序渐进,结尾最好回顾和总结内容要点。教学微视频的内容以教学视频片段为主线,讲授是以内容要点来呈现。

(3) 随时随地可利用。相较于正式学习,教学微视频能满足碎片化学习、自主学习等随时随地开展非正式学习的需求,能够精准解决学习者对于某一核心主题或知识点的疑问,让学习者快速理解和掌握,并能够长时间保持,且方便学习者将微视频学习结果应用于实践。

(二) 如何创作教学微视频?

教师可遵循 ADDIE 教学设计模型,创作教学微视频。

1. ADDIE 教学设计模型

ADDIE 教学设计模型是指一套系统地发展教学的方法。主要包括分析要学什么(学习目标的制定)、如何去学(学习策略的运用)以及如何判断学习者已达到学习成效(学习评量的实施)。ADDIE 五个字母分别表示:analysis(分析)、design(设计)、development(开发)、implementation(实施)、evaluation(评价)。在 ADDIE 五个阶段中,分析与设计是前提,开发与实施是核心,评价为保证,三者互为联系,密不可分。

2. ADDIE 教学设计模型指导下的教学微视频创作

(1) analysis(分析):分析知识点的类型,即该知识点是什么类型的知识[事实性、概念性、程序性、反省认知(元认知)、策略认证];分析学生应如何学习该知识点(记忆、理解、应用、分析、评价、创造);明确教学目标,准确描述该知识点的教学目标。

(2) design(设计):按起承转合的思路设计知识点脚本。脚本设计要抓住学生的学习兴趣,在开场的前 30 秒抓住学生的注意力导入知识点。然后,将知识点讲解清晰。讲解中逻辑清晰、表达清楚、图文并茂。

(3) development(开发):微视频脚本转 PPT 制作或视频制作,即将脚本转换为 PPT 或视频。制作中强调多媒体学习理论(双通道学习理论),不仅要把知识点讲解清晰,还要用图片和动画更好地辅助学生理解。

(4) implementation(实施):可以通过 PPT 录制功能或视频拍摄方式试讲,在 10 分钟内完成知识点的讲解。在讲解中需要发现问题,如 PPT 的衔接、是否需要提词器、是否需要动画辅助、动画制作是否有衔接的问题、页面讲解的时间太短或太长、动画的逻辑错误等。讲解完后反复观看。

(5) evaluation(评价):根据教学微视频的特点评价视频,同时结合知识点的教学目标评价学生是否完成教学目标。

第三章

信息技术环境下幼儿教育活动的设计

第一节　幼儿园教育活动设计简介

一、幼儿园教育活动设计概述

幼儿园教育活动是幼儿园教育的基本形式,也是幼儿园课程的实施载体。《幼儿园教育指导纲要》组织与实施部分的第二条指出,"幼儿园教育活动是教师以多种形式有目的、有计划地引导幼儿生动、活泼、主动活动的教育过程"。它的主体是幼儿,表现为引发幼儿积极参与、主动探索,并大胆表现的形式多样的教育活动系列,旨在促进幼儿全面健康和谐发展。对于学龄前儿童来说,活动就是学习的状态。幼儿园教育活动就是一种由教师的"教"和儿童的"学"所构成的师幼双方活动,是教师和幼儿一起参与、配合协调、共同承担的活动。这种活动又是一种师幼交往的过程,教师和幼儿是活动的主体和参与者。

根据幼儿园教育活动的特征不同,幼儿园教育活动可以分为生活活动、游戏活动和教学活动。它们具有整合性、生活性、趣味性和动态性四个特点:

(1)整合性。幼儿园教育活动,是在充分协调多种教育资源、利用多种教育手段、采取多种活动形式、体现多种领域内容、发挥多种影响因素,包括学习活动或游戏活动,教师预设的教育活动或幼儿自主生成的教育活动,集体的或是个别的活动等等,整合和统一之后构成的教育活动系统。因此,整合性是其最明显的特点之一。

(2)生活性。首先体现在教育活动内容的生活性。我国著名的教育家陶行知先生提出的"生活即教育"理论,认为教育的根本意义是生活化,尤其对幼儿来说,生活有着特殊而普遍的意义。生活性还体现在幼儿园的环境和资源方面。幼儿园教育活动的实施是贯穿和渗透于幼儿一天的生活之中的,存在于幼儿生活的环境、场所里面,所以幼儿园生活的各个环节都是贯彻和实施教育活动的有效的重要途径。

(3)趣味性。幼儿园教育活动的对象是幼儿,新奇的、有趣味的东西,是吸引幼儿探究和加入活动的最直接而朴素的因素,因此,幼儿园教育活动的生动有趣和丰富多彩就成为与其他教育活动不同的显著的特点。它的趣味性表现在活动内容、活动形式、活动环境、使用材料等各个方面。

(4)动态性。幼儿好动,注意力容易转移,这就要求幼儿园教育活动具有良好的动态性。教师在活动过程中要能够根据幼儿的关注方向、儿童与环境相互作用的情况以及教育活动的流程,随时随地调整目标,重新构成环境,与幼儿在教育活动过程中不断互动,统一协调,适时地对幼儿加以引导,不断地生成探究问题并深入活动,进而促进幼儿的学习、思考和发展,使教育活动成为一个灵活的动态的过程。

二、幼儿园教育活动设计的理论基础

1. 皮亚杰的认知发展理论

皮亚杰(Jean Piaget，1896～1980)是近代瑞士乃至世界最有名的儿童心理学家。他用平衡和平衡化理论来解释认知的发展过程，把儿童的认知发展阶段概括为一个连续的 4 个按不变顺序相继出现的、有着质的差异的发展过程:感知运动阶段(0～2 岁)、前运算阶段(2～7 岁)、具体运算阶段(7～12 岁)和形式运算阶段(12～16 岁)。它们具有 3 个特点:阶段出现的先后顺序不能变，每个阶段都有其特点，每个阶段都是前一个阶段的延伸和发展。皮亚杰的理论应用于教育实践时，在幼儿园教育活动设计和实践过程中，有如下启示:

(1) 强调为儿童提供实物，让儿童自己多动手。皮亚杰认为知识的获得更依赖于主体的自我建构，动作是使主体提高自身认知能力的源动力，儿童的思维起源于动作。在他的影响下，出现了以其理论为基础的学前儿童课程，如拉瓦特里的早期儿童课程(ECC)、韦卡特等的幼儿认知导向课程(High/Scope)及凯米和德弗里斯的皮亚杰式早期教育方案(EEP)等，而且也使幼儿园教育活动的设计者、实施者都充分认识到皮亚杰理论是儿童教育的基础理论，即视儿童为主动的学习者，充分鼓励儿童自己动手操作，通过儿童自身的感知、经验，学习新知识，获得粗浅逻辑概念等的理论。

(2) 强调儿童自主活动、自我调节和反省抽象。皮亚杰认知发展理论主张教育应当适合不同水平儿童的发展，应当鼓励和支持儿童的自主活动，促进儿童自我发展的过程。凯斯曾经对皮亚杰理论的应用作过两点归纳:"①儿童接受的教学应同他们能够达到的智慧技能的类型相适应;②教学采取的一般方法应当能够促进自我调节或建构的过程。"在教育活动设计中，应该坚持以儿童为中心，只有顺应和适合儿童，促进儿童自主建构、自我调节的活动才能真正促进他们的智慧发展，引发儿童积极思维，促进儿童自我建构、反省抽象。

2. 维果斯基的教学与发展理论

维果斯基(Lev Vygotsky，1896～1934)是苏联卓越的心理学家。与皮亚杰不同的是，对于知识建构，皮亚杰更多地强调自我对新知识的创建，维果斯基理论则更侧重知识的文化、语言等工具的传播作用，更重视知识的社会性。它主张个体的主观世界来源于社会，与社会的联系更为密切，知识是在人类社会范围里相互作用和传播的。在幼儿园的教育活动设计和实践中，维果斯基理论可以为我们带来如下启示:

(1) 社会交往决定儿童的知识建构。维果斯基理论认为，当儿童与他人共同活动和交往时，通过积极地参与团体的实践活动，获得了社会文化，调整和提升了个人的认知结构。在集体活动中，每个个体从认知、情感和审美等方面，共同解决问题、学习知识、提高能力、创造作品，不仅与他人交流、合作和分享自己的想法，而且能在与他人的相互作用过程中共同建构知识。在维果斯基理论指导下，在幼儿园教育活动设计与实施中，教师除了创设环境、提供材料、操作体验以外，还应当营造一种合作学习、相互学习的积极的集体氛围;在教育活动的组织形式上更多地采用小组学习、集体学习的方式;在考虑和构想活动的内容时，更多、更广地涉及认知、情感、个性、社会性、审美等道德和社会知识的各个领域，而不只局限在物理知识和逻辑数理知识方面，充分重视儿童在活动中通过社会和人际关系获得的知识构建。

(2) 最近发展区和支架式教学。维果斯基提出了两个关联的重要概念——最近发展区和支架式教学。维果斯基认为，儿童的任何一个行为都分为较低和较高两个水平。较低水平的行为是儿童的独立行动，即独自完成或自己知道事情;较高水平的行为是儿童在外界帮助下完成的行为。这两个行为水平之间的区域就是儿童的最近发展区。支架式教学是指为儿童提供教学并逐步转化为提供外部支持的过程。

在幼儿园教育活动的设计与实践中，维果斯基的理论指导了教与学的关系，使教师的广泛参与合理化。一个优秀的、有能力的教师就应当努力地为儿童提供一个在最近发展区内的学习支架，从而促使儿童提高到一个最近的较高水平。教师必须在活动过程中，发现和捕捉儿童准备跨出一步的微妙时刻，适时地给以学习支架。维果斯基的这两个重要概念促使教师们在幼儿园教育活动中定位为与儿童共同学习过程中、互动过程中的支持者、合作者和对话者。

3. 福禄贝尔的"恩物"教学

福禄贝尔(Friedrich Wilhelm August Fröbel，1782～1852)是 19 世纪德国伟大的幼儿教育家，他的教育思想至今还在深刻地影响着人们的教育观念和教育行为。他以修剪葡萄树为例提出了尊重幼儿身心发展的教育观，主张教师在对幼儿施教之前要对幼儿有充分的观察和了解，要顺应幼儿的天性，否则对幼儿的发展是不利的。

与他所倡导的教育适应自然的原则相适应,他非常重视游戏和活动在幼儿教育中的重要意义,还特意为幼儿设计了一套玩具——"恩物",如图3-1-1所示。他认为游戏和活动对于发展幼儿的认识、想象力和创造力是有益的。提倡把游戏作为幼儿园日常生活的一部分纳入教育计划,教师要充分发挥游戏在幼儿教育中的作用,所有的教育活动尽可能以游戏的方式进行。教师在教学活动中要不断设计新颖的、有趣的游戏,让幼儿在游戏中接受教育、完善品格、增长知识、学习经验。在这一思想的影响下,幼儿教育活动中非常注重游戏的设计和开展,同时也给幼儿教学中常采用的"活动-体验"型教学模式提供了理论基础。

图3-1-1 "恩物"教具

4. 蒙台梭利教学法

蒙台梭利(Maria Montessori,1870~1952)是意大利医生、杰出的儿童教育思想家和改革家、世界著名的幼儿教育学家。她经过半个多世纪的不断探索与总结,形成了一套独特的儿童教育理论和方法,并创立了著名的蒙台梭利教学法。被誉为世界幼儿教育史上自福禄贝尔以来影响最大的人物之一,甚至有人称蒙台梭利教学法是"世界上最好的教育思想"。

蒙台梭利教育思想的核心是重视儿童个性的发展和培养,主张自由教育,强调以幼儿为中心,遵循幼儿心理发展的规律,注重幼儿的童年的性格特征。同时,蒙台梭利认为,在教育中,环境所扮演的角色是相当重要的,教师要为儿童提供一个有准备的环境。

所谓有准备的环境,一方面是指充满爱与快乐的心理环境,另一方面也是指经过教师组织与安排的物质环境,主要指各种可供幼儿操作使用的材料或教具,以及有关的设备。在这个环境里,儿童可以自由地活动,自然地表现,充分地意识到自由的力量。在这个环境里,儿童可以获得丰实的感觉刺激,得到自由而充分的发展。同时,这个环境也是一个能够帮助儿童发展生命的活动的真实环境,是有规律、有秩序的生活环境。

蒙台梭利的教育思想对幼儿教学活动的设计启发在于,活动的设计要在结合幼儿身心发展特点的前提下,注重情景或环境的创设,以便于给学生提供丰富的体验机会和经历。

5. 陈鹤琴的"活教育"思想

陈鹤琴(1892~1982年)是我国著名儿童心理学家和教育家。20世纪40年代初期,他提出了活教育理论,这是由我国学者提出的第一套系统的教育理论和方法体系。活教育的理论体系包括目的论、课程论和方法论,以及17条教学原则等。陈鹤琴说:"活教育的目的就是做人,做中国人,做现代中国人。"他从做人开始,把教育目的划分为依次递进的3个层次。"做人"是活教育最为一般的目的。"做中国人"就是要培养每一个国民,使其养成热爱祖国、热爱人民,保卫祖国、建设祖国的爱国主义品质。"做中国人"体现了教育目的的民族性。而"做现代中国人"则进而使活教育目的体现时代精神,因此更为具体。他根据传统班级授课制的弊端提出了"活教育"的思想,认为课程形式应该符合儿童活动和生活方式,符合儿童与自然、社会环境的交往方式,打破以学科组织的传统模式,而改成活动中心和活动单元的形式,主张把大自然、大社会作为出发点,让幼儿在与自然、社会的直接接触中,在亲身观察中获取经验和知识。

在如何进行有效的教学活动问题上,陈鹤琴提出了教师要具有"鼓励儿童去发现他自己的世界"的理念,认为"凡儿童自己能够想的,应当让他自己想;凡儿童自己能够做的,应当让他自己做","你要儿童怎样做,你应当教儿童怎样学";设计教学时要考虑让"教学游戏化、教学故事化";选择教学资源时要"注意环境,利用环境",认为"大自然、大社会是我们的活教材";学习方法上让儿童"分组学习,共同研究",可以采用比较教学法和替代教学法等多种教学方法,此外,提倡"用比赛的方法来增进学习的效率"等。这些观点都对我国的幼儿教育活动设计有很大的指导作用。

6. 活动设计理论

建构主义思想认为,活动是学习者身心发展的源泉。人的心理发展与人的外部行为活动是辩证统一的,教育本身实际就是人类的一种活动,在现实生活中,教育是以活动的形态存在。20 世纪 90 年代末,西方发达国家开始利用活动理论(activity theory)作为教学系统设计的全新的理论框架。它的基本思想是:人类行为活动是人与形成社会和物理环境的事物以及社会和物理环境所造就的事物之间的双向交互的过程。活动理论认为基本的分析单位是活动及活动系统(活动系统包含有主体、团体及客体 3 个核心成分和工具、规则及劳动分工 3 个次要成分);认为活动具有层次性,活动受动机支配,由一系列行动组成;活动的内化和外化体现了行为活动发展与心理发展的辩证统一;活动是发展变化的。

以活动理论为基础的教学系统设计思想对幼儿教育活动设计的启发是,活动设计中要包括以下几方面的任务:幼儿行为活动的分析与设计(包括分析幼儿行为活动对象及目标、分析行为活动主体——幼儿的特征、分析学习团体及其构成规则和劳动分工、分析学习活动的构成、分析学生学习的工具等),学习环境(包括学习资源和人际关系)的设计,学习策略的设计,教学传递的设计(确定学习材料的媒体形式、学习材料的呈现顺序),评价幼儿的学习活动等。

第二节　多媒体教室中幼儿教育活动的设计

一、活动情境与任务

主题活动

大班艺术教育"京剧脸谱"活动的设计

六一儿童节马上就要到了,阳光幼儿园为了号召大家学习和了解我们的国粹文化——京剧,计划组织一个"京剧脸谱设计"大比拼活动,被评出的优秀作品,将由制作者自己戴着参与"庆六一晚会"上的京剧表演。幼儿园教师要在大班组织开展艺术主题教育"京剧脸谱"活动,为了更好地开展本次活动,需要在课前精心设计,如图 3-2-1 所示。

本活动通过多媒体(教学课件、视频片段、图片等)和传统教具(京剧脸谱制作模具、画笔、颜料)的结合,创设一个生动活泼的教学情景,引导幼儿通过观察、设计、制作、表演等一系列活动感受京剧的魅力,了解京剧脸谱色彩丰富、图案夸张、结构对称的特点,并成功利用材料设计出自己的京剧脸谱,体验动手设计的乐趣,增强自我认同感。

图 3-2-1　设计"京剧脸谱"

二、活动分析

幼儿园大班的孩子一般是 5～6 岁的幼儿,这一年龄阶段的孩子好奇心强,乐于动手设计和表演,但还是主要依靠直观思维,所以大班教学的活动设计应该尽量给幼儿提供亲身经历或直接观察的机会。

(一)活动计划

(1) 欣赏视频片段。

(2) 教师利用 PPT 展示脸谱图片,幼儿观察、探索它的奥秘。教师引导幼儿认识脸谱色彩丰富、图案夸张、结构对称的特点。

(3) 教师演示制作技巧。

(4) 小组活动,比赛脸谱设计:确定评比标准,选择脸谱代表形象、着色、画花纹。小组间展示和评比。

（5）师生互动，总结所学知识。

（二）所需知识与技能
（1）多媒体课件的制作。

（2）视频材料的处理，截取所需片段。

（3）京剧脸谱的一般制作过程。

（4）绘画技巧。

三、方法与步骤

（一）活动的前期准备：各种活动材料的设计与制作

根据皮亚杰的认知发展阶段，5～6岁的大班幼儿仍然处于表象思维阶段，所以在教学中应多采用一些直观生动的教学材料。为保证本次"京剧脸谱"活动的顺利展开，在活动的前期需要做些准备工作：

（1）教师材料：供幼儿欣赏的"唱脸谱"的视频片段，用于展示问题和京剧脸谱图片的多媒体课件，用于展示脸谱制作过程的实物脸谱道具。

（2）幼儿材料：在准备阶段可以将幼儿的活动材料分成两个层次，分别对应不同的难度系数：

① 第一层次：一个未加任何图案设计的椭圆形脸的轮廓（人手一份）。难度系数最大，为幼儿自由发挥创作留有一定的空间，而不是简单的涂色练习。

② 第二层次：已经画好一半纹样的脸谱（每组一份）。难度系数适中，能够给那些在创作时遇到困难或者不会画的幼儿提供一个参考对象。

幼儿可以根据自己的能力水平，选择适合自己操作的材料。因为幼儿的能力层次差别是不可避免的，在材料准备上就要考虑到这种差异性。

1. 网络查找或制作"说唱脸谱"的视频课件

在导入环节播放京剧视频片段，让幼儿欣赏相关视频课件。老师课前可以在优酷或土豆网上选择适合的视频链接，如在优酷网搜索"脸谱"，可以查找到相关的"说唱脸谱"视频，如图3-2-2所示。复制链接到PPT课件中，在课堂播放；或下载到本地保存，并把链接插入到PPT课件中。还有一种方式是对已有的视频课件进行截取。教学中使用视频课件，画面和歌词既能激发幼儿对"京剧脸谱"这一新事物的学习兴趣，又能让幼儿对"京剧脸谱"有个直接的感受和认识。

图3-2-2 优酷网"说唱脸谱"视频播放截图

2. 多媒体课件的制作

在PowerPoint中制作课件，主要展示的内容包括：活动主题、脸谱的多种颜色和代表特征、脸谱的夸张特征、京剧脸谱的左右对称特征、脸谱纹样的绘制与模仿样例等，教师在教学活动中通过这些呈现内容的辅助，引导幼儿从不同的视角认识京剧脸谱色彩丰富、图案夸张、结构对称的特点。

（1）选择 PPT 中适当的模板，制作活动主题页（如图 3-2-3），幼儿教学课件的模板可以考虑鲜艳、明快的特点，以吸引儿童的注意力。

图 3-2-3　PPT 活动主题页

（2）制作"多彩的脸谱颜色和代表特征"页，如图 3-2-4 所示，并设置播放顺序。

图 3-2-4　多彩的脸谱颜色和代表特征

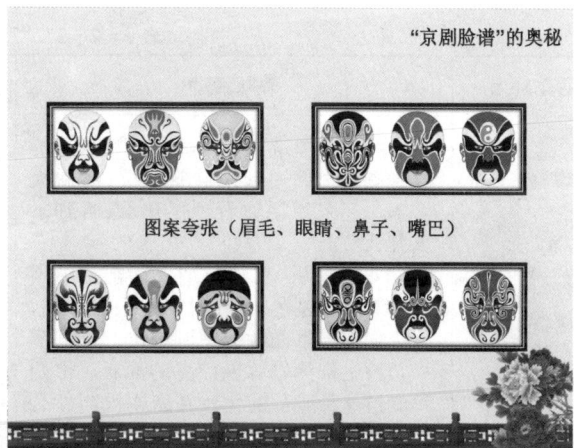

图 3-2-5　脸谱的夸张特征

（3）制作"脸谱的夸张特征"页，如图 3-2-5 所示。

（4）制作"京剧脸谱的左右对称特征"页，如图 3-2-6 所示。每一幅左、右脸谱可以移动拼接，供小朋友尝试比较。

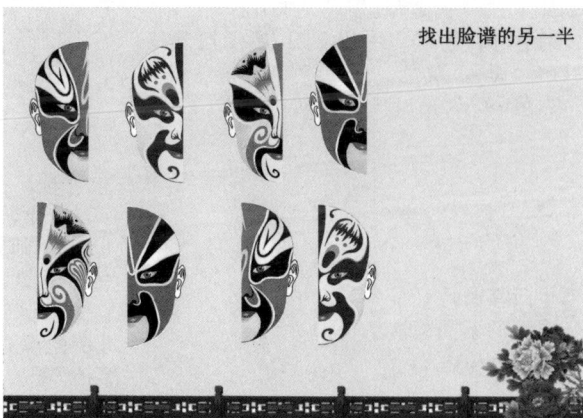

图 3-2-6　京剧脸谱的左右对称特征

图 3-2-7　脸谱纹样绘制模仿与欣赏

（5）制作"脸谱纹样绘制模仿与欣赏"页，如图 3-2-7 所示。提供的脸谱应简单并具有代表性，可以为儿童自己动手的环节提供模仿样例。

3. 幼儿学习材料的制作

供幼儿设计的脸谱模具、一套脸谱贴磁。美术课的教学活动应该给幼儿提供尽可能多的动手练习的机会。

4. 京剧背景音乐的制作

搜索并下载京剧的背景音乐，用于脸谱的展示表演环节。

（二）活动目标与活动过程的设计

1. 活动目标的设计

《幼儿园指导纲要》指出：艺术教育领域的目标为，幼儿能初步感受并喜爱环境、生活和艺术中的美；喜欢参加艺术活动，并能大胆地表现自己的情感和体验；能用自己喜欢的方式进行艺术表现活动。根据这 3 点目标以及大班幼儿的身心发展特点，可将活动目标设计为：

（1）欣赏京剧脸谱鲜艳的色彩和夸张的形象，激发对京剧艺术的兴趣。

（2）学习用对称的方法、丰富的色彩和夸张的图案来设计京剧脸谱。

（3）知道脸谱的不同颜色代表不同类型的人。

2. 活动过程的设计

为了更好地开展幼儿主题教学活动，教师需要精心设计活动的具体过程，见表 3-2-1。

表 3-2-1 "京剧脸谱"活动过程

活动环节	教师活动	幼儿活动	多媒体/教具应用	设计意图
欣赏"说唱脸谱"的视频片段	1. "今天，老师带来了一段'说唱脸谱'的视频。我们一起来欣赏一下，然后大家一起来说说你看到了什么，听到了什么？" 2. 幼儿交流后，教师归纳："京剧是中国特有的戏剧艺术，在世界上很有影响，人们提到京剧就会想到中国。京剧演员脸上都涂着鲜艳漂亮的油彩。你们知道这种脸部的化妆在京剧里叫什么吗？它呀，有一个好听的名字叫'京剧脸谱'。想不想和老师一起来探索一下京剧脸谱的秘密呢？"	观看视频、思考问题	播放京剧视频片段	由京剧片段导入活动，能够提高孩子的兴趣，同时也能够引出本节活动的主题：脸谱
观察图片，探索脸谱色彩的奥秘	1. "我这儿有许多脸谱，你喜欢哪一个？喜欢它的什么？把你觉得有趣、特别的地方找出来告诉大家，好吗？" 2. "谁能说，它用了哪些颜色？" 3. "它们搭配在一起，你们觉得怎么样？" 4. "我们再看看其他脸谱，它们又用了哪些颜色？" （教师让幼儿关注黑白色的脸谱和其他色调的脸谱） 5. 小结："脸谱上的颜色看上去都比较夸张，有的很鲜艳，有的色彩对比很强烈；每个脸谱至少用了 3 种以上的颜色，但总有一种主色彩。" 6. "这些颜色不只是为了好看，还有各自的含义，如红色表示个性忠诚，黑色表示个性刚直，它们表示的是好人。你能猜测下面几种颜色的脸谱代表的含义吗？"	观察图片并思考说出自己发现的关于京剧脸谱的色彩的奥秘 幼儿说："……我喜欢它的颜色。" "红色、黑色、黄色、白色……" 学生回答老师 PPT 出示的不同脸谱的颜色和含义	利用 PPT 课件展示京剧脸谱的多彩颜色特性 用 PPT 展示脸谱颜色和人物性格的对应关系	这一过程主要是让幼儿掌握脸谱的对称性和夸张性特点，分为 3 点分析：颜色、图案以及对称。请幼儿自由选择喜欢的脸谱来说，体现了孩子学习的自主性。在这一过程中，请幼儿说，老师帮忙总结，代替了原本的教师说幼儿听的模式，给了孩子更多的发言的机会和表达想法的机会

续　表

活动环节	教师活动	幼儿活动	多媒体/教具应用	设计意图
观察图片,探索脸谱图案夸张的奥秘	1. "除了颜色,这些脸谱还有哪些特征?" 2. "这些花纹装饰在了脸谱的哪里? 它是什么样子的? 我们看看其他的脸谱用了哪些纹样?" 3. 小结:"这些脸谱的纹样很好看,有的装饰在了下巴上,有的装饰在了额头上,还有的让脸谱上的眼睛、鼻子、嘴巴都变得很夸张了。"	观察图片并思考说出自己发现的关于京剧脸谱图案表现手法的奥秘 幼儿:"喜欢它的花纹。"	利用 PPT 展示京剧脸谱的夸张特性	
观察图片,探索脸谱图案对称的奥秘	1. "这么多的脸谱,你发现了它们有什么相同的地方?" 2. "脸谱的左右两边有什么关系呢?" (若幼儿说不出对称,可以先用课件演示脸谱对称的原理;然后再进行"找脸谱"游戏:出示几个只有半张脸的脸谱,让幼儿找出对应脸谱的另一半) 3. 小结:"脸谱的色彩夸张,五官的纹样夸张、特别,很好看。而且脸谱还是左右对称的。"	观察图片并思考说出自己发现的关于京剧脸谱图案对称手法的奥秘	用 PPT 展示脸谱的左右对称特性	
教师演示操作方法	1. "这些脸谱是本来就长在演员的脸上的吗? 怎么画的呢?" 2. 出示人脸底板。然后将黑白局部脸谱贴磁,按照逐个对称的方法,贴在人脸底板上形成完整的已勾勒好的黑白脸谱。最后将与黑白脸谱纹样相同的彩色脸谱盖上,让幼儿完整了解脸谱制作的方法	观察教师演示过程	一套脸谱贴磁实物	教师示范演示制作一个脸谱,给幼儿搭建一个学习支架,让幼儿对脸谱的制作有一个大致的了解
小组活动,比赛脸谱设计	1. 明确设计要求:先设计纹样装饰对称脸谱,再为脸谱涂色。如果想不出纹样,可以选择老师准备的纹样,也可以选择 PPT 上的脸谱纹样。 2. 组织幼儿分组画脸谱,教师巡回指导,鼓励幼儿大胆设计。 3. 观察幼儿的操作情况,给予不同的指导,若有的幼儿实在不会画,就给他提供第二层次的操作材料	分小组动手设计	教师出示供幼儿欣赏、选用的纹样图案	让幼儿亲自实践操作,既能帮助幼儿进一步理解京剧脸谱的特点,又能有效地锻炼幼儿进行艺术表现的能力,达到"做中学"的目的
小组间展示和评比	1. "请你介绍一下自己设计的脸谱。脸谱中的主要色彩是什么? 表现了什么样的性格特点?" 2. 组织互评:"你最喜欢哪一副脸谱,喜欢它的什么?" (引导幼儿从颜色、图案和对称性等方面进行讲评)	相互展示和交流	PPT 展示京剧脸谱的多彩颜色、花纹、左右脸对称以及人物性格特性	符合这一年龄阶段幼儿活泼、爱表现的个性特点。同时也能培养幼儿的口头表达能力
师生互动,总结所学知识	小结:脸谱上的图案看上去都比较夸张,但是图案是对称的。色彩丰富,每个脸谱至少用了 3 种以上的颜色,但是总有一种主色彩,代表了不同的人物性格。如红色表示个性忠诚;黑色表示个性刚直。它们表示的是好人。白色表示个性多计谋,还有黄色表示坏人。蓝色、绿色代表勇士	回忆和表达	PPT 展示京剧脸谱的多彩颜色和对应特性	小朋友学东西比较快,但是多停留在短时记忆中,设置回顾总结环节,旨在帮助幼儿建立自己的知识结构

续　表

活动环节	教师活动	幼儿活动	多媒体/教具应用	设计意图
活动延伸,脸谱秀	"根据自己设计的脸谱所代表的人物特点,模仿我们视频中京剧演员的样子,给大家摆几个动作吧！可以任意搭档！"	表演	播放京剧的片段,作为背景音乐	让幼儿进一步体验亲自设计的乐趣

(三) 活动的总结和反思

作为国粹的京剧文化有着丰富的艺术欣赏价值。通过京剧脸谱方面的活动,让幼儿初步接触京剧,了解我国这一特有的戏曲形式,具有积极的民族文化熏陶和教育意义。

本节课的整个活动设计省去了了解京剧文化的环节,重点放在京剧脸谱的设计和创作上,主题更明确。在有限的时间内也能相对轻松地完成教学目标。由于京剧与幼儿的生活还是有一定距离的,所以在设计过程中难免会有小朋友乱画一通,所以教师的有效引导就很重要。活动的难点就在于如何引导幼儿理解不同脸谱色彩所代表的含义。

四、相关知识与技能

美国著名心理学家加涅曾在《教学设计原理》(1988 年)一书中将教学设计界定为:"教学设计是一个系统化规划教学系统的过程。"百度百科中将教学设计这一术语解释为:根据教学对象和教学目标,确定合适的教学起点与终点,将教学诸要素有序、优化地安排,形成教学方案的过程。这两种描述都强调通过对教学系统各要素的合理规划和设计来促进教学。幼儿园的教学设计要求教师在了解幼儿的基础上,从目标分解、教学内容、资源选择、媒体、教法运用等多方面考虑,精心设计,以达到启迪幼儿智慧、发展幼儿能力的目的。

教学设计主要分为 4 个步骤:学习需要的分析,学习目标的阐明和教学策略、教学媒体的选择和确定,教案的编写,教学评价的确立与修改完善。在教学设计过程中,学习目标、学习内容、学生特征、教学策略和教学评价构成教学设计的 5 个基本要素。

(一) 学习需要分析

教学设计从学习的需求分析开始,了解教学中存在的问题,学生的实际情况与期望水平之间的差距,以解决"为什么教"和"教什么"的问题,进而确定教学内容;同时,了解学习者的身心特征,为寻找"怎样教"的思路提供线索。

1. 学习内容的分析

幼儿园教育活动内容已不是单纯的学科知识和技能,而是为幼儿选择学习材料或学习经验,同时也包括幼儿在学习过程中所形成的情感态度、价值观以及相应的行为方式等。因此,在幼儿园教学中,为了更好地达成教育活动目标,活动内容的选择不是随意的,需要有一定的标准:符合幼儿的兴趣、接近幼儿的生活经验、符合幼儿的认知特点等,使幼儿获得丰富的知识经验,促进幼儿身心的和谐发展。幼儿学习的内容应符合以下原则:

(1) 内容的选择要结合幼儿的兴趣。兴趣是最好的教师,幼儿感兴趣的内容,能够引发幼儿的好奇心,引导幼儿主动探究,这也为教育活动设计的成功提供了保证。教材及教师参考书是实践经验的结晶,但它反映的是某一时期的教育思想与教育观点,无法涵盖未来的教育实践。在实际教学中需要教师善于发现幼儿感兴趣的事物、游戏和偶发事件中所隐含的教育价值,在教材内容的基础上结合教育实际中幼儿的兴趣需要,不断吸纳新理念、更新教材、发展教材,使活动内容呈现一种开放性的状态,积极引导幼儿学习。

(2) 内容要接近幼儿的生活。我国著名的教育家陶行知先生提出"生活即教育"的理论,指出生活对于幼儿教育的特殊意义。生活是幼儿最自然的课堂,生活中蕴含着丰富的教育内容。选择生活中富有价值的内容,纳入到教育活动中,会使教育更加贴切、自然、富有生机。反之,如果脱离幼儿生活,则会事倍功半。幼儿园学习内容的选择应当以幼儿已有的生活、学习经验为基础,以幼儿日常生活和当前的学习活动为线索,即可见、可闻、可触摸、可操作的事物和现象,符合幼儿思维的直观性和形象性特点,有利于幼儿经验性知识的获得。

(3)内容要符合幼儿的学习特点和认知规律。在整个学前时期,幼儿处于直觉行动和具体形象思维阶段,即直接感知与事物的具体形象是幼儿思维的重要支柱,对具体事物的操作、感知是幼儿形成自己的经验结构和智慧结构的主要方式。因此,要多选择一些可以让幼儿动手操作的内容,引导幼儿在操作过程中进行自主探究,从中发现问题,解决问题。如"京剧脸谱"活动设计中为幼儿准备了京剧脸谱制作模具、画笔、颜料,让幼儿分组合作,实际动手,探索京剧脸谱的特征。

2. 学习者的分析

儿童是学习的主体,对他们进行全面、详细、认真、透彻的分析,是教师主体性的一个重要方面,同时也是教师制定活动目标、选择活动内容、选择教学策略、创设学习情境、开展教学评价等一切相关活动的客观依据。

根据皮亚杰的认知发展阶段理论,幼儿园大班的幼儿一般是5~6岁的孩子,这一年龄阶段的幼儿仍然处于前运算阶段,思维正处于具体形象思维向逻辑思维过渡的时期,但逻辑思维还有很大的局限性,多依赖于动作和具体事物,好奇心强,乐于动手设计和表演。

对于幼儿来说,他们的世界里充满了童真、童趣,展现给他们的是一个童话般的感性世界。幼儿的真实感性反映在他们的学习和探索活动中,要求教师不仅从幼儿个体的发展水平、能力、知识经验、个性、爱好等方面加以充分的关注,而且应当认识到幼儿有与其自身个性特点相适应的学习方式;同时,教师应当认识到学习过程中幼儿不是被动的接受者,而是积极主动的参与者,还是独立自主的个体。由此,教师应依据幼儿的特点和表现,在教育活动的设计与实施中,尊重幼儿的真实个性,支持幼儿自主、主动地学习,营造积极发挥自身能动性和创造性的环境,以促进幼儿身心健康和谐发展。

(二)学习目标的阐明和教学策略、教学媒体的选择和确定

新课程标准中强调,在确定课程总体目标上要落实知识与技能、过程与方法、情感态度与价值观这3个维度的目标。这里的学习目标是指以总的教学目标为指导,根据幼儿的年龄特点、原有的水平和能力、活动的内容和性质来确定具体的教育活动目标,并使这些目标形成相应的目标体系,为教学策略的制定、教学媒体的选择和教学评价的开展提供依据。

1. 学习目标的阐明

确定某一次教育活动的目标要注意:首先,目标要具体明确,可操作,可测量,避免目标过大、过于笼统;其次,目标的确定应涉及幼儿身心发展的不同维度,一个具体教育活动的目标一般可以从认知、情感态度和能力这3个方面来确定,过于单一的目标,不利于幼儿的全面发展;再次,活动目标的实现过程要符合学习者认知过程的一般特点与规律,应根据幼儿的年龄特征和发展水平,目标的确定要控制在幼儿的最近发展区范围之内,让孩子跳一跳,就能摘到桃子,即不可任意拔高,也不能盲目滞后。

2. 教学策略的选择

教学策略是指在教学目标确定以后,教师在课堂上根据已定的教学任务和学习者的特征,有针对性地选择与组合相关的教学内容、教学组织形式、教学方法和技术,在此基础上形成的一套特定的方式或方法。教学策略应根据教学情境的要求和学习者的需要随时发生变化。经典的教学策略主要有赫尔巴特学派的五段教学法,奥苏贝尔的先行组织者教学策略,建构主义学习理论中提出的支架式教学策略、抛锚式教学策略和随机进入式教学策略等。

(1)五段教学法。五段教学法的主要环节包括预备、提示、联系、统合和应用5部分,其优点是能使学习者在较短时间内掌握较多的系统知识,能体现"教学"作为一种简约的认识过程的特性,这种教学策略至今仍是学校教育中的主要教学策略之一。其缺点是学习者在这种教学过程中往往处于被动地位,不利于他们学习主动性的发挥。

(2)先行组织者教学策略。奥苏贝尔认为,能促进有意义学习的发生和保持的最有效策略,是利用适当

的引导性材料对当前所学新内容加以定向与引导,这种引导性材料就称为先行组织者。

先行组织者难度高于当前学习内容时采用渐进分化策略,先行组织者难度低于当前学习内容时采用逐级归纳策略,先行组织者难度不高不低时采用整合协调策略。渐进分化策略,首先讲授最一般的,即包容性最广、抽象概括程度最高的知识,然后再根据包容性和抽象程度递减的次序逐渐将教学内容一步步分化,使之越来越具体、深入。逐级归纳策略,先讲授包容性最小、抽象概括程度最低的知识,然后再根据包容性和抽象程度递增的次序逐级将教学内容一步步归纳,每归纳一步,包容性和抽象程度即提高一级。整合协调策略,通过分析、比较先行组织者与当前教学内容在哪些方面具有类似的或共同的属性,以及在哪些方面二者并不相同,来帮助和促进学习者重新整合协调认知结构中的有关要素。

(3)支架式教学策略、抛锚式教学策略和随机进入式教学策略。支架式教学策略由3个步骤组成。①搭脚手架。围绕当前学习主题,按最邻近发展区的要求建立概念框架。②进入情境。将学习者引入一定的问题情境(概念框架中的某个层次)。③独立探索。让学习者独立探索。探索内容包括:确定与当前所学概念有关的各种属性,并将这些属性按其重要性大小顺序排列;探索开始时要先由教师启发引导(例如演示或介绍理解类似概念的过程),然后让儿童自己去分析;探索过程中教师要适时提示,帮助儿童沿概念框架逐步攀升。起初的引导、帮助可以多一些,以后逐渐减少,愈来愈多地放手让儿童自己探索,最后要争取做到无须教师引导,幼儿自己能在概念框架中继续攀升。

抛锚式教学策略由3个步骤组成。①创设情境。使学习能在和现实情况基本一致或相类似的情境中发生。②确定问题。在上述情境下,选择出与当前学习主题密切相关的真实性事件或问题作为学习的中心内容(让幼儿面临一个需要立即去解决的现实问题)。选出的事件或问题就是"锚",这一环节的作用就是"抛锚"。③自主学习。不是由教师直接告诉幼儿应当如何去解决面临的问题,而是由教师向儿童提供解决该问题的有关线索(例如需要搜集哪一类资料、从何处获取有关的信息资料以及现实中专家解决类似问题的探索过程等),并要特别注意发展幼儿的自主学习能力。

随机进入式教学策略主要包括3个步骤。①呈现基本情境。向学习者呈现与当前学习主题的基本内容相关的情境。②随机进入学习。取决于幼儿"随机进入"学习所选择的内容,呈现与当前学习主题的不同侧面特性相关联的情境。在此过程中教师应注意发展学习者的自主学习能力,让他们逐步学会自己学习。③思维发展训练。由于随机进入学习的内容通常比较复杂,所研究的问题往往涉及许多方面,因此在这类学习中,教师还应特别注意发展儿童的思维能力。

3. 教学媒体的选择

教学媒体是教学系统的组成要素,是教学内容的载体和表现形式,是教与学得以顺利进行的重要的中介物。它的选择是否合适,活动方式是否妥当,直接影响教学功能的正常发挥。所以在实际教学中教师应该根据自己的教学实际,合理选择教学媒体。一般在选择媒体时需要考虑的因素主要有:

(1)教学媒体的特性。表3-2-2描述了不同媒体种类与教学特性的对应关系,只有在确切地把握教学媒体的特性的基础上结合其他因素对媒体进行正确的选择和应用,才有可能取得较好的教学效果。

表3-2-2　教学媒体种类与特性对照

教学特性	媒体种类	教科书	板书	模型	无线电	录音	幻灯片	电影	电视	录像	互动多媒体
表现力	空间特性			✓			✓	✓	✓	✓	✓
	时间特性	✓	✓		✓	✓		✓	✓	✓	✓
	运动特性							✓	✓	✓	✓
重现力	即时重现		✓							✓	✓
	事后重现	✓		✓		✓	✓	✓	✓	✓	✓
接触面	无限接触	✓			✓				✓		
	有限接触		✓	✓		✓	✓	✓	✓	✓	✓

续　表

教学特性＼媒体种类		教科书	板书	模型	无线电	录音	幻灯片	电影	电视	录像	互动多媒体
参与性	感情参与				√	√		√	√	√	√
	行为参与	√	√	√			√				√
受控性	易控	√	√	√		√	√			√	√
	难控				√				√		

（2）学习结果的类型。教学设计的学习需求分析、学习内容分析得出了教学目标和学习结果的类型，根据结果设计教学活动，是选择媒体的依据。这里的学习类型是指应用加涅对教学类型的分类，即智力技能、言语技能、运动技能、态度和认知策略。

（3）学习内容的特点。不同的学习内容在一定的教学目标的指导下会对教学媒体提出不同的要求，必须根据内容的形式、特点等选择具体的媒体。

（4）教学活动。应该在媒体选择上做出计划，根据教学活动所需要的刺激类型而选择能呈现这类刺激的媒体。

（5）幼儿的特点。幼儿的特征主要是指幼儿的年龄、兴趣、动机、认知风格和认知技能等。不同年龄段幼儿的兴趣爱好、学习动机和认知技能等都不完全相同。媒体对不同类型的学习者可以产生不同的效果，所以应当识别适应于不同类型学习者的媒体。

（6）实际因素。在选择媒体时要考虑实际因素，主要涉及媒体的易获性、适用性等，诸如媒体制作及购置硬件的费用，以及是否具备必要的教学环境等。

随着现代信息技术的飞速发展，现在很多幼儿园班级也配备了互动多媒体大屏，可以很好地开展人机互动，增加了教学的趣味性、互动性。

（三）多媒体环境下教学设计方案的编写

教学设计方案是教学设计的一个具体表现成果，正如建筑师在实施具体工程前需要设计图纸一样，教师在进行教学设计时也需要编写具体的教学设计方案，以便于教学更有目的性和计划性。比较常见的两种主要的编写形式是叙述式和表格式。主要包括基本信息概述、活动目标、学习者特征、教学媒体、教学策略的选择与设计、活动过程和步骤、活动评价、帮助和总结等。

模板一　叙述式教学设计方案

课题名称：

设计者姓名：　　　　　工作单位：

一、概述

● 说明学科（数学、语言艺术等）和年级（中学、小学、学前等）

● 简要描述课题来源和所需课时

● 概述学习内容

● 概述这节课的价值以及学习内容的重要性

二、教学目标分析

从知识与技能、过程与方法、情感态度与价值观3个维度对该课题预计要达到的活动目标做出一个整体描述。

三、学习者特征分析

说明幼儿在知识与技能、过程与方法、情感态度等3个方面的学习准备（学习起点），以及幼儿的学习风格。要注意结合特定的情境，切忌空泛。

说明教师是以何种方式进行学习者特征分析，比如，通过平时的观察、了解，或是通过预测题目的编制使用等。

四、教学策略选择与设计

说明本课题设计的基本理念、主要采用的教学与活动策略，以及这些策略实施过程中的关键问题。

五、教学媒体资源与工具设计

教学媒体资源与工具包括两个方面：一是支持教师教的资源和工具；二是支持学生学习的资源和工具，包括学习的环境、多媒体教学资源、特定的参考资料、参考网址、认知工具以及其他需要特别说明的传统媒体。

如果是其他专题性学习、研究性学习方面的课程，可能还需要描述需要的人力支持及可获得情况。

六、教学过程

这一部分是该教学设计方案的关键所在。在这一部分，要说明教学的环节及所需的资源支持、具体的活动及其设计意图以及那些需要特别说明的教师引导语。

最后，画出教学过程流程图，其各步骤框形，如图3-2-8所示。流程图中需要清楚标注每一个活动环节的教学目标、教师活动内容、幼儿活动内容、媒体和教学工具的运用以及相应的设计意图。

在教学过程流程图中，所用图例说明见表3-2-3。

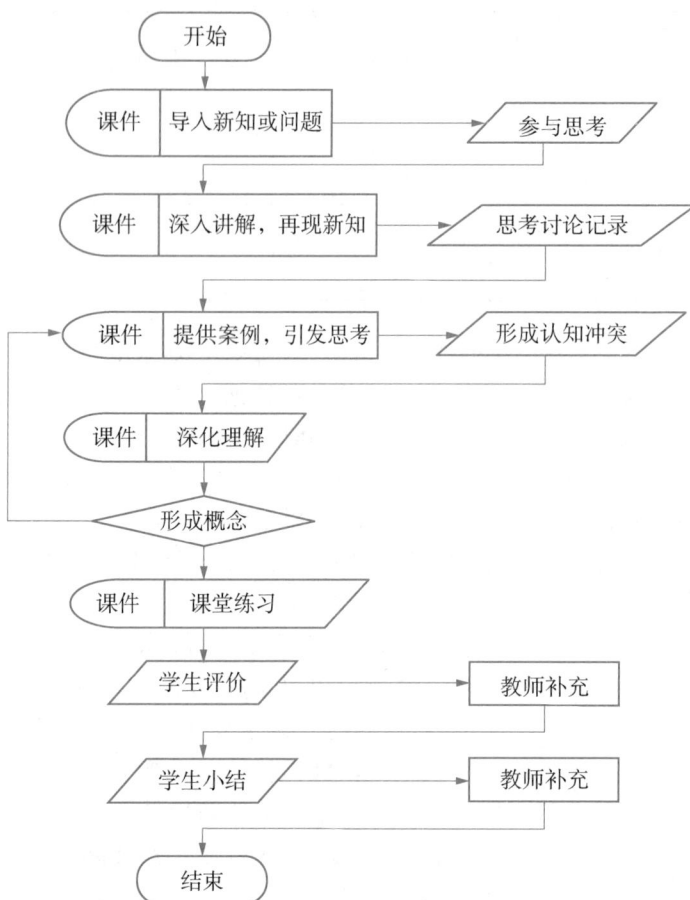

图3-2-8 教学过程流程示例

表3-2-3 教学流程图图例说明

图形	意义说明	图形	意义说明
	开始，结束		教学媒体
	教师活动	→	流程线
	学生活动		教学媒体与教师活动的组合
	决策，判断		教学媒体与学生活动的组合
	一般教学内容		教学媒体与教学内容的组合

七、教学评价设计

创建量规,向小朋友展示他们将被如何评价(来自教师和小组其他成员的评价)。另外,可以创建一个自我评价表,幼儿可以用它对自己的学习进行评价。

八、帮助和总结

说明教师以何种方式向学生提供帮助和指导,可以针对不同的学习阶段设计相应的帮助和指导,针对不同的幼儿提出不同水平的要求,给予不同的帮助。

在学习结束后,对学生的学习做出简要总结。可以布置一些思考或练习题以强化学习效果,也可以提出一些问题或补充的链接鼓励幼儿超越这门课,把思路拓展到其他领域。

模板二　表格式教学设计方案

课题名称						
科目		教学对象		设计者		
课时						

一、教材内容分析

二、学习者特征分析

三、教学目标(知识与技能,过程与方法,情感态度与价值观)

四、重点与难点

五、教学策略选择与设计

六、教学环境及资源准备

七、教学过程

教学环节	教师活动	学生活动	设计意图及资源准备

八、流程图

九、学习评价设计

（四）教学评价的确立与修改完善

教学评价的核心目标都是为了了解教学活动的成效，了解教学过程中教师和幼儿的行为。教学评价的内容确立，应考虑以下因素：首先，教学活动目标的设置是否符合该年龄段的幼儿，例如他们的年龄、心智发展程度、接受能力、理解能力等。其次，教学活动的过程有没有围绕教学活动的目标进行，是否偏离主题或者与主题表达无关。第三，活动过程中是否能引起幼儿的兴趣，幼儿有无与教师互动，并与教师配合主题完成相关的活动（如画画、唱歌、游戏等）。第四，是否完成了教学活动目标，达到了预设的效果。表3-2-4为幼儿园活动评价样表。

表3-2-4　幼儿园活动评价

执教教师：　　　　　活动名称：　　　　班级：　　　　人数：　　　　　地点：

A级项目指标		B级项目指标	参考分值	评价
A1　教学目标	B1	目标明确、具体，适合幼儿实际	20	
	B2	活动难易程度适宜，幼儿对活动表现较强的兴趣		
	B3	注重幼儿的全面发展和良好行为习惯的培养		
A2　教学过程	B4	内容适合幼儿现有水平，又有一定的挑战性	40	
	B5	内容符合幼儿现实需要，又有利于幼儿长远发展		
	B6	内容贴近幼儿生活，是幼儿感兴趣的事物和问题，又有助于拓展幼儿的经验和视野		
	B7	注意知识的整合，注重综合性、趣味性、活动性		
	B8	活动组织有序，层次清晰，重点突出，时间安排合理		
	B9	充分利用各种教育资源，环境能支持和引发幼儿的活动		
	B10	能充分发挥幼儿的主动性、参与性和操作性，同伴间积极互动		
	B11	既面向全体，又注重个别差异，尊重幼儿发展的差异性		
	B12	教学手段和方法得当，注重幼儿的主动学习，留给幼儿充分的参与学习的时间和空间		
A3　教师指导	B13	教师的指导建立在观察、了解的基础上	20	
	B14	教师的指导能激励幼儿思考、尝试、自己想办法解决问题		
	B15	教师提问、建议的策略适当		
	B16	师幼关系融洽		
	B17	教师能根据当时的具体情况，适宜地扮演支持者、合作者、引导者的角色		
A4　教学素养	B18	教态亲切、自然，既尊重幼儿，又严格要求	10	
	B19	语言简练规范、生动，有感染力，易于幼儿理解		
	B20	教具制作恰当、实用，示范操作准确、熟练		
	B21	注重学习习惯和学习兴趣的培养		
	B22	有较强的沟通能力与教学机智		
A5　教学效果	B23	幼儿学习积极主动，思维活跃，参与率高	10	
	B24	幼儿的能力得到发展，目标达成度高		
综合评价				

第三节　未来学习空间中幼儿教育活动的设计

一、活动情境与任务

主题活动　　　　　　大班科学教育"空气的秘密"活动的设计

一天,阳光幼儿园大(2)班的淘淘小朋友高兴地来到幼儿园,与平时不同的是,他的手里拎了一个鼓鼓的塑料袋,里面有几条小鱼和一些水,他请王老师把小鱼放在自然角的鱼缸里。这时,天天小朋友问王老师:"老师,袋子里只装了半袋水和几条小鱼,但为什么是鼓鼓的? 水的上面是什么?"作为大(2)班的科学教育老师,王老师没有马上回答孩子,而是说:"你认为袋子里还有什么呢?"幼儿园里的其他孩子也都议论起来。

王老师利用孩子的这个兴趣点,结合《幼儿园科学领域活动》一书中"空气的秘密"这一内容,计划对幼儿进行这一活动教学。

活动的主题环境为未来学习空间。该活动选取幼儿日常生活中非常熟悉的空气作为载体,充分利用未来学习空间的系统装备,让他们运用多种感官感觉空气的存在。通过观察、游戏(塑料袋由空变满、身体需要空气)、演示、小组实验(魔法空气)、手工制作(空气宝宝)等多种方式,让幼儿通过自身的实际感受,知道空气的特性,如无色、无味、看不见、摸不着;了解空气的重要性,知道空气是所有生命生存的重要条件,以激发幼儿对周围事物的探索兴趣。

二、活动分析

大班阶段重在培养幼儿对周围环境的探索兴趣,运用观察、游戏、实验等多种方法进行探索的能力。本活动的教学重点是激发幼儿对科学实验的探究兴趣,培养幼儿细致的观察能力。

教学中,教师利用未来学习空间的技术环境,为幼儿提供尽可能多的操作材料,探索、尝试的机会,充分互动的开放学习过程,通过创设的多显示的未来学习空间为幼儿进行小组实验提供指导,使每个幼儿都能积极地参与活动,无拘无束地参与讨论,大胆尝试,获得经验。

(一) 活动计划

1. 主题活动目标的设计

大班阶段重在培养幼儿对周围环境的探索兴趣。本活动选取了幼儿日常生活中非常熟悉的空气作为载体,充分利用未来学习空间的系统装备,以期让幼儿运用多种感官,通过多种方式进行探索。

2. 主题活动开展方式的设计

对于本次主题活动确定的 3 个目标,结合未来学习空间的环境设计,大(2)班的王老师为本班幼儿量身定制了主题活动"空气的秘密"的活动开展方式。

3. 主题活动计划的安排

(1) 活动前,做好主题活动指导专家以及 16 名幼儿的家长的联系、沟通工作。

(2) 活动中,做好幼儿的组织、引导工作。

(3) 教师在整个活动中需要不断提醒和监督幼儿进行规范操作,注意各方面的安全。

(二) 所需知识与技能

(1) 交互式电子白板软件的启动和退出。

（2）电子白板三大应用模式（鼠标模式、注解模式、白板模式）之间的转换。

（3）电子白板教学资源库的管理，如不同格式的教学资源的导入、调用等。

（4）电子白板个性化教学辅助工具的使用，如放大镜、照相机等。

（5）用白板笔在电子白板上画图和记录。

（6）课堂即时反馈系统"按按按"功能的使用。

（7）课堂在线互动系统的相关操作。

（8）课堂实时录播系统的基本操作。

三、方法与步骤

（一）未来学习空间的认识

未来学习空间的主要特征是：在泛在网络环境支持下，由支持儿童分组活动的多屏显示交互白板，可自由灵活移动组合的活动桌椅，可实现远程实时交流的课堂在线互动系统以及可进行温度、湿度、照明等调控的智能环境控制系统等部分组成。当然，类似于读书角、材料收集架等实体教具在未来学习空间也是同时存在的，如图3-3-1所示。

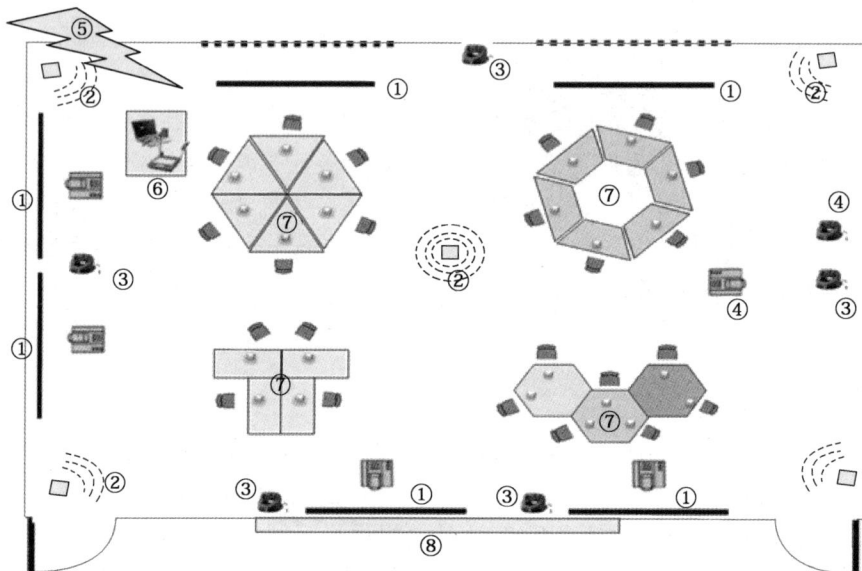

图3-3-1 未来学习空间布置图

① 电子交互白板或触控一体机白板 ② 由无线AP形成的泛在网络 ③ 课堂实时录播系统 ④ 课堂在线互动系统 ⑤ 云资源服务平台 ⑥ 教师移动讲台（平板电脑＋实物投影） ⑦ 活动桌椅＋平板＋互动反馈系统 ⑧ 读书角/材料收集架

（二）活动目标与活动方式的设计

1. 主题活动目标

通过多种方式进行探索，达到如下目标：

（1）引导幼儿在游戏中感知空气的存在，了解空气的特性。

（2）引导幼儿在不断探索中发现空气的作用。

（3）培养幼儿对周围环境的探索兴趣和细致的观察力。

2. 主题活动方式

主要从参与主体和活动过程两方面进行了设计。

其一，主题活动的参与主体有教师（王老师）、幼儿（16名小朋友）、家长（16名幼儿的家长）以及主题活动的指导专家。其中，不同参与主体的角色分别为：

王老师：现场组织和引导幼儿进行游戏、比赛或分组实验。

专家:远程在线指导幼儿的分组探究实验。

家长:远程在线听课与交流,了解孩子在主题活动中的表现和收获。

幼儿:在王老师的带领下,完成主题活动中的各分项活动,并在适当环节与家长和专家进行在线交流。

其二,为了达成活动的3个目标,在活动过程中王老师为小朋友制订了不同阶段的活动形式,具体内容如下:

(1)阶段一:感知空气的存在,了解空气的特性。

游戏活动:"找空气"。幼儿在教师的引导下,集体参与,到主题环境的各个角落收集空气,将空的透明塑料袋装满。

(2)阶段二:探究空气的作用。

游戏活动:"身体需要空气"。幼儿集体参与(活动桌椅马蹄形排列),跟随教师的指示语,亲身体验空气对于生命的重要性。

小组比赛:"谁需要空气"。幼儿分为两个小组进行比赛。每个小组配一个"按按按",即课堂即时反馈系统,这个系统在后面的技术描述环节介绍。到学习空间的材料收集架去寻找"什么东西需要空气",并把找到的东西画到小组的交互白板上面,便于小组间的交流。同时每找到一件物品,都用"按按按"为本小组加一票。票数在大屏幕(电子白板)上呈现。

分组探究实验:"魔法空气"。教师为幼儿准备了4个实验的相关器材,16名幼儿按照自己的喜好意愿自由分成两个组(A、B两个小组活动桌椅围成圆桌形),A组幼儿的探究实验是"不吹自灭"和"泡泡出来了",B组幼儿的探究实验是"不湿的手帕"和"气球火箭"。

考虑到幼儿在活动前没有过该实验的经验,不熟悉实验的操作过程,所以对于实验的探究,教师为幼儿提供了两种求助方式:①观看交互白板上实验操作演示的教学课件;②向远程在线的主题活动指导专家请求帮助。

(3)阶段三:发挥主观能动性和创造力。

游戏活动:手工制作"空气宝宝"。充分发挥幼儿的想象力和创造力,制作完成后,幼儿与"空气宝宝"一起做游戏。该环节的最后,教师会连线远程观课的幼儿家长,每位家长对自己的孩子讲一句话,给幼儿一个惊喜。

3. 主题活动的开展计划

(1)活动前,做好主题活动指导专家以及16名幼儿家长的联系、沟通工作。调试好课堂在线互动系统、课堂实时录播系统,确保教学过程的顺利进行和录制。

(2)活动中,做好幼儿的组织、引导工作。在分组探究实验环节做好幼儿的指导工作(交互白板上教学课件的演示、主题活动专家的远程在线交流)。在幼儿手工制作活动环节,做好与家长的远程互动交流工作。

(3)教师在整个活动中需要不断提醒和监督幼儿进行规范操作,注意各方面的安全。

(三) 活动的前期准备

为确保"空气的秘密"主题活动的顺利开展,前期需要做好准备工作:

(1)与主题活动的参与主体(主要是指导专家、幼儿家长)提前沟通,确定主题活动的开展日期。

(2)准备好主题活动所需的活动材料和实验器具:幼儿每人一个透明塑料袋,教师准备一枚针;小组实验器具和材料。

A组:提供蜡烛、玻璃杯、火柴、空杯子、水盆;

B组:提供空杯子、水盆、手帕、毛线、吸管、气球;

4个"按按按",即课堂即时反馈系统。

(3)4个探究实验"不吹自灭""泡泡出来了""不湿的手帕""气球火箭"的教学课件,活动时根据幼儿需要进行实验操作的演示,为幼儿顺利完成探究实验提供帮助。

活动前调试好课堂在线互动系统,确保在开展主题活动过程中,教师、幼儿能够与指导专家和幼儿家长实现远程实时交流。

活动前调试好课堂实时录播系统,确保主题活动的完整录制。

(四) 活动的组织过程

为了更好地开展幼儿主题教学活动,教师需要精心设计活动的具体过程,见表3-3-1。

表3-3-1 组织过程

活动环节	教师活动	幼儿活动	媒体/教具应用	设计意图
导入:游戏"空气在哪里?"	教师出示透明塑料袋,请幼儿说说里面有什么。 教师把塑料袋随意一装,捏紧,问幼儿:"鼓鼓的塑料袋里面有什么?" 教师(引导):"如果塑料袋里没有东西为什么鼓鼓的,按不下去?里面到底有什么呢?为什么有东西,我们看不见呢?" 教师用小针在塑料袋上戳个洞。教师:"咦,怎么变扁了呀?"	幼儿回答:"什么也没有。" 幼儿回答并感知。 幼儿讨论并回答。 幼儿思考:空气到底跑到哪里去了?	透明塑料袋、针	通过教师提问和引导、幼儿观察的方式,让幼儿知道塑料袋里装的是空气,猜猜为什么用小针一戳塑料袋就变扁了。这一环节充分激发了幼儿对活动的兴趣和观察能力
游戏:找空气	教师:"空气看不见摸不着,就像一个隐身娃娃,在和小朋友捉迷藏,它到底躲在哪里?请小朋友们找一找。" 教师发给每一位小朋友一个透明塑料袋,提出游戏任务:用塑料袋装空气,并说说在哪里找到的。 教师引导幼儿对找空气的过程进行分享和交流。 待幼儿交流过之后,教师提问:"空气看得见、摸得着吗?闻一闻有味道吗?" 教师进行小结:"到处都有空气。空气是看不见、摸不着的,是没有味道的。"	幼儿游戏,将自己的塑料袋装满空气。 幼儿相互分享自己是在哪里找到空气的。 幼儿回答:"看不见、摸不着、没有味道……"	透明塑料袋	主要让幼儿操作游戏,教师引导。幼儿通过实践初步感知空气的存在,了解空气的特点,同时也提高幼儿的动手能力。对于能力较弱的幼儿,教师鼓励他们互相合作,在完成活动的同时提高幼儿的合作意识
游戏:身体需要空气	教师以空气的口吻说:"虽然我无色、无味、摸不着,也看不见,但是我的作用可大啦!很多东西都离不开我!你们相信吗?现在请小朋友跟我一起玩个游戏:闭上嘴巴、用手把鼻子捏住。" 教师:"你有什么感受?" 教师:"张开嘴巴,放开手后有什么感受呢?" 教师小结:"看来我们的身体需要空气,没有空气我们就无法呼吸了。"	幼儿跟老师一起做游戏。活动桌椅马蹄形排列。 幼儿回答:"呼吸困难,很不好受……" 幼儿回答:"舒服一点……"		教师以有趣的方法启发幼儿。幼儿通过共同游戏,亲身体验,发表自己的见解,从而能够体会空气对于人生存的重要性

活动环节	教师活动	幼儿活动	媒体/ 教具应用	设计意图
比赛:谁需要空气	教师:"还有什么东西需要空气呢?"(请1~2名幼儿回答) 教师:"我们来个比赛,4人一组来找一找谁需要空气,比赛时间为5分钟。你可以自己动脑筋想,也可以到我们班的材料收集架去找什么东西需要空气,找到之后就把它们画在我们的电子白板上;同时,小组长负责用手中的"按按按"为我们小组加一票。比比哪组找到的东西最多,好吗?" 教师组织幼儿讨论:请每组小朋友介绍自己小组电子白板上画好的东西。通过展示课堂即时反馈系统汇总的结果进行优胜小组的嘉奖(小红花)	幼儿回答问题。 幼儿自由分成4组,小组长领一个"按按按",大家一起寻找、讨论并画在电子白板上面,做好记录和计票。 幼儿协商讨论,积极参与,优胜小组每一名小朋友获得一枚小红花的印章。	课堂即时反馈系统"按按按" 交互式电子白板 学习空间的材料收集架上的物品	比赛环节的设计意图在于与原有主题环境互动。活动环境存在许许多多的物体,通过比赛这一活动,能够培养幼儿对周围环境的探索兴趣,培养其细致的观察力。另一方面,该活动的设计体现了人(幼儿)与技术装备(白板、课堂即时反馈系统)交互的过程
分组探索:魔法空气	教师:"空气到处都有,空气还有许多秘密,谁知道?老师为小朋友准备了许多东西,有气球、玻璃杯、手帕等等。我们一起动手找找空气有什么魔法,好吗?" 教师:"我们现在有A、B两组材料,小朋友们找到自己喜欢的那组,和伙伴们一起找找空气的魔法。找到之后,记得告诉老师,老师帮助大家做记录,好不好?" 教师:"活动开始之前呢,老师要提醒我们的小朋友,当你们在找空气的秘密的过程中,如果遇到困难可以有两种方法请求帮助:一是可以在小组的白板上观看我们的实验演示,进行模仿;二是可以请我们的专家老师帮忙。我们活动现场之外,有一名专家老师正在关注着大家。大家看大屏幕,让我们和专家丁老师打声招呼好吗?丁老师好!" 远程指导专家:"小朋友们好!小朋友们在遇到问题的时候可以来问丁老师哦!丁老师会帮助大家一起来寻找空气的秘密。" 在分组探究过程中,教师依据幼儿需求播放教学课件或连线远程专家,同时做好相应的实验结果记录。 教师组织幼儿交流和分享:讲讲自己小组在探究中发现的空气的魔法有哪些。 教师在听完幼儿的分享之后小结:"空气无处不在,它有动力、压力,帮助人们做许多事,人和动植物都离不开空气。"	幼儿回答:"好……" 幼儿回答:"好……" 幼儿按意愿自由分成两组,A、B两个小组活动桌椅围成圆桌形,选择喜欢的材料,和同伴相互交流、讨论和探索。 幼儿运用两种求助方法:①观看实验操作演示的教学课件;②向远程专家提问,在专家老师耐心的指导下,完成分组探索。 幼儿进行组间交流和分享,讲出自己的探究过程,描述实验现象和探究发现:空气能使手帕不被打湿、空气能让气球飞起来……	A组:蜡烛、玻璃杯、火柴、空杯子、水盆。 B组:空杯子、水盆、手帕、毛线、吸管、气球。 课堂在线互动系统(与专家的远程交流互动)。 电子白板、教学课件(实验操作的演示)	该活动以问题/任务为驱动,鼓励幼儿大胆发现问题,思考讨论进一步找出解决的办法。未来学习空间为幼儿解决问题提供多样化途径,如远程专家互动、交流指导,提高幼儿的探索兴趣和参与积极性。 分组探究的另一个目的是培养幼儿的合作意识,使得幼儿能够积极主动与同伴合作、讨论,共同实验。在分组实验探究的过程中进一步提高幼儿的动手能力

续　表

活动环节	教师活动	幼儿活动	媒体/教具应用	设计意图
手工制作:空气宝宝	教师:"我们刚才了解了空气那么多秘密的魔法,现在让我们一起来动手,将自己的塑料袋制作成喜欢的空气宝宝,并和空气宝宝一起做游戏,好吗?" 教师巡视各位小朋友手工制作的成果,提出表扬和鼓励。 通过可实现远程实时交流的课堂在线互动系统与幼儿家长取得联系,给幼儿一个惊喜,请每位家长跟自己的孩子互相各讲一句话。 幼儿与家长的互动结束后,教师:"今天玩得开不开心? 你们找到空气的秘密了吗?" 主题活动到此结束	幼儿动手制作自己的空气宝宝,和空气宝宝做游戏,还可以与同伴交换空气宝宝,或者一起做游戏。 幼儿和家长互相讲一句话。小朋友向家长表达今天的收获,家长评价孩子今天的表现。 幼儿回答:"开心,找到了……"	透明塑料袋、橡皮筋 课堂在线互动系统	手工制作的活动,体现了教具的一物多用,自己制作玩具能够加大幼儿的兴趣,同时提高幼儿的动手操作能力。 与幼儿家长的远程交流和互动是未来学习空间的一大优势,能够让家长实时了解孩子的活动参与情况和表现,能够进一步促进家园共育的实现

四、相关知识与技能

(一) 未来学习空间的认识

1. 学习空间的特征

学习空间就是学习发生的场所。麻省理工学院的 Phillip D. Long 把学习空间界定为"要么是一间教室,要么是一个物理场所,它致力于课程活动,是一个旨在为教学者和学习者举行面对面晤谈的空间"。学习空间是一种能让学习者开放获取、自由参与、互动交流的环境,它既包括实体空间,也包括虚拟空间。

2. 未来学习空间的设计理念

传统课堂以高效地将信息从教师传递到学生为主要目的;未来学习空间主要考虑的是为幼儿而设计,是为师生之间知识的交流和共同的建构而进行的环境设计,需要满足多种不同形式的知识交流,设计的目标在于创设符合学习者学习需要的和谐的学习环境,也就是说为教学提供最优化的环境。

从数字化环境中成长起来的新一代学习者是"数字时代的原住民",即那些与数字化的信息技术,如计算机、互联网、智能手机等一同成长起来的一代新人,而在这代人之前的几代人则相应地被称为"数字时代的移民"。与数字移民不同,数字原住民无论是在生活习惯还是在学习方式上都深受数字技术的影响,而表现出很多与之前的几代人截然不同的特点,比如在思维上更加具有发散性和联想性,在行动上更加具有跳跃性和离散性等,是"即插即用"型的一代学习者。因此,未来学习空间显然离不开信息技术的支撑,它既是数字技术不断进步的产物,也是新一代学习者必然的需求。

随着技术的发展和泛在学习概念的提出,课堂的时间与空间界限逐渐模糊,课堂将不再是一个封闭的空间,教学可以超越现有的专业壁垒、教学设施及办学条件,可以不受时空限制,延伸到学生的一切空间和时间,师生将从封闭的课堂逐渐转移到一个开放的、广阔的学习空间。在这里,正式学习和非正式学习相结合,即时学习和延时学习相结合,课内学习和课外学习相结合。这种教育范式的转换需要教师更多地把精力集中于让学生更好地学、更好地进行知识建构,教师更像是学生意义建构的促进者。

3. 未来学习空间的设计原则

未来学习空间的设计应体现促进学习的目的,为教学提供优化的环境。未来学习空间设计考虑的原则主要包括:

(1) 要促进学习者的学习体验。课堂要让学生有充分实践的机会。改变传统课堂以教师讲授为主的

"一言堂",以学生活动和体验为主,促进学生在体验学习实践中适应教学理念和教学方法,完成不断增加的挑战性任务,而不仅仅是汲取学科概念知识。

（2）要适合情境学习。网络和多媒体技术的应用,使情境学习成为可能。例如,对于学习英语的小朋友,与传统的坐在房间中练习中规中矩的语法和发音不同,可以在教室中通过多种方式与在异地的英国或美国人面对面,通过手势、眼神的辅助进行交流,语速快,表达随意,学习者能够使用情境线索理解交流的内容。

（3）要促进师生之间、学生之间的多重交互。学生积极投身班级的协作和小团体的交互活动中,这就是主动参与。课堂有多种不同类型的交互原则,其中教师与学生的联系、学生与学生的协作、快速课堂反馈、高期待的沟通应用得最普遍。为了优化课堂上学生与学生、学生与教师的交互,课堂的设计要求允许学生迅速地结对、形成小团体。这就要求课堂从传统的行、列排列的方式变为更加灵活的、允许多种组织的方式,课桌和椅子都要便于移动,进行重新排列组织。也就是说,课堂要适合不同类型的团体活动方式,既要便于学生进行头脑风暴,也要便于教师的协助指导。当然,是教师,而不是教室,决定了课堂的教学策略,但是教室的结构应便于策略的实施。

（4）扩展"课堂"的范围。虽然我们把重点放在教师和学生互动的课堂中,但是泛在学习使得课堂扩大到了更大的范围,将正式学习和非正式学习结合,设计课内和课外相结合的学习方式。

（5）要支持不同类型的学习。学生参与不同类型的学习,需要新的空间设计和支持技术,这种学习需要不同的配套环境,如设置与现实环境对应的虚拟学习支持系统、虚拟实验系统等,帮助学生进行协作和交流。

4. 未来学习空间的物理架构

未来学习空间设计和应用的理念就是要充分发挥课堂各组成要素之间良性的互动,目的在于构建能够有效促进学习者知识和技能的建构,问题解决以及创新能力的培养的学习空间。目前高互动的未来学习空间的实现主要依托多屏交互显示设备、触摸输入设备、即时反馈系统、课堂实录系统、远程互动系统以及智能化环境控制平台等相应的硬件和软件平台。作为能够体现人性化、智能化、开放性、混合性、交互性和生态性特性的未来学习空间,其物理架构主要呈现以下特点,如图3-3-2所示。

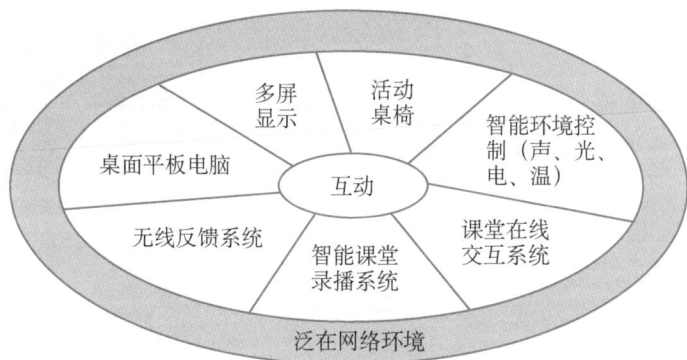

图3-3-2 未来学习空间的物理架构

互动是未来学习空间的核心,未来学习空间的物理架构设计也要充分体现和围绕这一核心。在泛在网络环境支持下,由多屏显示、活动桌椅、智能环境控制系统、桌面平板电脑、无线反馈系统、远程互动系统、智能课堂实录系统等部分构成,体现、满足和促进人与人、人与技术、人与资源、人与环境、技术与技术、技术与资源、技术与环境、资源与环境、资源与资源、环境与环境等之间的良好互动。

（1）泛在网络环境。泛在网络环境是未来学习空间的信息与技术基础,提供泛在的无线接入环境,便于学习者、设备、资源相互之间的无缝连接。

（2）多屏显示。要了解多屏显示的学习空间,首先要了解什么是屏幕。目前,对于屏幕的理解主要分为两类,一类是实体屏幕,即可见、可触摸的屏幕,如电子白板、触控一体机等;另一类则是借助投影工具投射在具体物体表面而形成的一个显示区域,如投影幕、投影墙等。多屏显示的设计体现出未来学习空间是一种集成多种媒体的课堂,拥有多个显示终端,如交互式电子白板（图3-3-3）、触控一体机（图3-3-4）等。多屏显示的学习空间是指能够借助多个屏幕同时显示多个信息片段的学习环境。

在未来学习空间中,有多块供教师的教学和幼儿学习使用的交互式屏幕。这些屏幕主要有:为教师提供教学用的交互式屏幕,为幼儿提供促进小组合作学习使用的小组展示汇报的交互式屏幕,还有教师和幼儿使用的终端的交互式屏幕。多个显示终端既便于大班教学和小组合作学习,也有利于学习资源的多角度显示。多屏环境除了能够显示信息外,教学者、学习者还能与之产生多元形式的互动。

图3-3-3　交互式电子白板

图3-3-4　触控一体机

（3）桌面触控电脑和平板电脑。桌面触控电脑具有多点触控的特点，触控屏幕大，形如一张大桌子。用户界面使用起来很直观易用（如图3-3-5）。平板电脑是一种小型、方便携带的个人电脑，以触摸屏作为基本的输入设备。允许使用者通过触控笔或数字笔来进行操作而不是传统的键盘、鼠标。其主要帮助学习者进行资源的获取，以及与教学者、其他学习者之间的互动、交流。如在幼儿教学中，老师可以随时操控小朋友的电脑，根据幼儿的需要及时帮助幼儿完成活动任务等。

图3-3-5　桌面触控电脑

（4）活动桌椅。人性化设计、灵活易拼装的活动桌椅主要方便教学者和学习者根据需求进行组合，可以组合成各种不同的形状。既可以适合于教师教学过程中的集体讲授，也适合于根据实际教学活动的需要，灵活地组织小组学习，进行游戏化学习、角色扮演等活动。如图3-3-6所示，常见的未来学习空间中的桌椅组合样式有：

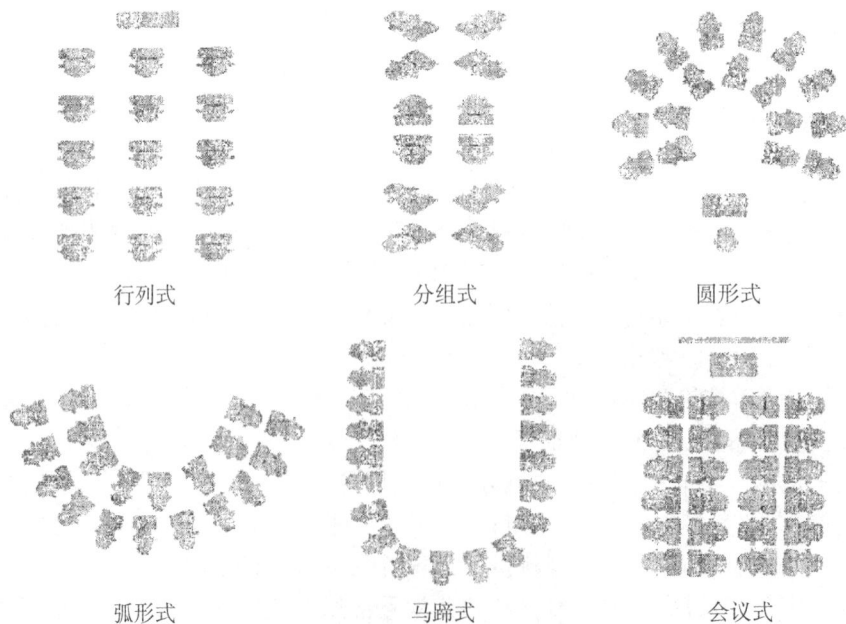

行列式　　　　　　　分组式　　　　　　　圆形式

弧形式　　　　　　　马蹄式　　　　　　　会议式

图3-3-6　不同活动桌椅组合样式

① 集体讲授时，可采取常见的行列式（秧田式）排列法、圆形排列法或弧形排列法。

② 小组合作学习时,可采取分组式排列法或圆桌式,如图3-3-7所示。

图3-3-7 圆桌式桌椅组合样式

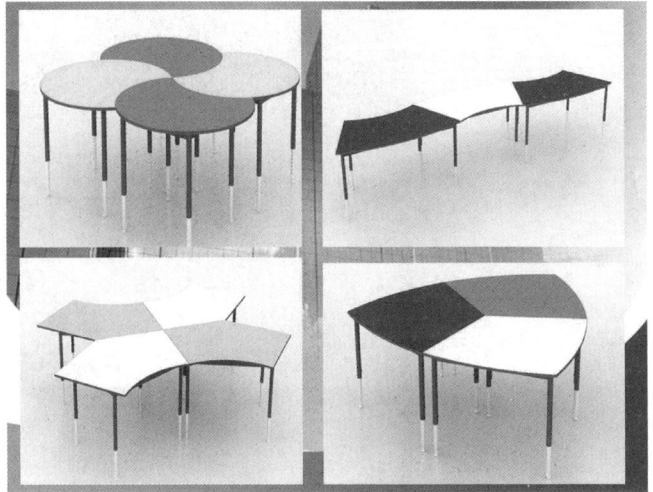

图3-3-8 未来学习空间的桌椅灵活组合

③ 进行游戏化学习或者角色扮演时可以采取圆形、弧形、马蹄形等。

④ 进行课堂讨论或情景对话时可以采取会议式排列法。

由于未来学习空间的课桌椅可以灵活方便地移动,也易于拼接,形成不同形状的组合,如图3-3-8所示,所以在实际教学过程中,教师可以根据教学活动的需要,动态调整桌椅的排列,不一定是某一种固定的形式,可以在同一时间允许多种形式,只要这种组合样式利于教学活动的开展就可以。

(5)课堂反馈系统。未来学习空间里师生的互动不但频繁而且实时。课堂无线反馈系统,如图3-3-9所示,主要供学习者与教学者之间的互动。教学者可以根据教学过程的需要设计问题,学习者可以利用无线反馈系统回答,如图3-3-10所示。老师和幼儿的互动会非常清晰、细致且实时。

图3-3-9 课堂无线反馈系统

图3-3-10 课堂无线反馈系统的教学应用

(6)课堂远程交互系统。课堂远程交互系统,如图3-3-11所示,能够实现本地课堂与国内其他地区学校或他国学校进行实时课堂互动,方便不同学校学习者之间的合作,促进不同文化之间的交流,有助于学习者全球观的形成。教师在组织幼儿开展主题活动时可以通过该系统请求主题活动的指导专家解答小朋友的困惑,同时也可以通过课堂远程交互系统与幼儿家长进行交流、互动等。

(7)智能课堂实录系统。智能课堂实录系统,如图3-3-12所示,可以对课堂中学习者的学习过程,包括自我学习和小组协作学习等的过程进行记录并储存,方便教学者和学习者在课后进行学习过程的回放、反思。

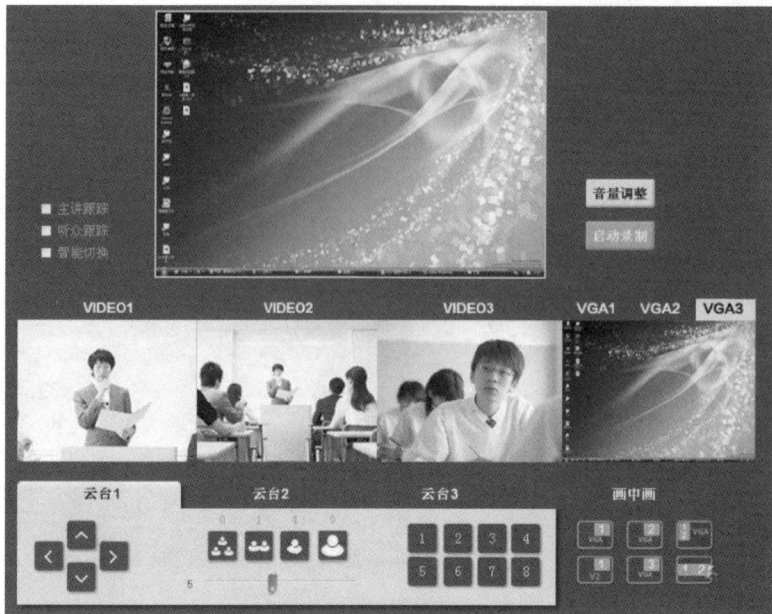

图 3-3-11　课堂远程交互系统

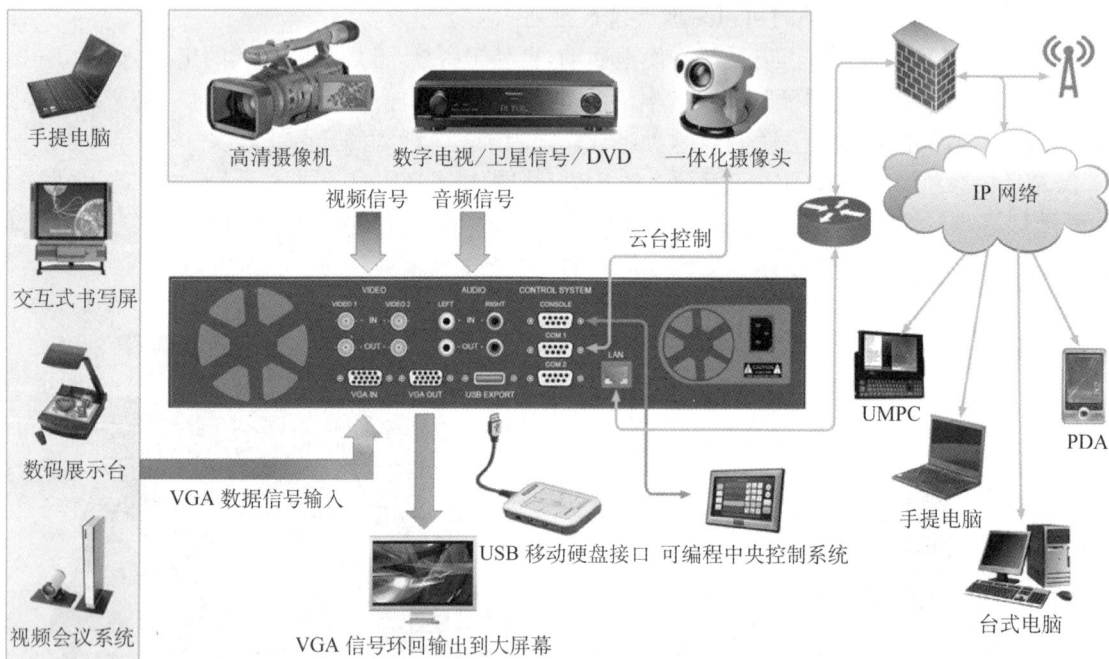

图 3-3-12　智能课堂实录系统

（8）智能环境控制系统。智能环境控制系统主要基于射频识别（RFID）的物联网技术，根据学习者学习的需要对课堂内的光、电、声、温进行控制，还可以根据课堂外的光照条件调节照明，根据季节气候的不同调节温度，根据学习空间内的声场环境调节声音系统等。

总的来说，未来学习空间的物理架构设计呈现出以互动为核心，多屏显示、多元互动、资源丰富、形式易变、虚实结合等诸多特点，体现了后现代的特征。

5. 未来学习空间的功能分析

未来学习空间作为一个泛技术支持下的课堂，以学习者为中心，促进学习者的学习和发展。要实现这一理念，必须有相应的环境及在这一环境中的活动支持，其环境和活动应体现在为学习者在课堂中的个性化学习和社会化学习提供良好的支持。物理环境设计也应体现当前及未来空间设计的新理念。未来学习空间应该具备以下功能：

（1）泛在网络、无缝接入；

（2）提供可调节桌椅，桌椅组合形式多变；

（3）多屏显示、方便合作；

（4）课堂实录、利于自学；

（5）虚实结合、扩展资源；

（6）智能控制、以人为本。

（二）基于未来学习空间的教育活动

在未来学习空间的物理架构和技术支持下，课堂的教与学活动也呈现出不同的特征，未来学习空间中活动设计更多地凸显未来学习空间的设计理念，促进和支持学习者的个体学习和社会化学习，培养学习者面向 21 世纪的技能。基于未来学习空间的具体教育活动设计体现在教学者借助未来学习空间的设备和系统进行教学活动的实施，学习者借助学习终端和系统进行学习，以及利用公共显示屏进行小组合作学习。

由于未来学习空间中各种信息装备的支持，课堂中教与学活动不再局限于有限的物理课堂内，而是可以延伸到课堂外，将课内、课外连为一体，也可以将现实的课堂与远端的课堂连为一体，突破传统的物理空间的限制，使得学习者可以根据自己的学习需要进行学习以及与远端课堂内的学习者进行交流和合作。

1. 教师的活动设计

基于各种信息装备的支持，未来学习空间的教学应该是课前、课中、课后一体化设计的。

（1）课前。课前的教师活动主要包括课前的备课工作，教学者可以利用自己的交互终端备课，将幼儿需要准备的活动物品或者材料推送到家园共育平台，并将备课资源（包括集中授课用课件、情境创设用资源等）上传到学习教学资源库中。

（2）课中。在课中，教学者进行的活动主要包括利用交互终端和教学显示屏进行教学情境的创设以及小组探究任务的布置等，以及接受幼儿在活动过程中的即时反馈（包括对自己教学节奏快慢的反馈以及教学过程所需设置的反馈），并依据反馈结果及时调整自己的教学进度、节奏或者进行教学补救等。在教学中，如需与远程课堂、专家、家长进行互动，或者是将生活和工作场景接入课堂，教师可以启用课堂在线互动系统来进行。另外，在幼儿进行小组合作、探究学习的过程中，教师要在教室中巡视指导，并根据情况参与小组的讨论和交流。这种形式的师生互动，可以促进教师与幼儿之间和谐关系的形成，为幼儿的学习创建良好的心理环境。

有些情况下会需要教学支持者参与到教育活动中，教学支持者的活动主要是在课堂教学过程中帮助教师和幼儿解决遇到的技术问题，以及在小组合作时可以帮助教师对小组学习进行指导和参与小组交流。

（3）课后。在课后，教学者可以利用课堂实录系统记录的课堂教学视频进行分析，反思教学过程，撰写反思日志，促进教学水平的提高，也可以利用交互终端，通过家园共育平台，与幼儿家长进行交流互动。

2. 幼儿的活动设计

与教师的活动设计一样，幼儿的活动设计也分为课前、课中和课后 3 个阶段，未来学习空间中的幼儿活动包括课前的预习、课中的学习和课后的复习等。但是考虑到小朋友的心理和生理特点，幼儿阶段的教育活动重在培养幼儿对周围环境的探索兴趣，运用观察、游戏、实验等多种方法进行探索的能力。因此针对学前儿童开展的教育活动中幼儿的活动设计重在课中阶段的活动实施过程。

在课中，幼儿可以利用移动终端接受教师推送的活动资源，并利用"按按按"（课堂即时反馈）系统对教学者设置的交流或者测试的题目进行反馈，也可对教学者的教学节奏的快慢和授课音量的高低进行反馈，这些信息都将汇总呈现在教师的交互终端上。在小组学习过程中，幼儿的学习终端都可以与教室内公共显示屏，包括小组交流用的显示屏以及教师用的教学显示屏进行交互，以便幼儿将自己的学习成果或者需要进行交流讨论的内容投影到公共显示屏中，供小组成员讨论或全班展示、交流等时使用。除了小组交流、合作探究、大班交流展示外，幼儿还可以根据学习需要进行游戏、角色扮演等活动。在进行游戏、角色扮演时，幼儿可以利用未来学习空间的显示和音响设备等进行游戏场景或者角色扮演情境的创设。

幼儿活动的课前预习、课后复习阶段主要是在家长和老师双方积极的配合下共同完成的。教师通过家园共育平台将小朋友课前需要预习的内容、课后的复习内容通知幼儿家长,通过家长的配合和引导,帮助幼儿完成课前的预习和课后的复习。

第四节　基于可穿戴设备的幼儿教育活动的设计

一、活动情境与任务

主题活动　　　　　　　　　　　**户外团队运动**

2015 年,教育部修订的《幼儿园工作规程》要求"在正常情况下,幼儿户外活动时间(包括户外体育活动时间)每天不得少于 2 小时,寄宿制幼儿园不得少于 3 小时;高寒、高温地区可酌情增减"。到 2022 年《幼儿园保育教育质量评估指南》颁布,再一次强调了户外活动和体育活动时间。上海市教委明确提出,严格保证幼儿园的户外活动时间和活动质量,幼儿每日在园户外活动不少于 2 小时,其中中高强度运动不少于 1 小时。

阳光幼儿园正在大班年级发展足球特色运动,学校老师共同编排了足球操,开展幼儿带球、传球等足球基本功练习。大(2)班王老师也带领孩子们玩了一段时间足球了,班上孩子们都对足球产生了强烈的兴趣。王老师计划以足球户外团队运动为主,设计一堂自我练习以及和同伴游戏的足球运球活动,加强户外两小时运动,适当增加孩子们的运动强度。

二、活动分析

2 小时的户外活动,其中 1 小时中高强度运动,让幼儿每天有足够的时间融入自然环境,与环境充分接触,增强体魄,改善视力,促进身心健康。这非常有利于儿童的成长发育。如何保证户外活动的时长以及户外运动的强度,是幼儿园的一个新考题。智能可穿戴运动手环可以识别户外运动,并且实时监测心率,保证运动强度,保障运动健康,赋能教师的户外 2 小时运动教学。

(一)活动计划

1. 主题活动目标的设计

幼儿园初阶足球可以自己玩,可以分小队开展游戏比赛,增加竞争与合作意识。心率是足球运动中最常用的生理参数,在不同类型的足球运动和训练中,作为内部负荷的评估指标,已得到验证。足球属于较高强度的运动,佩戴运动手环既能帮助老师发现运动量不够的小朋友,又能预警心率过快的同学。

2. 主题活动方式的设计

活动选在户外宽阔场地。王老师为本班幼儿设计了"接力运球"比赛活动,幼儿人手一个运动手环,提前对应好幼儿的学号,能够在后台监测幼儿的心率。

(二)所需知识与技能

(1) 了解智能穿戴设备。智能穿戴设备是一种将多媒体、传感、识别、无线通信、云服务等技术与日常穿戴相结合,实现用户交互、生活娱乐、健康监测等功能的硬件终端。普通人在日常生活中接触到的代表产品是智能手环,用于监测运动量、心率、呼吸等。

（2）智能运动手环的后台统计反馈系统，包括个体数据的查看以及班级整体数据的查看功能。

三、方法与步骤

（一）活动前期的准备：各种活动材料的收集

运动手环人手一个，提前对应幼儿的姓名、学号。儿童小号足球人手一个。设备联网，保证网络通畅，如图 3-4-1 所示。

图 3-4-1　幼儿戴上运动手环准备运动

（二）活动的目标设计

（1）幼儿会用脚运球，提高运球技能；

（2）体验和小朋友共同游戏的快乐；

（3）增强学习足球的兴趣。

教师能够根据幼儿在运动中的心率实时数据，分析学生的体育活动类型，并个别化指导学生的运动，改进教学方法。

（三）活动的组织过程

在足球运动中，教师要提醒和观察幼儿，使其规范操作，注意各方面安全。教师具体组织过程见表 3-4-1。

表 3-4-1　组织过程

活动环节	教师活动	幼儿活动	设计意图
开始部分	带领幼儿做热身运动； 播放《足球宝贝》音乐，做足球操	做热身运动； 每人拿一只足球，跟着音乐做足球操	热身运动，进入上课状态
新授用脚运球	请幼儿自己探索运球，探索脚的不同部位对球的感觉； 教师示范正确运球动作：用脚内侧轻轻地运球； 请幼儿两人一组合作运球	学习用脚内侧轻轻地运球； 观看教师示范； 与同伴合作运球	学习新的技能； 教师提示心率过快及没有上升到设定值的小朋友

续　表

活动环节	教师活动	幼儿活动	设计意图
"小刺猬搬果子"游戏	教师交代游戏规则,以足球作为小刺猬的果子,搬到一个固定地方,示范讲解搬运过程。规则:幼儿必须用脚内侧运球,不能用手;运到目的地后,跑回来拍后面一个幼儿的手;继续,运完所有的球用时最短的一队获胜	分4列纵队站好,熟悉游戏规则,开始游戏	奖励胜利的一组小红旗根据手环心率将幼儿分组,强弱联合
放松运动结束活动	带领幼儿放松身体,结束活动	休整活动	活动结束

(四)活动总结与反思

在练习中,如图3-4-2所示,根据幼儿心率运动数据分析个别学生的体育活动类型,指导学生自主练习,整体调整课堂运动强度;对教师改进教学方法、教学效果评价等,都有很大的实用价值。

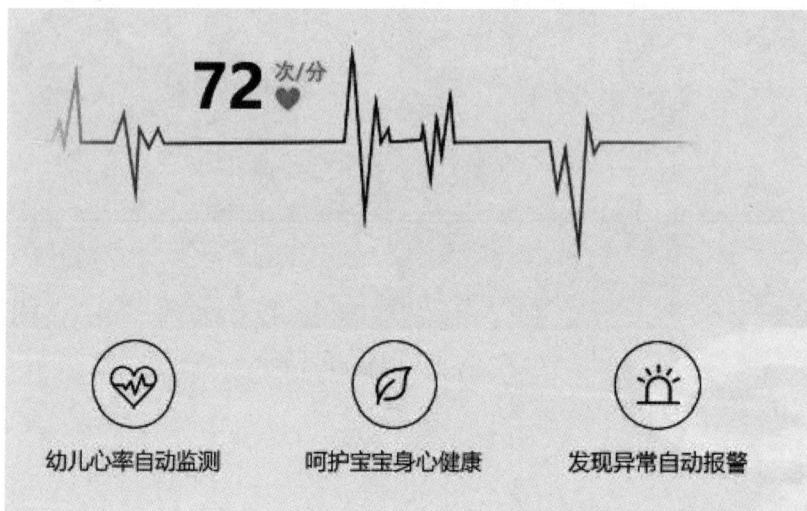

图3-4-2　运动手环的数据可视化呈现

可穿戴设备运用到体育教学活动中,使学习体育能够可视化,数据分析更为丰富、精准,对于烘托良好的运动课堂气氛、监测体育锻炼强度、提升动作技能、引起学生兴趣、评价课堂教学、革新教学方法、培养教师研究与创新能力、防范运动伤害等具有重要价值和意义。可穿戴感应装置用于学校的足球教学过程中,能更好地监测团队运动中不同个体运动负荷特征,帮助学生形象地认识足球运动、学习足球技巧,有助于教师合理安排合作伙伴,科学合理地制订教学方案。

四、相关知识与技能

(一)大数据、人工智能等新技术的发展

1. 教育数字化转型背景下大数据驱动的教学变革

(1)教育部教育数字化转型的推进

2022年教育部启动国家教育数字化战略实施行动,积极发展数字教育,推动教育系统全方位、系统化转型升级。同年3月,国家智慧教育平台(https://www.smartedu.cn/)正式上线,如图3-4-3所示。这标志着我国教育数字化转型进入实质性行动阶段。信息技术加速更新的智能化时代对人才培养的内涵提出了新的要求,传统教学方式适应性遭遇极大挑战,迫切呼唤教育数字化转型,重构新型教与学模式,推动教师教学理念、教学方式等一系列变革。教育数字化转型是一个划时代的系统性教育创变过程,也是教育实现全方位变革和高质量发展的全新动力引擎。

图 3-4-3　国家智慧教育公共服务平台

（2）大数据驱动的教育教学变革

随着大数据技术的发展，以及智慧教育理论研究和实践探索不断深入，利用教学过程伴随式采集数据，驱动教育教学变革，越来越为广大教师所重视。基于教学过程数据，驱动教学活动开展，使教学内容更加精准，在技术赋能中，教学活动能够呈现出更加流畅、个性化的状态。大数据具有 5V 特点（IBM 提出）：Volume（大量）、Velocity（高速）、Variety（多样）、Value（低价值密度）、Veracity（真实性），大数据赋能计算机处理数据形成有价值的诊断性评价的能力。通过分析教学过程数据，定位学生的学习问题，精准推送个性化学习内容和开展个性化指导；用数据来驱动教学的开展，决定教学的走向，从而实现大规模因材施教、促进学生的个性化、全面发展的一种教学形态。从内涵来讲，大数据驱动的教育教学变革属于智慧教育范畴，数据与分析是基石，精准推送是标志性动作，个性化学习与发展是最终目标。

大数据驱动的教学变革，第一步是数据采集。传统环境中数据采集是一大难题，教师很难收集到全面有价值的数据。利用智能化电子设备，加上大数据的采集系统伴随式采集学习活动过程的数据，根据数据调整活动，开展个别化针对指导。当前各类教学活动中，因为数据采集的不连续，多系统、多源数据的不连通等原因，学校很难形成完整意义上的教学大数据，容易落入所谓的"大数据误区"。事实上，大数据驱动的教育教学数据不一定需要完整意义上的"全数据"，教学过程产生的大量数据（课堂学习表现、运动测试、其他测试等数据）经系统采集处理后，只要能够建立起一套完整的、有目的、有分析方法的、形成有针对性的评价，即可产生大数据的教学价值。

2. 以 ChatGPT 为代表的新一代人工智能发展

ChatGPT 是由总部位于美国旧金山的 OpenAI 公司开发的一个人工智能聊天机器人程序，于 2022 年11 月 30 日公开测试。ChatGPT 的名字由两部分组成：Chat 即"聊天"；GPT 为英文"Generative Pre-trained Transformer"的首字母缩写，意即"生成式预训练转换器"。简言之，ChatGPT 是一个聊天机器人程序，它可以理解人类输入的文字，并根据文字的提问和指令，以文字的方式输出答案和反馈，从而借助自然语言实现多轮次的人机对话。ChatGPT 的训练数据来自互联网上的大量文本数据，包括维基百科、新闻报道、社交媒体等。

ChatGPT 具有强大的解题能力和写作功能，能完成撰写邮件、视频脚本、文案、翻译、代码、论文等任务。有人称 ChatGPT 为"本质上就是高科技剽窃"和"避免学习的一种方式"。其核心能力有：

① 启发性内容生成：ChatGPT 能够基于给定的主题或在多轮对话过程中识别的上下文信息，生成有启发性和创意性的文本；

② 理解对话情境：ChatGPT 能够基于多轮对话中的上下文信息，进行语义理解和推理，捕捉用户意图与对话情境，生成符合逻辑的连贯性回复；

③ 解析程序语言：ChatGPT 能够根据多种编程语言的语法规则、数据结构、算法构建与编程规范，对代码程序进行结构与算法分析，输出代码。

（1）ChatGPT研究使用现状

ChatGPT在推出后不到3个月的时间吸引活跃用户约1.23亿，成为史上用户增速最快的应用程序。目前以"ChatGPT"主题词在中国知网上搜索有1521条结果（到2023年6月），短短几个月的时间，已经引起教育领域的大量关注，如图3-4-4所示。

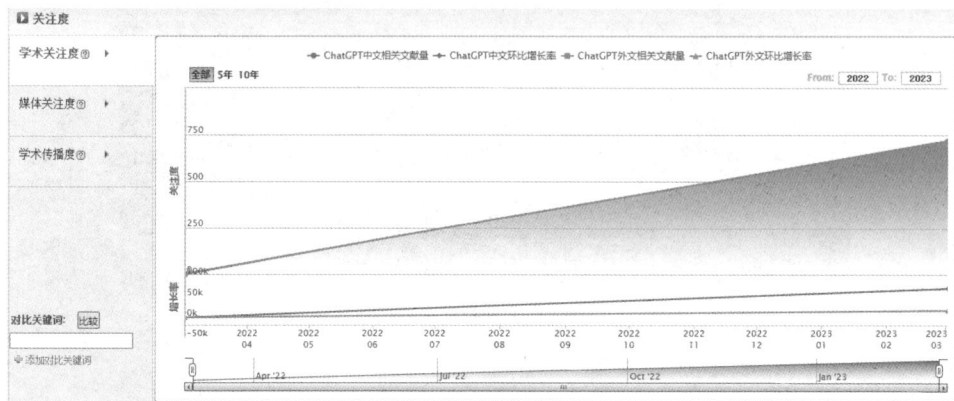

图3-4-4　生成式人工智能关注度显著提升

（2）ChatGPT在教育中的可能应用

ChatGPT可以被用于自然语言处理、问答系统、对话系统等任务，在教育领域主要有赋能教学创新的潜能。在课前，ChatGPT可以协助教师备课，可以提升教学设计的完成度与创意感。

① 设计大纲。ChatGPT可以为教师的课程设计提供思路，帮助教师设计教学。

② 陈列知识点。通过问答式搜索，ChatGPT可以帮助教师迅速罗列课程的相关知识点。

③ 丰富教学内容。通过多轮互动，ChatGPT可以帮助教师不断完善相关教学内容。

④ 模拟课堂。通过与ChatGPT模拟对话，更好地了解学生的一般困惑，并为课堂讲授做好准备。

在课堂中，ChatGPT也可以充当人工智能助教的角色，为师生提供即时反馈平台，实时回答师生提出的问题，增加课堂生动性、趣味性和吸引力，有助于学生对复杂内容和概念的理解，增强数字导师的角色感与互动性。在课后，ChatGPT可以参与作业评价。ChatGPT能够生成作业题目和考试试题，帮助教师了解学生掌握知识的程度。

此外，ChatGPT还可以协助教师完成其他日常工作，例如，拟写会议邀请函，撰写工作计划、工作总结、工作汇报，等等。

（3）ChatGPT对教育的启示

ChatGPT在文本类内容生成、上下文情境理解等方面所表现出的卓越性能，对教育领域也产生了巨大影响和深刻的启示意义，并可能促进和催化从教育理念到教育实践的深层次变革。

① 人工智能改变不了教育的本质。"培养人的社会实践活动"是界定教育本质的基本内在"尺度"。ChatGPT看似学识渊博、无所不知，但它只是模仿人类逻辑重组已有的知识，并没有创造新的知识，至于情感、意志等更是无从谈起。

② 重视培育学生高阶思维能力。有学者从批判传统教育不足的角度出发，指出"未来的人工智能会让我们的教育制度下培养学生的优势荡然无存"。我国现阶段教育仍重视通过大量记忆、识别和练习而获取知识，忽视通过分析思考而发现并掌握知识的方法与技能。生成式人工智能技术已逐步显现出高效积累知识与合理使用知识的基本能力。可以预见，生成式人工智能技术将替代和超越只能获取和存储知识的低阶思维脑力劳动者。因此，教育应该更加侧重于培养学生的高阶思维能力，尤其是批判性思维能力与创造性思维能力。

③ 教师的工作重心转向"育"。只有从技术取向回归育人取向，才能在技术与生命的双向耦合中，培育出自由全面发展的个体。回归育人本位，重视对学生情感、态度、价值观的塑造。

(二) 可穿戴设备技术发展与活动设计

1. 可穿戴设备的发展及教育应用

可穿戴设备即直接穿在身上,或者整合到用户的衣服或者配件中的一种便携式设备。可穿戴设备不仅是一种硬件设备,更是通过软件支持以及数据交互、云端交互,实现强大的功能。可穿戴设备进入学校教育教学领域,将给教学带来变革。

2012 年因谷歌眼镜的面世,被称为智能可穿戴设备元年。可穿戴设备多以具备部分计算功能、可连接手机及各类终端的便携式配件形式存在,主流的产品形态包括以手腕为支撑的手表、手环类,以脚为支撑的鞋袜类,以头部为支撑的眼镜、头盔、耳机类,以及智能服装、书包等其他产品形态。随着技术的进步和生活水平的提升,电话手表、运动手环已经进入到人们的生活中,成为量化自我的重要技术工具。

如今,用可穿戴设备记录步数和睡眠时间,已然成为风潮。我们身边的可穿戴设备越来越多,除了智能手表以外,还有鞋子、衣服、眼镜,等等,如图 3 - 4 - 5 所示。有可以检测是否走神的眼动追踪器,还有可以通过心率测出课堂投入度的传感器。这些可穿戴设备很快就会给学习过程带来重大改革。

图 3 - 4 - 5 可穿戴设备的各种类型

根据市场调研发现,我国智能可穿戴产品逐步走近儿童用户并呈现出低龄化的趋势。儿童可穿戴设备是可穿戴设备应用于学龄前儿童服饰或附着在他们身体上的一种配以软件支持的智能设备。因为要贴近学龄前儿童的心理特征、认知特点以及情绪特点,所以设计要符合学龄前儿童的生理发展特点,要满足诸多特性,如舒适性、便携性、体验性,以及信息传达的高效性等,这样才能更易于学龄前儿童操作。

2. 运动手环技术赋能的学习活动设计

学习活动是学习者以及与之相关的学习群体为了达到预定的目标而进行的所有操作的总和;学习活动设计包括学习目标、学习资源、学习任务、学习支持、学习评价等要素。学习活动类型的设计根据教学环境、教学内容、学习对象的不同而多种多样,一般有情境游戏、场景体验、头脑风暴、合作探究、自主反思、小组交流,等等。

运动活动的练习密度和生理负荷指数不仅是衡量幼儿户外运动好坏的关键指标,也是运动是否能促进幼儿身体素质提高的关键。然而,在常态运动活动中,这两个指标很难测量。之前,一般是教师依据经验判断幼儿运动是否达标,比如摸头,观察身体状态,但是经验并不准确,覆盖面有限。并且,幼儿作为运动主体,并没有自我察觉的经验。通过可穿戴设备——运动手环,实时监控幼儿心率,进而实时监控学生在常态活动中每一分钟的运动状况。幼儿也可以自我监控,促进幼儿积极、认真地投入到运动训练之中。

(1) 运动手环提高幼儿参与体育活动的积极性

智能运动手环运用到户外活动教学中,改变了传统教师基于经验观察的分析。教师通过数据分析,掌握每个学生学习内容和运动量,实现"私人定制";学生可以根据自己的爱好和身体状况,灵活选择练习内容和运动强度,大大激发了学生参与体育教学的积极性。

(2) 为教师持续改进教学提供依据

穿戴运动手环采集信息,用数据呈现学生课堂情况,使评价更显公正。教师可以横向比较每个学生在班级的排位情况,也可以纵向比较看个人成长进步情况,从而做出更为准确的评价。

（3）为实行个性化教学提供依据

教师通过运动手环的数据分析，不仅可以了解班与班的差异，还能够具体到学生个体的差异。手环可以清楚地显示不同个体的运动量是否达标，从而进一步有针对性地引导不同体质学生的个性化体育锻炼。同时，也可通过数据分析选择具有运动特长的学生定向培养。

（4）方便体育课堂的管理

在学校的运动场地内安装路由器或是无线局域网，将网络覆盖整个运动场地，将全班学生的智能运动手环与教师的终端通过网络连接，教师能够看到全班学生的活动范围和运动量等数据，了解每个学生的运动情况，实时监控学生的情况，方便教师管理。

在构建完整健康的学前教育生态的道路上，未来如何更巧妙地运用可穿戴设备数据来佐证经验，让教师和家长由感性认知逐渐转变成为理性分析，如何参考数据调整园所及家庭育儿方法，将会是进一步的发展方向。还可以借助分布在园区的传感器，记录孩子在各个活动区的出入频率、时长等，并形成孩子的行为轨迹，增加"幼儿园所内活动轨迹"和"睡眠时间与质量"的数据采集，最终生成孩子的行为兴趣爱好等个人评估报告。在可穿戴设备上，专门为小朋友特别定制更加贴合幼儿手腕尺寸的腕带；在数据收集上，还可以进一步优化采集通道，简便教师操作。技术的进步将更加赋能教师的活动设计，更多关注活动设计，促进幼儿全面富有个性的发展。

第四章

信息化环境下幼儿教育活动的实施

第一节　讲授型幼儿教育活动的实施

一、活动情境与任务

主题活动　　　　　　　　　**大班主题教育活动"认识时钟"**

时间是那么宝贵,但时间对幼儿来说却非常抽象,他们一般体会不到时间的重要性。平时,与家长交流,听到家长抱怨最多的是孩子做事拖拉,没有良好的作息习惯。另外,大班的孩子面临入小学,小学与幼儿园的作息差别很大,小学必须严格遵守时间限制,在一定时间内必须完成一定的任务。所以幼儿园大班的张老师很想帮助孩子建立时间观念,养成良好的作息习惯。

时钟是孩子们了解时间、感受时间最直接的工具,因此张老师设计了主题教育活动"认识时钟",以此为契机,引起幼儿对时间的关注。在活动中,张老师想教会孩子认识时钟的表面结构及分针、时针的运行规律,学会看整点时间,同时在游戏的活动中巩固所学知识,从而教育孩子要有时间观念,养成按时作息的好习惯。

二、活动分析

对于"认识时钟"的教学,幼儿们之前对于时钟的认识比较粗浅,而时钟所蕴含的数学知识比较严谨,需要以教师为主,向孩子们讲解,所以对于这样的主题教育,我们主要采用讲授型教学方法。需要根据讲授型教育活动的要求和教学步骤设计活动方案。

在教学中,教师要从幼儿的生活入手进行渗透。如把早起床、早餐、入园、做操、活动等时间较固定的环节,按一定的顺序排列起来,用PPT的方式表示各生活环节的时间和活动内容。在一日活动各环节的开始及结束时间,引导幼儿看时钟,了解每项活动所用的时间,让幼儿充分感知时间,纠正做事拖拉的不良习惯。

(一) 活动计划

1. 确定活动目标

教学活动的开展首先需要确定活动的目标,可以从新课改要求的三维教学目标去考虑:知识与技能,过程与方法,情感、态度与价值观,并结合幼儿教学的实际来考虑。

2. 准备活动教学材料

幼儿教学需要准备丰富、生动的教学材料,除了教学课件,还需要一些实物展示的模型、游戏道具等。

3. 设计讲授型教学过程

讲授型教学活动需要按照基本实施步骤开展,结合本节课的教学目标进行具体设计。要注意的是讲授法不排除其他教学方法,在讲授的过程中,该讲授的地方讲授,该自主探究的地方就要探究,各种教学方法相互融合。

4. 教学反思

通过设计活动的实施,会有很多教学感悟,要结合实际教学体会不断反思,从而改进自己的教学。

(二) 所需知识与技能

1. 讲授型教学活动方案的设计。
2. 教学课件 PPT 的设计制作。

三、方法与步骤

(一) 确定主题活动目标

主题活动目标是指在一个教学活动中究竟要教孩子学习什么、发展什么,所以目标就如路标,它对整个教学活动具有导向作用,引领着教学过程顺利开展。在制定活动目标时,应注意以下几点:

1. 目标的内容要全面

要能促进幼儿的认知、情感和能力的发展。一般的目标内容应包括认知、能力、情感 3 个方面,教师在分析教材时,要充分挖掘其多方面的教育价值。

2. 目标制定要适宜幼儿年龄特点

不同的儿童有不同的需要和经验,教师在制订目标时,要研究和把握本班幼儿身心发展的实际水平,发展需要和兴趣经验,使教学目标处于幼儿的最近发展区内,体现教学目标的适宜性、个性化,而不应一味照抄照搬。

3. 目标制定应体现学科特点

虽然当前幼儿园倡导各学科的相互融合,强调幼儿的全面发展,但不论是分科教学还是综合教学,都有核心领域的核心价值,教师在制定目标时要深入分析具体教学内容的知识体系,从所教领域出发,挖掘其促进幼儿全面发展的教育价值,关注本领域的核心价值。比如语言领域的核心价值在于倾听、感受、理解、表述,不同的语言教学形式,侧重点有所不同;科学领域的核心价值,倾向于孩子积极主动的探究学习,多感官、多渠道感知事物,对事物探究兴趣的激发等;而艺术领域的核心价值,更倾向于对美的感受与表达。

> **"认识时钟"主题活动目标为:**
>
> (1) 认识时钟,了解时钟的用途,表面结构及时针、分针的运转规律,掌握整点时间。
>
> (2) 培养幼儿的观察力、思维力、动手能力及大胆尝试的精神。
>
> (3) 教育幼儿每天准时来园,养成良好的作息习惯。

(二) 准备活动教学材料

在确定好主题目标后备课,列出本主题所需要的教学活动的教具、学具及数量清单,建议可以同教研组其他老师集体讨论,共同准备或制作,教学时共享。准备教具时要做到:注重教学具投放的层次性,让幼儿愿意操作;注重教学具的趣味性,让孩子喜欢操作;注重教学具的实用性,让幼儿时常操作。除了实物教具,还需要准备教学课件、音乐等教学资源。

> **"认识时钟"教学材料有:**
> (1) 幼儿人手一份硬纸片钟、一日生活图(各时间段对应不同的生活事件)。
> (2) 龟兔赛跑课件、一日生活 PPT、《时间像小马车》音乐。
> (3) 实物钟、大灰狼头饰。

(三) 设计讲授型教学过程

在讲授型教学活动中,教师主要通过口头语言,向学生传递新知识,指导学生进行智力活动与操作活动。通过讲授把"时间"这样深奥、抽象的知识与具体形象、浅显通俗的实物和生活事件联系起来,从而排除学生对知识的神秘感和畏难情绪,使学习真正成为可能和轻松的事情。当然,讲授新知识之后,巩固练习时,教师要辅以探究、游戏等活动,具体的教学过程设计如下。

1. 导入新课

新知教学前需要创设一定的教学情境来吸引幼儿,或者为新知做好铺垫,为导入环节。常见的导入方法有故事导入法、歌舞导入法、实物导入法、图片导入法、PPT 情境导入法、游戏导入法、猜谜导入法等。

> **"认识时钟"猜谜导入:**
> 教师:今天老师给你们猜一个谜语:一匹马儿三条腿,日夜奔跑不喊累,滴滴答答提醒你,时间一定要珍惜。
> (1) 提问:你猜是什么?
> 幼儿猜谜,教师出示实物钟。
> (2) 提问:家里还有哪些钟? 是什么形状的?
> (有闹钟、挂钟和大座钟)
> (3) 提问:钟有什么作用?
> 教师小结:钟不停地走,它是一个计时间的工具,告诉人们几点了,应该做什么事,它可以帮助我们养成良好的作息习惯,它是我们的好朋友。小朋友认识钟,可以按时起床,按时上幼儿园;老师可以根据钟上时间按时上课,按时做游戏,按时让小朋友吃饭。钟的用处可大了。

2. 讲授新课

在讲授型教学活动中,讲授新课是中心环节,要求教师突出重点、突破难点,理清思路,注意教学趣味性,注意与幼儿的双向沟通,做到少讲精讲。讲授新课是以教师系统讲授为主,同时要注意运用谈话、反诘、提问等方式,运用比较、分析、综合、归纳、演绎等方法,保持并加深幼儿对学习的兴趣,引导幼儿把新旧知识联系起来,以形成概念,掌握规律,培养逻辑思维的能力。幼儿的注意时间很有限,当教师要讲授的知识点较多时,不妨分几个小环节或是小活动开展。

> **第一环节　简单认识钟面**
> (第一环节采用观察与提问的形式)
> 教师:小朋友想不想和钟做朋友呀? 我们就来认识了解时钟吧。请你仔细观察钟面上有什么?
> 总结:有两根针和 12 个数字。
> (1) 提问:这两根针有什么不同? (长度不同)
> 教师:它们都有自己的名字,长的叫分针,短的叫时针。我们再看看数字。
> (2) 提问:正上面的数字是多少? (12)
> (3) 提问:正下面的数字是多少? (6)
> (4) 提问:它们是怎样排列的? (顺时针围成一个圆形)

第二环节　感知时针、分针的运转规律

(第二环节采用课件创设故事情境的形式)

(1) 今天我们来看一场比赛,(放课件)兔子和乌龟要在这个圆形的跑道上赛跑,现在它们在最上面的一棵树的起跑线上,你们猜谁会赢?(幼儿猜)究竟谁会赢呢? 好,比赛开始了,预备,开始,比赛的结果谁赢了?

(2) 讨论:兔子和乌龟赛跑中有什么秘密呢? 兔子跑了一圈又回到起跑线上,乌龟跑了多远? 一棵树远。

(3) (放课件)每一棵树就是一个数字。哦,它们要变了,兔子变成分针,乌龟变成时针,也就是说分针跑一圈,回到起点 12 上,时针才跑一个数字,这就是一小时。

第三环节　认识整点时间

(第三环节采用实践活动的形式)

(1) 教师:那么分针和时针指的数字又表示几点呢? 别急,老师来告诉你。看钟的时候,先看时针,再看分针。当时针正指着一个数字时,分针又正指着 12 时,就表示"几点了"。边拨钟边和幼儿一起数"一点钟,两点钟,三点钟……六点钟"。

拨钟的时候,一定要按照顺时针的方向拨,顺时针的方向就是钟面上的数字从小到大的方向。

(2) 请个别幼儿练习,练习拨 7 点,8 点,9 点,10 点,11 点,12 点。

(3) 用身体动作表示 3 点、6 点、9 点、12 点。

3. 巩固新课

在新课教授后,幼儿对知识的理解仍然比较局限,教师要及时引导孩子把所学知识与生活实际运用相结合,孩子才能体会到知识的用途。因此在新课巩固时,教师要将新知与生活实际联系起来,让幼儿在生活的情境中巩固新知。

"认识时钟"新课巩固

(1) 教师:小朋友,我们从小就要养成一个良好的作息习惯,按时间进行各项活动,我们来看看小朋友的一日作息时间表。(放 PPT)"早上 7 点起床,上午 8 点上幼儿园,中午 11 点吃午饭,下午 3 点上课,下午 4 点放学,晚上 9 点睡觉"。马上请小朋友看一日作息时间表,按刚才的方法在这个硬纸钟上拨时间,记住边拨边说说这个时间你干什么。

(2) 幼儿操作,教师指导。

4. 游戏活动

讲授法教学要注意与其他教学方法相结合,在幼儿教学中尤其如此,比如游戏法。心理学家艾里康宁关于儿童主导活动发展阶段的理论认为,幼儿借助游戏活动从初步学会理解人的某些行为,掌握一些粗浅的生活经验,到通过对文化科学基础知识和基本技能的学习,逐步了解并掌握客观事物的特点及其规律的阶段转变;游戏活动具有启真、启善、启美的功能。在课堂教学的后半段,适当运用游戏和活动,有利于培养幼儿的学习兴趣和热情,符合幼儿好奇、好动、注意力时间短的心理特点,能有效防止课堂教学后期容易产生的精神分散,从而调动幼儿学习的积极性。

"认识时钟"活动游戏——"小羊,小羊几点了"

(1) 教师:咦,你们看我是谁? 老狼今天要和大家玩个游戏,你们敢不敢?

讲游戏规则:老师扮演老狼,请小朋友来当小羊。老狼在前面问:"小羊,小羊,几点了?"老狼双手拿着一个钟,然后拨时间,小羊一起说几点了。小羊如果认错,就要给老狼吃掉。

(2) 请幼儿做老狼玩一次。

5. 本课小结

课堂教学最后,需要有本节课的小结,若采用形式得当,能有效激发学生后续学习的兴趣,起到画龙点睛的效果。常用的课堂小结的方法有归纳总结式、启迪思维式、分析比较式、图表小结式、交流评价式、活动激趣式等。

> **"认识时钟"课堂小结**
>
> 教师:小朋友们,今天我们一同学会了认识时钟,知道了什么是分针、什么是时针,学会了认识整点时间。聪明的叔叔阿姨设计、制造了各种各样的钟和表(闹钟、石英钟、音乐钟、工艺钟、手表、怀表),同时出示课件上的图片,给人类生活带来方便,还可以美化人们的生活。小朋友,你们现在好好学习,长大后也来发明创造出更多更美的钟和表,好吗?
>
> (伴随《时间像小马车》的音乐出教室)

(四) 教学评价与反思

教学评价是教学质量管理的重要环节,可以帮助教师了解教学水平和教学效果,及时发现问题并加以改正;也可以帮助学生了解学习水平和学习效果,激发幼儿的学习兴趣,积极参与活动;反映幼儿的知识、技能和发展,及时发现幼儿可能存在的问题,并帮助幼儿改进和提高。活动中应有过程性评价和结果性评价。教学反思贯穿于活动的始终,直接影响到教学的有效性,因此,要透过现象找原因,针对可能出现的,或者已经出现的种种问题进行认真的分析和思考,寻找发生的原因,并找出改正方法。值得注意的是,要善于从幼儿的表现出发,来发现教师自身的问题,反思中寻找教学中的不足和优势。

> **"认识时钟"教学评价**
>
> "认识时钟"活动中,教师应观察幼儿整个活动的过程,记录幼儿在各个环节的表现、表达方式和反应等。及时给予评价和鼓励,鼓励幼儿在活动结束后写下对活动的感受和体验,便于发现可能存在的问题。
>
> 结束一个环节后,可以让幼儿分组讨论,了解幼儿的想法、观点和做法等,提高评价的客观性和综合性。适时展示幼儿在活动中获得的成果或表现,为幼儿提供自我评价和比较的机会,同时也可以让家长和其他参与者了解活动的效果和意义。
>
> 本活动主要按照讲授型教学实施步骤设计:导入新课—讲授新课(3 个环节)—巩固新课—游戏活动—本课小结。为了避免讲授过程的枯燥,认识时钟时,为幼儿准备足够多的材料,说明时钟在日常生活中的多用性和普遍性,使幼儿充分感受时钟就在身边的生活中,认识时钟对学习、生活有很大帮助,从而激发幼儿学习情趣和学习动机。讲授的 3 个环节逐层深入,在巩固新课和游戏活动中,充分发挥孩子的动手、动脑能力,作为讲授的补充,寓教于乐。

四、相关知识与技能

(一) 讲授型教育活动概述

作为一个古老而传统的教学方法,讲授型教学一直在课堂中普遍采用。所谓讲授,就是指教师通过简明、生动的口头语言向学生系统地传授知识、发展学生智力的一种教学方法。从教师教的角度看,它是一种传授的方法;从学生学的角度看,它是一种接受性的学习方法。新课程标准背景下,教师的传授和学生的接受有了新的内涵,都要讲求意义性。讲授型教学以教师对知识、技能的传授下的学生有意义接受学习、练习为核心,以达成有效掌握知识、技能为目的。

在当前大力提倡学生自主学习、自主探究的大趋势下,不应该错误地认为,讲授型教学法一无是处。讲授型教学法是否有效,关键在于使用是否得当,要弄清什么时候、什么内容要用讲授型教学法;用讲授型教学法时该如何去讲,怎样与其他教学方法有机地结合起来。讲授型教学法不排除其他教学方法,而是根据事物发生发展的过程,每一个阶段采用不同的方式、方法。在讲授的过程中,该讲授的地方讲授,该自主探究的地方就要探究,各种教学方法相互融合。

(二)讲授型教育活动的内涵与特征

1. 讲授型教育活动的内涵

讲授型教育活动具体是指在教学过程中,教师通过语言向学生传达信息、传递思想、传授知识,帮助学生提高思想认识,发展学生智力和能力的课堂教学方法。它的基本形式有讲述式、讲解式及讲演式等。结合讨论、分析论证、形象直观等方法运用,可以进一步进行创新;在运用讲授教学法时,要注意把握其科学性、思想性、形象直观性及启发性,从而进一步提高课堂教学质量效果。

2. 讲授型教育活动的特征

讲授型教学法在幼儿教育中,主要用于向学生描绘情境、叙述事实、解释现象等。一般来说,讲授法可用于介绍新知识学习之前,学生不了解但又必须了解的背景知识;讲解学生解决不了的难点;提示学生注意容易忽略的基本概念;帮助学生辨别容易混淆的知识以及点拨、归纳、总结和概括所学的知识内容等。讲授型教学的特征是:

(1)教学目标。由教师确定,并将目标进行分解、具体化,按具体教学目标的要求实施教学。

(2)技术环境。教学媒体主要作用是辅助教师传递教育信息。

(3)教学程序。教师确定好教学目标、教学内容,安排好教学方案和步骤,应用现代教学媒体和信息化教学方法向学生系统地传授教育信息,最后评价学生的学习情况。

(4)师生关系。教师是教学的组织者、教育信息的主导者,学生是教育信息的接受者和教学过程的积极参与者。

3. 讲授型教育活动的优点

讲授型教学法有两个特殊的优点,即通俗化和直接性。教师的讲授能使深奥、抽象的课本知识变成具体形象、浅显通俗的东西,从而排除学生对知识的神秘感和畏难情绪,使学习真正成为可能和轻松的事情;讲授型教学法采取定论的形式直接向学生传递知识,避免了认识过程中的许多不必要的曲折和困难,这比学生自己去摸索知识可少走不少弯路。所以,讲授型教学法在传授知识方面具有无法取代的简捷和高效两大优点,这也就是其长盛不衰的根本原因。

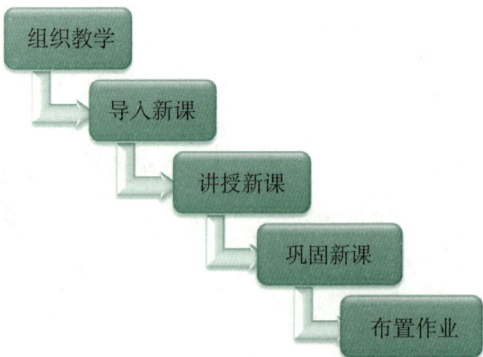

图4-1-1 讲授型教学的实施步骤

(三)讲授型教育活动的实施步骤

1. 实施步骤分析

讲授型教学法源于德国教育家赫尔巴特的"明了、联想、系统和方法"的4阶段教学模式,他认为学生接受系统的书本知识的学习,必须经过"感知—新旧知识联系—知识系统化—知识的运用"这一教学程序。苏联教育家凯洛夫在前人的基础上,根据辩证唯物主义的认识论原理,对课堂教学这种教学模式作了进一步的分析,提出了感知、理解、巩固、运用、检查等几个教学阶段。这种教学模式传入我国后,我国教育工作者又在此基础上作了适当的调整和修改,形成了一种中苏结合的模式。基本步骤如图4-1-1所示:

步骤一:组织教学。这是指讲课前进行各种准备的环节,一般包括带领学生进入教学活动室、检查人数、安定情绪、检查课前准备等活动。其目的是初步带领学生进入学习情境,让学生做好学习新知识和技能的准备。

步骤二:导入新课。一般先复习旧课,特别是复习与新课有关的内容,使学生主动地形成新旧知识的内在联系;或者设置悬念,提出一些学生感兴趣、有启迪作用的问题,如与学生的生活较为贴近的问题,激发学生的学习积极性;上课一开始便抓住学生,使学生产生一种期待的心理状态,激发学生的学习动机。

步骤三:讲授新课。这是该教学程序的中心环节,要求教师突出重点,突破难点,理清思路,注意教学趣味性,注意与学生的双向沟通,做到少讲、精讲。讲授新课以教师系统讲授为主,同时要注意运用谈话、反诘、提问等方式,以及比较、分析、综合、归纳、演绎等方法,保持并加深学生对学习的兴趣,引导学生把新旧知识联系起来,以形成概念,掌握规律,培养学生的逻辑思维。

步骤四:巩固新课。一般采用课堂总结提问与练习等方式,及时强化所学知识,当堂消化,当堂巩固,以防遗忘。要掌握低龄学生的遗忘特征,特别是一些重要的知识,教师可以通过多种形式加以强化。

步骤五:布置作业。指在学习新知识之后,教师给学生布置练习题或思考题,这也是整个课堂教学程序中的最后一个环节。在幼儿教育中,教师布置的作业很少是书面上的,多是一个活动,主要是能最大限度地激发孩子学习兴趣和动力,促进他们思维的积极活动,如观察一个现象,做一个小游戏;同时,布置的作业不宜太难。

从以上的步骤可以看出,在课堂教学的不同阶段讲授的目的、功能是不同的:起始阶段作引发铺垫性的讲授,可以提供给学生相关的知识情境,打开学生的思路;新课讲授阶段作剖析释疑性的讲授,可以使学生茅塞顿开,加深对知识的理解;结束阶段,作总结强化性的讲授,可以帮助学生形成知识的网络结构,贮存在大脑里,达到巩固记忆的目的。

2. 讲授型教育活动中的注意事项

(1)选择合适的讲授内容。在新课程教学中,在确定了以学定教的原则后,需要教师根据学生的情况和基础选择合适的教学方式和教学手段。有的教学内容,如概念的定义、现象的解释就常常需要使用讲授型教学方法。

(2)讲授要富于启发性。在讲授型教学中,教师要注意启发和引导学生思考。因而,有效的提问在讲授型教学中就显得尤为重要。古人云:学起于思,思源于疑。因此,在课堂教学中教师要有意识地设置一些与本节教学内容相关的问题,使学生产生疑问,激发探求问题奥妙的积极性。

(3)注重讲授的趣味性。教学情境以实际问题为切入点,是新课程的一个特点。在讲授过程中,尽可能地使讲授的内容贴近学生的生活实际,或辅助以画图、通过学生手工操作,增强学生的感性认识,将抽象的知识现象寓于生活事例中。

(4)注意与其他教学法的融合。在众多教学方法中讲授法是最古老、最基本的方法,有它的优势,但过多的讲授会让不同层次的学生出现不同程度的掉队情况。针对这样的现象,在课堂教育的过程中,应该结合多种方法,在与其他教学方法综合运用时,特别应该扬长避短。如与操练法、游戏法等结合,讲授法充当帮助理解和总结归纳的角色。

第二节　探究型幼儿教育活动的实施

活动一　大班科学教育"宇宙探索"活动的实施

一、活动情境与任务

主题活动　　　　大班科学教育"宇宙探索"活动的实施

2022年11月29日,神舟十五号载人飞船在酒泉发射成功。第二天下课的时候,大班的几个小朋友围成一圈,七嘴八舌地讨论。小明说:"太空中有很多奇妙的东西,还可能有外星人呢。"妞妞问:"太空是什么颜色的呢?他们会看到我们地球吗?""太空是黑的,就是一个大黑洞。"一个小朋友回答。"不对,太空是亮的,太阳多亮啊!"另一位小朋友争辩说。大班的科学教育老师李老师听到小朋友们的讨论,就跟他们解释:"宇宙呢,是最大物体,无所不包,包括太阳、月亮,还有我们的地球,还有很多其他星球。"小朋友还不满意,追着问李老师:"还有什么星球呢?""他们会爆发星球大战吗?""那么我们可以到宇宙中别的星球去住吗?"

看到小朋友们这么有探究的兴趣,李老师想趁此机会,为孩子们精心设计宇宙探索系列主题活动,让幼儿在宇宙知识的主题网站上自主、合作地探究宇宙的相关知识。通过探究,理解宇宙的概念,了解宇宙的几大星系,最后能用语言和图画的形式表达出自己的理解。

二、活动分析

要完成信息化环境下的探究型主题教育活动,首先需要了解探究型教学模式。其次需要搜索"宇宙探索"相关主题资源,设计主题资源网站。然后组织幼儿开展信息化环境下的探究活动,最后还要做好评价和总结。

(一) 活动计划

1. 搜索与整理主题网站的资源

确定主题,使用网络搜索引擎搜索有关宇宙、太空的知识,尽量以图片和视频的形式呈现资料。将各个知识建立不同的子主题,并且建立主题之间的联系。

2. 制作主题探究网站

选择一种网页制作工具,或者用学过的网页制作的相关技术,制作"宇宙探索"主题的网页。

3. 开展探究型活动

将大班的幼儿按异质分组,3～5人一组,开展主题探究活动。

4. 绘制整理探究成果

组织幼儿将探究结果用语言组织或者以绘画的形式表达出来。

5. 全面交流,评价总结

对照活动要求,每个组的代表交流探究结果,教师和其他组幼儿进行评价总结。

(二) 所需知识技能

(1) 文本资源的搜索与下载。

(2) 动画、视频资源的搜索与下载。

(3) 主题网站的设计与创建。

(4) 网页中文字、图片、视频和音频的添加与编辑。

(5) 网站的保存与发布。

三、方法与步骤

(一) 设计探究任务

信息化环境下的探究型学习,一般是指网络环境下学生一人一台电脑的探究活动,或者小组几个幼儿一台电脑的环境。主要以任务驱动,通过幼儿自主、合作、探究的形式完成学习任务。

1. 探究任务的来源

探究活动要有明确的任务,任务要具有一定挑战性。探究任务的来源有两种:一种是来源于对已有教材或课程的二次开发;二是来源于幼儿身边真实的生活,感兴趣的事情。任务的布置要一开始就强调,并且在探究过程中重申强化。

"宇宙探索"主题教育中,教师可以以角色扮演方式完成学习任务:

宇航员:语言介绍到太空中都要做哪些准备,用图画太空中看到的地球是什么样子的。

天文学家:语言介绍宇宙有哪几大星系,图画表达太阳系有哪几大行星,语言介绍日食是怎么形成的,或者用图画一次日食。

2. 确定学习目标

幼儿探究型主题活动的目的主要是通过幼儿亲身的经历来建构他们自己的知识。充分强调幼儿是学习的主体,给幼儿充分的时间思考和探索,注重培养幼儿自主研究性学习的能力。鼓励幼儿积极参与小组探索、讨论,以愉快的情绪与他人合作。发展幼儿的语言表达、交流的能力。学习目标应以幼儿课程标准为依据,分析学习任务与相关学习内容,确定幼儿完成该任务应该掌握的知识、技能以及情感态度的变化。

> "宇宙探索"主题教育中,活动目标可设定为:对宇宙有初步的感知。能说出宇宙的几大星系及太阳系的几大行星。知道月亮、地球和太阳三者的简单关系。通过探究的实施,增强合作的意识、交流的能力。了解宇航员升空的过程,增强宇宙探索的兴趣。

3. 设计探究任务的注意事项

探究任务最好与幼儿的生活相关联,并用幼儿易于理解的语言表达出来,便于激发幼儿的探究动机。探究任务应该具有开放性和层次性,使得幼儿能够根据自己的兴趣和能力选择。

> "宇宙探索"主题教育中,针对不同幼儿的学习者特征,图画表达和语言表达两种形式可以任选一种。对于有基础知识积累的孩子还可以设计更高层次的任务,由教师提供相关专业宇宙探索网址,进行更深入的探索。

(二) 搜索并整理"宇宙探索"主题的相关资料

1. 搜索相关文字和图片资料

从幼儿的角度看,宇宙的知识有地球和太空,行星、恒星及人类对宇宙的探索等几大方面。从幼儿身边熟悉的事物出发,主要是太阳、地球和月亮这三者的关系及太阳系、银河系等相关知识。大班幼儿的识字能力还不是很强,不能够完全自主阅读,所以搜索资料要尽量以图片说明问题,辅以必要的文字。

(1) "宇宙探索"相关文档的获取。在互联网中,存在大量的 Word 文档,该类文档是经过文本编辑软件处理过的资源,在教学资源中具有重要的价值。接下来,以获得与"宇宙探索"有关的 Word 资源为例,介绍获得这类资源的方法。

① 打开百度搜索引擎(https://www.baidu.com/)。

② 输入"宇宙探索 filetype:doc"或者"宇宙探索. doc"。

③ 单击【百度搜索】按钮,出现搜索后的资源列表。

④ 在"DOC"后的标题上右击"另存为",保存文件。

(2) "宇宙探索"相关图片资料的搜索。

① 打开百度的搜索引擎,单击"图片"标签。

② 输入关键词"宇宙",单击【百度一下】按钮,出现搜索后的资源缩略图列表,如图 4-2-1 所示。

③ 选择合适的图片,单击进入链接页面,显示较大的图片。

④ 右击,在弹出的快捷菜单中选择"图片另存为"命令,选择本地电脑存放地址,保存图片。

2. 搜索宇宙探索的相关视频和动画资料

幼儿对音频、视频的内容非常感兴趣。行星运行、宇宙大爆炸的猜想都是无法亲身体验探究的,借助动画的形式能够很好地模拟事物的运动和变化的规律。如用动画的形式演示日食的形成,月亮如何运行到地球和太阳的中间,遮住太阳的光,形成日食等。

当网页为 Flash 动画提供下载链接时,直接右键"另存为"下载即可,省去了查找下载地址的麻烦。如果没有下载链接,可使用下列办法:

(1) 查看源文件。在 IE 中,点击菜单栏中的"查看"下的"源文件",当前网页的代码会被记事本打开。在记事本中,按[Ctrl]+[F],弹出查找对话框,在"查找内容"下,填入"swf",点【查找下一个】按钮,就可以找到 Flash 文件的链接(例如 http://download.macromedia.com/pub/shockwave/cabs/flash/a.swf)。再用下载工具下载即可。

图4-2-1 百度搜索"宇宙"照片

（2）查看临时文件夹。网络中的动画播放时，自动地下载到计算机的本地临时文件夹中，位置在C:\Documents and Settings\用户名（一般为Administrator）\Local Settings\Temp目录下。临时文件夹属于系统文件夹，直接在里面搜索文件不能显示出文件大小，给我们带来了许多麻烦。复制一个IE临时文件夹可以避开这一点。在上一步中，进入IE临时文件夹后，点工具栏上的"向上"按钮，再复制该文件夹。然后在备件的文件夹中按［Ctrl］＋［F］查找，选"所有文件和文件夹"，在下一步中填入文件名"＊.swf"，再点查找。查找完后，点"大小"栏中的"大小"按钮，让文件从大到小排列。一般要找的动画文件较大，很快就可以找到。

（三）设计网络主题网站

随着电脑和智能手机的普及，现在的幼儿从小接触智能手机和电脑，有些孩子已经能够制作PPT演示文稿，大部分的孩子都具有基本的网页浏览能力，因此可以开展部分网络环境下的探究。但是幼儿的自控力、上网目的性还不强，不能完全提供开放的因特网，需要教师为幼儿设计制作专门的主题网站，辅以必要的专题"宇宙探索"相关网站。

1. 主题网站的结构组成

主题学习网站是一个基于网络的主题资源型教学系统，应该为幼儿提供完成主题探究的基本服务，因此它至少应包括主题结构化知识（包括对幼儿应该掌握的基础知识进行结构化处理）、拓展性学习资源（包括各种图片、动画、视频影像、动听的背景音乐）、学习工具等3个基本组成部分。

> "宇宙探索"主题网站，一级标签可以分为奇妙的太空、行星、恒星、人类探索等几大部分，每一部分还可以细分小类。每一类别可以按文件格式分为图片、视频、动画等。还可以开发设计有关游戏和学习工具。

2. 网站创建工具的选择

SharePoint Designer是常用网页制作工具，可以使用该工具为幼儿创建探究主题网站。另外，还可以选择其他的网站工具，如专业网站工具Dreamweaver、Office的网页工具FrontPage。

FrontPage是一款常用的网页制作软件，其界面与Word文字软件有着很多相同之处，它可以像使用文字处理软件那样输入文本、插入图片，是一款"所见即所得"的网页编辑软件。

教师根据自己的技术能力、软件下载的便利性、软件使用的熟练程度、软件的功能几大方面进行选择。

3. 网站的保存与发布

网站制作完成后,需要把站点文件上传到网络服务器中,供幼儿浏览和探究。将网站的文件夹上传到服务器的方法有很多种,一般采用FTP方式,将自己的站点文件夹按照规定的格式复制到网络服务器中,上传文件要整体上传。成功上传之后,还要对上传的网页进行检测调试,保证网页之间链接的正确。

(四) 组织与安排探究活动

网络环境下的探究活动具有较大的灵活性,为了有效开展探究,教师要根据实际情况,对整个探究内容与进度做出规划。其时间跨度可以是几个周、几天,也可以是几个课时的安排。

1. 探究活动的流程

设计制作好专题网站之后,做好活动整体规划,就可组织安排班级孩子开展宇宙探究活动了,教学流程如图4-2-2所示。探究活动的流程是:情境导入—明确任务—合作探究—交流展示—总结评价等几大环节。

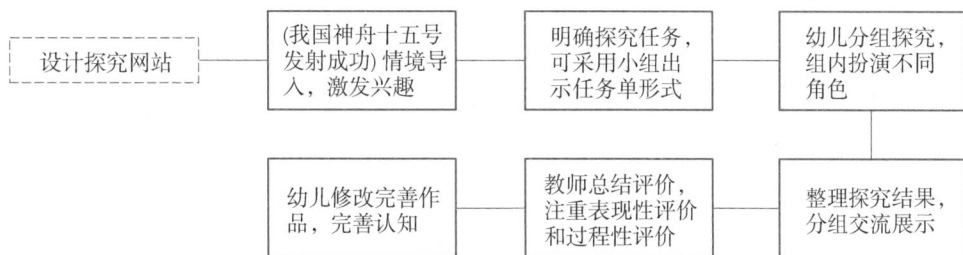

图4-2-2 "宇宙探索"探究性教学流程

2. 自主探究中教师的主导作用

信息化的环境为幼儿探究拓展了时空,利用信息化网络环境下的主题网站,能够较为全面地提供探究的内容,幼儿应该在教师的引导下开展探究活动。对于自主探究的学习活动,教师需要预设好组织和指导策略,不断强化任务,随时解决幼儿网络探究中出现的问题。让课堂在放手的同时也能够收得回来,避免出现网络环境下的"放羊""迷航"现象。

3. 合作探究中教师的指导策略

为了培养幼儿的合作能力,探究活动往往采用小组合作的形式开展。教师需要特别关注合作小组的结构设计和活动分工。小组人数控制在4~6人,设立小组长一名,并注意采用"组内异质,组间同质"的原则进行分组。

(五) 设计探究活动评价

探究活动的评价要有过程性评价和结果性评价两大类。过程性评价主要评价幼儿的探究能力、合作情况、学习态度等;结果性评价主要是针对探究任务,评价探究成果的情况。幼儿的探究评价要多使用表现性评价,还可以使用量规的工具。

1. 表现性的评价方法

表现性评价是指通过观察学习者在完成实际任务时的表现来评价学生已取得的发展成就的评价。表现性评价中涉及的任务是实际的、具体的,不是远离社会真实情境的,且学习者在处理实际任务时运用已有的知识、技能,表现出真实水平。表现性评价可以评价幼儿"做"的能力,与教学活动有密切联系。

"宇宙探索"主题活动中,教师采用表现性评价,用数码相机及时捕捉孩子们在探究过程中的照片,在完成任务和绘画过程中的照片,及时给予过程性的评价。还可以为"宇宙探索"专题设置绘画展示墙,开展教师评价与小组互评,激发幼儿的兴趣。

2. 量规的评价工具

量规是一种结构化的定性与定量相结合的评价技术,一般都具有评价要素、指标、权重、分级描述这几个基本构成要素,常以二维表格的形式呈现。但这并非是一个机械的规定,有时量规可能缺少权重或等级描述,而且形式也可能多种多样。

例如"宇宙探索"主题活动中,可以设置的评价量规见表4-2-1。

表 4-2-1　幼儿课堂表现评价量表

项目	A级	B级	C级	个人评价	同学评价	教师评价
认真积极 25分	认真听讲,积极举手发言,积极参与讨论与交流	认真听讲,有参与讨论,能举手发言	无心听讲,极少参与讨论,很少举手			
与人合作 25分	善于与人合作,虚心听取别人的意见	能与人合作,接受别人的意见	缺乏与人合作的精神,难以听进别人的意见			
探究能力 25分	解决问题的过程清楚,探究过程有计划	有解决问题的能力,但条理性差些	探究缺乏计划性,不能独立解决问题			
成果评价 25分	能用不同方式呈现探究的结果,表达清晰	能用一种方式呈现探究结果,表达一般	没有探究成果产生,表达不清晰			

注:总分为100分,最后取值为教师评、同学评和自评分数按比例取均值。

活动二　大班语言教育"有趣的汉字"活动的实施

一、活动情境与任务

主题活动　　　　　　　**大班语言教育"有趣的汉字"活动的实施**

　　汉字是中华文化的瑰宝,是中华民族智慧的结晶,是中国悠悠历史长河厚重感之承载。它在我们生活中随处可见,每个字背后都有许多有趣的故事。千百年来的风俗礼仪、伦理道德、哲学思考、审美意识等,都隐藏在一个个的汉字演变过程中,值得我们去探寻,去思考。《幼儿园教育指导纲要(试行)》提出,要培养幼儿对生活中常见的文字符号的兴趣。幼儿园大班张老师认为,给幼儿介绍中国文字,既贴合幼儿生活,又有助于幼儿开拓视野;既符合大班幼儿的认知发展,又有助于幼小衔接工作的开展。

　　张老师设计了语言教育活动"有趣的汉字",让幼儿初步感知汉字的发展变化、汉字结构之间的联系,培养幼儿对汉字特征的敏感性,在观察和想象的过程中体验发现的喜悦,对汉字产生浓厚的兴趣。

二、活动分析

　　探究型主题教育活动以幼儿的兴趣为出发点,开展一系列的活动。在活动开展之前,幼儿需要教师的支持、帮助和引导。开展"有趣的汉字"主题活动前,需要搜集与整理所需要的主题资源,设计以问题解决为核心的探究任务;然后,组织幼儿开展探究活动,做好过程评价和总结。

(一) 活动计划

1. 整理探究活动教学资源

确定探究主题,使用网络搜索引擎搜索有关汉字的相关知识,尽量多以图片、动画、视频等来呈现,还需准备对应的游戏道具等。

2. 设计探究任务

围绕"有趣的汉字"主题,从不同的角度开展探究,设计不同的主线任务,建立不同主线之间的联系。

3. 开展探究活动

按照幼儿的兴趣点及动手能力,建立小组;根据任务主题分小组探究,通过观察、调查、假设、实验等活动提出解释,并形成结论。

4. 设计探究活动评价

分阶段交流展示幼儿的探究成果及进展。幼儿通过表达和交流,检验或者修正自己的解释,幼儿及教师实时给予评价。

（二）所需知识技能

（1）探索型教学活动方案的设计与准备。

（2）信息技术环境下教学情境的创设。

（3）信息化资源的选择与使用。

三、方法与步骤

（一）确定主题活动目标

确立主题活动目标是开展探究活动的基础，目标在活动中起指导性的作用。主题活动目标应适宜幼儿年龄特点，具体指向明确。

"有趣的汉字"主题教育活动目标：

（1）培养幼儿对中国文字的兴趣，引导幼儿了解中国汉字的起源。

（2）关注周围环境中的汉字，愿意参与识字活动，认识常见汉字，感受文字的艺术美。

（3）能根据图画、象形字认读相应的汉字，培养幼儿的合作能力。

（二）设计探究任务

任务的设计要关注目标的落实。教师布置的每一项任务都应建立在目标落实的基础上，这样才能让学生在自主探究过程中保持正确的方向。每项任务可以简单概括为"利用怎样的研究材料，通过怎样的探究路线，解决怎样的问题"。

如图 4-2-3 所示，"有趣的汉字"探究任务可以设计为以下几个活动：

（1）活动一：汉字的由来。对应活动目标：培养幼儿对中国文字的兴趣，引导幼儿了解中国汉字的起源。

（2）活动二：汉字的秘密。对应活动目标：能根据图画、象形字认读相应的汉字，培养幼儿的合作能力。

（3）活动三：生活中的汉字。对应活动目标：关注周围环境中的汉字，愿意参与识字活动，认识常见汉字，感受文字的艺术美。

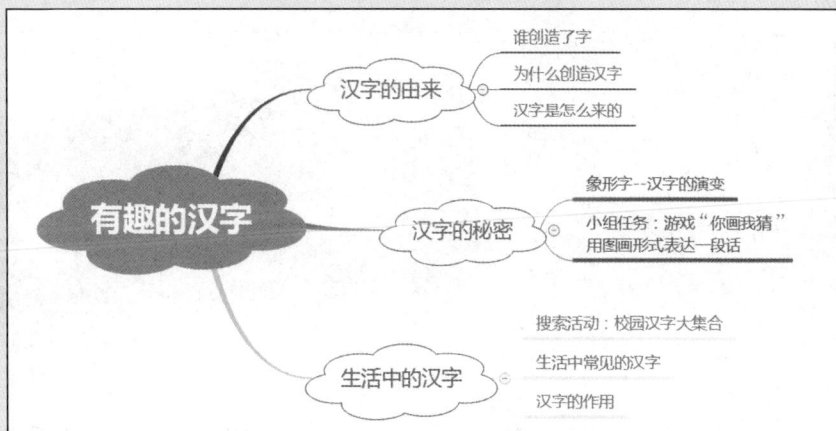

图 4-2-3 "有趣的汉字"探究活动

（三）准备"有趣的汉字"探究活动相关资源

准备探究活动资源时应关注活动材料对探究活动的影响。给幼儿提供探究的资源既要说明问题又要简单易操作,从幼儿的角度来准备活动资源,通俗易懂并且有趣。

1."有趣的汉字"活动相关文字和图片

搜索一些简单的象形字图片(象形字)、一些简单的字谜谜面(猜字谜游戏)、生活中常见的汉字场景等图片文字资料。

象形字图片,例如:

看图(象形字的图)猜字图片,例如:

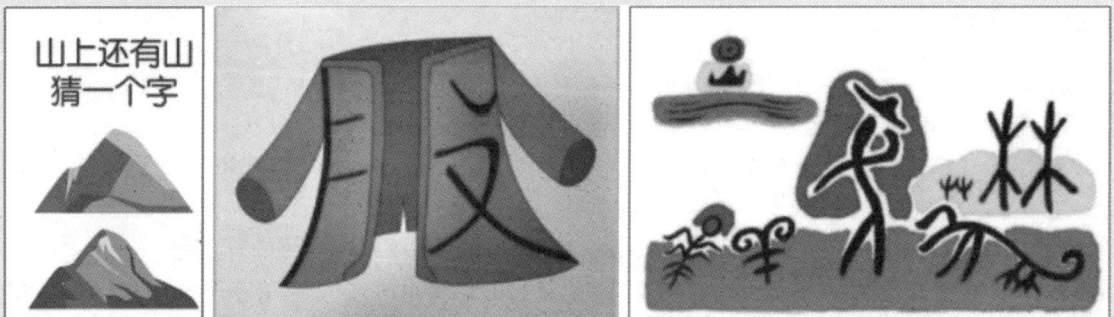

生活中场景,例如:

2."有趣的汉字"活动相关视频和动画资料

活动中,应尽可能多地给幼儿准备有趣的、易懂的动画、视频类资源,从视频资源中探究问题,寻找答案。

"有趣的汉字"活动相关视频和动画资料,例如:

　　科普儿童视频《仓颉造字》

　　趣味讲解汉字《字有道理》

　　《神奇的汉字故事》

　　纪录片《"字"从遇见你》

　　《36个字——象形字动画》

　　象形字的一些 Flash 动画

　　……

(四) 组织安排探究活动

探究式主题活动目的在于通过开展有意义的活动,激发幼儿的好奇心和创造力,培养其学习能力,增强其社交能力。教师可以依据幼儿发展情况,相应地调整内容和时间。

"有趣的汉字"活动安排如下:

首先教师对班级学生分组,一般3～5人一组。

1. 情境导入

通过图片、录像、故事等形式,引导幼儿初步了解主题,并启发他们提出问题。让导入成为吸引学生的法宝,为每堂课设计一个3分钟的导入环节,最好是游戏类活动。兴趣是学习的第一动力,学生有了学习兴趣,就能在接下来的探究活动中表现出持续的探究动力,为保证探究活动高效开展奠定基础。

"有趣的汉字"游戏导入:

　　教师:我们在探究活动之前,来玩一个连线的游戏。在屏幕上有两种汉字,一种是我国最早的汉字——甲骨文,一种是我们现代的简体汉字。你们能找出相同的字吗?以小组为单位讨论,每个小组选一个同学到屏幕前将相同的字连线。

　　学生讨论并积极参与游戏。

　　教师:我们早期的汉字多以形似为主,像一幅画一样。后来,人们为了方便,就慢慢简化它们。现在的汉字就是从最早的象形字演变而来的。汉字在我们生活中非常重要,这次活动我们一起来探索有趣的汉字的前世今生。

　　……

2. 明确任务

明确要探究的主题活动的任务,让学生知道最终要完成什么任务。

"有趣的汉字"明确任务:

　　"有趣的汉字"可以分为3个任务开展探究,结合任务单,以小组合作形式开展。

　　第一个任务,让幼儿探究汉字的由来。幼儿通过动画、视频、文字等材料,解决谁创造了汉字、为什么创造汉字、汉字是怎么来的等问题。

　　第二个任务,让学生探索汉字的秘密,知道从象形字到现在汉字的演变。学生通过教师准备的材料及游戏(你画我猜)的方式,巩固对象形字的认识;并能用象形字表达一段话,加深对象形字的认识。

　　第三个任务,让学生讨论生活中的汉字。让学生在校园里完成搜索汉字的任务,让学生知道汉字在我们生活中的重要性;学生通过对生活中常见汉字场景的探究,知道汉字的作用等。

3. 合作探究

通过观察、实验、讨论等方式,让幼儿深入了解主题。每个幼儿参与探讨的同时,在组内承担不同的角色,可以是观察者,可以是记录者,幼儿按照自己的特长承担小组的不同任务。在探究过程中,教师作为辅助者,随时解决幼儿在探究中出现的各种问题。

小组合作

我们小组的名字:＿＿＿＿＿＿＿＿＿＿＿＿＿

我们小组的分工:

姓名	承担的任务	对应的成果
	调查	
	记录	
	演讲	
	……	

我们小组在探究过程中需要改进的地方:＿＿＿＿＿＿＿＿＿＿＿＿＿

……

4. 交流展示

整合幼儿的探究成果,引导他们形成初步的知识结构。根据活动内容及幼儿的探究成果,展示设计制作成果,如调查报告、观察日记等。

交流展示:

各小组针对探究任务整理探究成果,交流探究的方法、步骤、遇到的问题、如何解决、最终的成果等,也可以是重要观点分享和主要问题讨论。

最后,分小组交流展示(形式不限)小组整理的成果。

5. 总结与评价

教师对活动进行总结与评价。在活动过程中,教师应观察了解儿童的行为表现,并在不同阶段评价和分析。

活动结束后,教师应对整个探究活动进行总结与评价,评估活动的有效性,发现活动的优缺点并改进,以便随时调整活动的内容、方法及形式。可以从活动内容和目标、活动组织与实施、幼儿参与度和合作性、活动成果和效果等维度,评价活动。例如,在"有趣的汉字"主题活动中,可以针对活动的评价维度,设置评价内容,见表4-2-2。

表4-2-2　探究式活动总结评价维度与内容

评价维度	评价内容
活动内容和目标	活动是否富有趣味性和挑战性? 活动是否清晰地定义了目标和期望结果? 活动能否促进幼儿探索和发现新知识?
活动组织与实施	教师是否为活动提供了充分的支持和指导? 教师是否能够激发幼儿的好奇心和兴趣? 活动是否能够充分考虑幼儿的兴趣和需求?

续　表

评价维度	评价内容
幼儿参与度和合作性	幼儿是否充分参与了活动？ 幼儿能否积极地和其他幼儿合作？ 幼儿是否表现出好奇心和探究精神？
活动成果和效果	活动的结果是否符合预期的目标？ 幼儿是否在活动中获得了新的知识和技能？ 活动是否促进了幼儿的情感和社交发展？

四、相关知识与技能

（一）探究型教育活动的概述

1. 探究型教育理念的提出

现代教育的活动理论认为：学习是一个主动建构的过程，知识是学习者经过同化、顺应机制而建构起来的经验体系。学习活动必须成为儿童主动探索、自我思考、观察比较、提问讨论的过程，教师是儿童发展的支持者，他的基本任务是促进幼儿主动学习。在我国基础教育的改革评估标准中提出了我国基础教育改革理念与策略：倡导探究性的学习。即改变课程实施过程过于强调接受学习、死记硬背、机械训练的现状，倡导学生主动参与、乐于探究、勤于动手，培养学习收集和处理信息的能力、获得新知识的能力、分析和解决问题的能力以及交流与合作的能力。

2. 探究型教育活动的内涵

探究型教育活动，是指在教师指导下，学生以类似科学探究的方式获取知识、应用知识、发展能力的学习活动；是一种化被动接受为主动探讨，化知识注入为思想沟通，化单向吸收为多方面交流的主题教育活动。

探究学习是从学科领域或现实社会生活中选择和确定探究主题，在教学中创设一种类似学术（科学）研究的情境，学生在教师指导下通过自主、独立地发现问题，实验、操作、调查，搜集与处理信息，表达与交流等探索活动，获得知识、技能、情感与态度发展的学习方式和学习过程。

哈斯特（Harste, 1993）说："教育一旦被看作是一种探究式的活动，就会产生一些重大改变。教育的中心将转向学生的学习，而教学的任务则变成如何去支持探究活动的开展。"那么，作为幼儿学习活动的支持者、合作者、引导者的教师，如何在幼儿一日生活的各个环节中密切关注幼儿的探究兴趣，有机生成各项适合幼儿探究的学习与游戏活动，并且从环境的创设、活动的组织、活动的指导、活动的评价等环节入手，不断促进幼儿探究性活动的开展，成为一个值得研究的课题。

3. 探究型教育活动对幼儿发展的作用

探究是幼儿学习的天性，是幼儿主要的学习方式和活动方式。探究性学习活动关注幼儿认知结构的发展及问题的解决，更关注幼儿的学习过程，关注幼儿学习过程中的体验与感受，关注幼儿学习的创造性、主体性人格的培养，使幼儿的天性得以生长、发展，为创新精神和实践能力的形成和发展奠定基础，使幼儿的多元智能得到全面发展，使幼儿真正成为主动的探索者，让他们从小在自主探究的活动中锻炼自己，养成良好的学习品质，获得终身发展的能力和知识。

对幼儿来说，在探究型活动的开展过程中，一方面能够获得内心的自我满足，并伴随主动体验，可以对周围的事物和人群形成新的认识，对事物的内部结构产生新的感知，对人和人之间的关系产生新的体会；另一方面，由于幼儿在活动开展过程中必须发挥主动性，因此其参与性更强，学习效果更好，效率也更高。需要指出的是，探究型教育活动从本质上说是一种幼儿自我参与的活动。在这种活动中，教师提出的各种外在教育目标的强制性应被弱化，教学活动应成为真正意义上"教育无目的"理念的体现，它将更接近幼儿的最近发展区，并为幼儿留下一定的生成空间，不会使幼儿产生紧迫感。这种富有弹性、充满生成活力的课程能让每一位孩子获得最大限度的成功感和自主学习的能力，从而实现从"孩子追赶课程"到"课程追随孩子"的转变。

(二) 探究型教育活动的特征

幼儿真正有意义、有价值的学习经验往往来源于他们在一种自然、自主状态下主动建构的知识,而我们目前所实施的"探究型主题活动"正是这样一种低架构、高开放、多元化的学习模式,它打破了传统教学中的单一性和封闭性,在时间和空间上充分地开放,在内容和方式上充分地多元化,让幼儿能根据自己的兴趣,尽兴地探索、活动,变被动学习为主动学习,变接受性学习为探究性学习。探究型教育活动具有下列特征。

1. 开放性

探究型教学是一种开放性教学。探究型教学方法容纳了发现法、自学辅导法等先进教法的优点。在教学实践中,学生学习空间是开放的,学生可以从校园走向社会,只要是学生需要的,都可以成为学生探究的内容和专题;学习途径是开放的,学生可以检索计算机网络、图书馆、媒体,走访社会有关部门,采访各方面的专家等;学习结论是开放的,鼓励学生就研究的问题提出自己的独特见解。探究型教学与探究性学习的内容,是以社会为背景,以丰富多彩的生活为源泉的。如宇宙探索探究主题,可以安排幼儿参观科技馆、到阅览室看书等。

2. 主动性

探究型教学方法要求教师主动地探究教材教法,指导学生开展探究性学习。教师的作用不只是传授知识,还要主动去学习,丰富自己。学生在探究学习中主动性更为突出,表现为学生根据自己的兴趣、爱好、疑问,自主选择探究,参与确定对自己有意义的学习目标,主动定出学习进度;参与设计评价指标,在解决问题中学习,在学习中投入情感与体验,充分发挥学习的积极性与主动性。主动地使学生的学习从被动吸收发展成为主动探究。

3. 合作性

在探究型主题教育中,学生在独立研究、互相探讨的过程中必然会发生思想碰撞,这种碰撞的火花是师生之间、生生之间合作探究的产物。探究型教学要求学生在独立学习的基础上,强调合作精神。他们的小组讨论、社会调查等都需要合作,并且要求以小组为单位陈述观点。

4. 问题性

探究型教学以问题为中心,能否提出对学生具有挑战性和吸引力的问题并使学生产生问题意识,是进行探究教学的关键。问题意识会激发学生强烈的学习愿望。问题意识是指问题在学生心里造成一种悬而未决但却必须解决的求知状态。没有强烈的问题意识,就不可能激发学生认识的冲动性和思维的活跃性,更不可能激发学生的求异思维和创造思维,从而也就无从探究、发现。

5. 整合性

探究型教学是针对某个问题进行教学,它包括信息吸收、分析归纳、成果表述等环节,实现了多种能力的整合。探究性学习内容常常是跨学科的,学生面临的问题往往是复杂的、综合性的,需要在探究教学中整合、应用多方面的知识才能予以解决。

(三) 设计幼儿探究型活动的模式

1. 幼儿探究活动的一般模式

探究型活动有多种不同的模式,主要有 WebQuest、MiniQuest、ThinkQuest、Big6 等。其中,WebQuest 是网络环境下最常见的探究模式。

WebQuest 即基于互联网的探究性学习,指在互联网络的技术支持下,充分利用网络链接、网上资源,开展一系列的学习活动。目前采取的形式多为,通过教师为教学编制的主题网站,有组织、有计划地利用网络资源,引导学习者实施和完成 WebQuest 课程计划。其实质是在网络环境下的一种任务驱动式的学习方式。根据对学习者要求的不同层次及完成任务所需时间的长短,WebQuest 分为以下两种:短期 WebQuest 是希望学生能够就某一个问题获得比较全面的认识,即获得知识,通常控制在 1~3 个课时内完成;长期WebQquest 对学生提出了更高的要求,即拓展和精炼知识,通常控制在 7~30 天内完成。

探究型主题活动的组织环节一般为:创设情境—启发思考—自主探究—协作交流—总结提高,如图4-2-4所示。

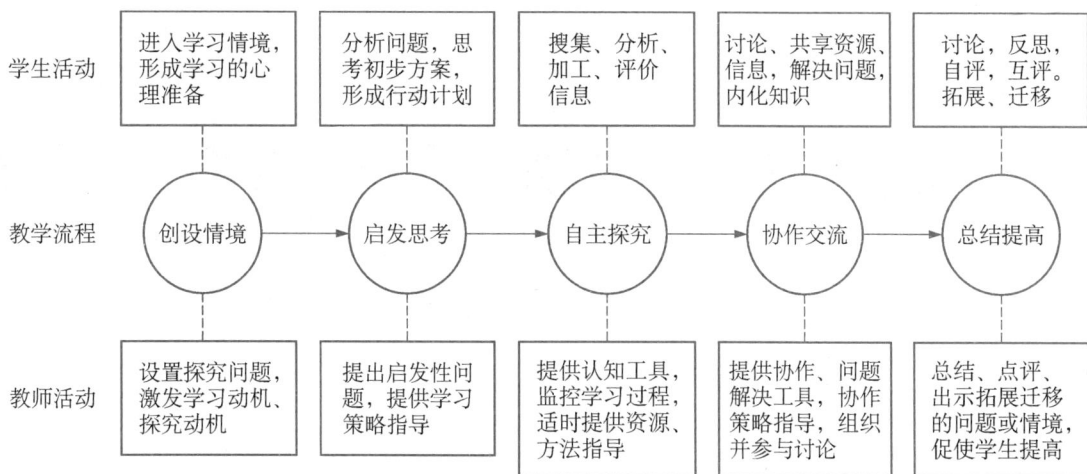

学生活动	进入学习情境，形成学习的心理准备	分析问题，思考初步方案，形成行动计划	搜集、分析、加工、评价信息	讨论、共享资源、信息，解决问题，内化知识	讨论，反思，自评，互评。拓展、迁移
教学流程	创设情境	启发思考	自主探究	协作交流	总结提高
教师活动	设置探究问题，激发学习动机、探究动机	提出启发性问题，提供学习策略指导	提供认知工具，监控学习过程，适时提供资源、方法指导	提供协作、问题解决工具，协作策略指导，组织并参与讨论	总结、点评、出示拓展迁移的问题或情境，促使学生提高

图 4 - 2 - 4 探究教学模式图

2. 探究活动教学设计要点

充分做好探究前准备，在探究活动中让学生充分"动"起来，注意活动后的分析和交流。在设计探究学习时需要注意几点：

（1）使学生获得亲身参与研究探索的体验。

（2）培养学生发现问题和解决问题的能力。

（3）培养学生搜集、分析和利用信息的能力。

（4）培养学生学会分享与合作。

（5）培养学生的科学态度和科学道德。

（6）培养学生对社会的责任心和使命感。

3. 幼儿探究型活动评价策略

（1）以肯定、激励的语言评价幼儿。为了让课堂教学评价发挥其激励幼儿积极参与、主动探索的作用，教师应注重以肯定为基调，以激励为原则对幼儿进行评价。

（2）教师在评价幼儿的操作中要把解决具体问题的思路与方法教给幼儿。

（3）评价要能引发幼儿更深入的探索。思维是一个层层递进的过程，评价的目的就是在此过程中推动幼儿的思维进程，这是对幼儿自我发展需要的满足。只有能够激励幼儿进一步探究，推动其思维进程的评价，才是有价值的评价。

（4）注意评价的个体差异性。不同的孩子具有不同的思维水平和行为能力，教师的评价应当如实地体现出这些差异。

第五章

信息技术支持下的幼儿园其他相关工作

第一节　技术支持的活动优化

一、活动情境与任务

主题活动　　　　　　　　　　幼儿活动计划的制订

　　为了更好地开展学习活动,幼儿园在学年初都会制订本学年的学习计划。现在好孩子幼儿园中班初步确定了"春夏秋冬"作为本学年的活动主线,即按四季分为4个主题活动,分别了解4个季节的季节特征、代表性的动植物等,每个主题活动的时间为一个半月。

　　作为中(1)班的班主任,需要制订详细的学年活动计划,包括设计活动主题,确定活动时间、活动目标,确定每个主题中包含的学习活动、生活和游戏活动内容等。学习计划的内容必须科学合理,符合幼儿的认知特点和发展需要。同时,学习计划的表现形式必须条理清晰,详略适当,让人一目了然。

　　本活动将使用思维导图软件 XMind,制作幼儿园中班的学习计划。通过确定主题及主题之间的关系,学会更好地使用思维导图进行信息的处理与表达,提高信息处理能力。参考样例如图 5-1-1 所示。

二、活动分析

　　思维导图是表达发散性思维的有效的图形思维工具,图文并重,把各级主题的关系用相互隶属与相关的层级图表现出来,将放射性思考具体化,已在全球得到广泛应用。

　　XMind 是一款易用性很强的软件,通过绘制树形图、逻辑图、组织结构图等,以结构化的方式展示具体的内容,可以使人们时刻把握计划或任务的全局,提高学习和工作效率。

(一) 活动计划

1. 交流与讨论

　　制订的幼儿活动计划应该包括哪些方面的内容? 一个主题活动的时间为一个半月,除了"春""夏""秋""冬"4 个主题活动之外,是否需要设计其他的主题活动? 每个主题活动应该计划哪些方面的内容?

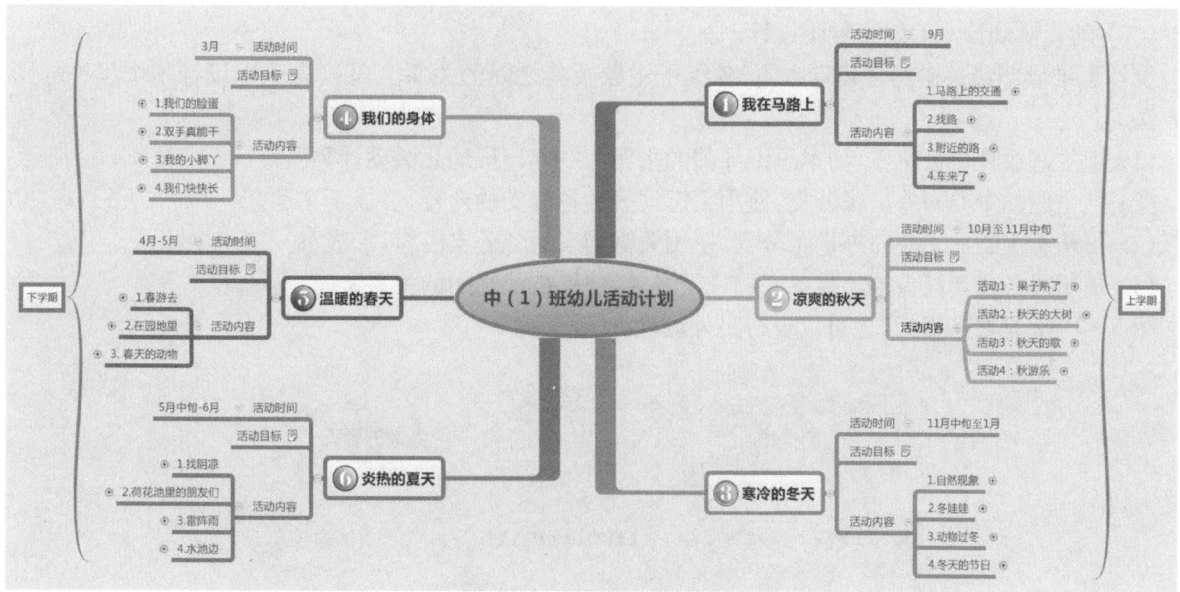

图 5-1-1 参考样例

2. 幼儿活动计划的制作

设计并使用思维导图软件 XMind 制作幼儿活动计划,确定各个活动主题,并建立主题之间的关系。

3. 幼儿活动计划的美化

为了让活动计划看起来更加清晰、美观,根据需要设置思维导图的格式,包括设置主题的字体、字号,线条的颜色,以及插入图片进行美化等。

4. 幼儿活动计划的导出

为了更方便地浏览和使用活动计划,可以根据需要将活动计划自 XMind 中导出成图片格式或者其他格式。

5. 自我检查与交流分享

对照活动要求,检查使用思维导图制作的幼儿活动计划,并与班级中其他小组进行交流与分享。

(二) 所需知识与技能

(1) XMind 下载与安装。

(2) 思维导图文件的新建和保存。

(3) 思维导图中主题、子主题的插入、编辑和删除,主题的展开和搜索。

(4) 思维导图格式的设置,包括主题特性的设置,思维导图风格的应用,图标的插入,主题的排序,概要、图片的插入,下钻和上钻功能的使用等。

(5) 思维导图文件的导出,包括全部主题、部分主题以及某一个主题的导出。

三、方法与步骤

(一) 讨论幼儿活动计划

1. 整个计划应该设计几个活动主题

中(1)班初步确定了"春夏秋冬"的活动主线,即共包含 4 个活动,每个活动的时间为一个半月,每个学期还应该设计一个主题活动,如可以设计"我在马路上"和"我们的身体"两个主题活动,分别在学期初开展。

2. 对于每个主题活动,应该做好哪些方面的计划

如对于"秋"这个主题活动,应该确定:活动的名称、活动的时间及活动的目标,活动的内容和形式即该主题活动应该设计哪些学习活动、生活活动或游戏活动。

（二）幼儿活动计划的思维导图设计

设计思维导图最关键的是确定主题、各级子主题及其之间的关系。可以先手工设计一个思维导图，具体方法为：

（1）把主题放在中央位置，如本思维导图的主题为"中（1）班幼儿活动计划"。

（2）从主题的中心向外扩张分支，使用关键词表达各分支的内容，形成子主题。

（3）再从子主题的中心向外扩张分支，使用关键词表达各分支内容，形成下一级子主题。

（4）使用线条或者箭头等连接各主题或子主题，建立彼此之间的关系。

图 5 - 1 - 2 是参考形式，也可以自行另外设计。

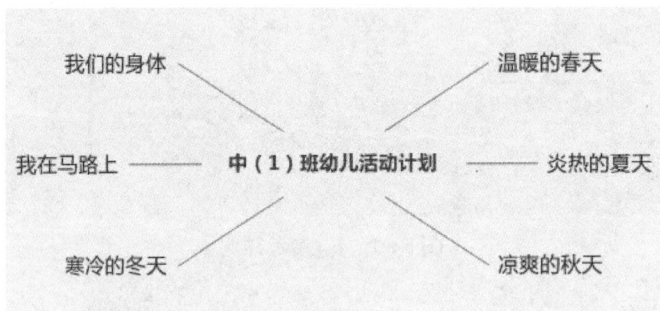

图 5 - 1 - 2　初步设计的幼儿活动计划思维导图

（三）运行 XMind 软件，认识 XMind 软件窗口界面

（1）运行 XMmind，新建工作簿。在电脑桌面找到图标，双击即可启动 XMind 软件。打开之后，点击"新建空白图"按钮，即可新建一个工作簿，名称为"无标题"。

（2）讨论：XMind 和常见的办公软件（如 Office）窗口界面有哪些相同点和不同点，菜单栏、工具栏是否相同，哪些工具不同。尝试这些工具的用途。

（3）认识 XMind 窗口界面。认识思维导图软件 XMind 中的菜单栏、工具栏、画布编辑区、视图面板区中的面板等，如图 5 - 1 - 3 所示。

（4）单击"文件"→"另存为"命令，在弹出的对话框中，选择保存到指定的文件夹，输入文件名"中（1）班幼儿活动计划"，保存类型为"XMind 工作簿"。

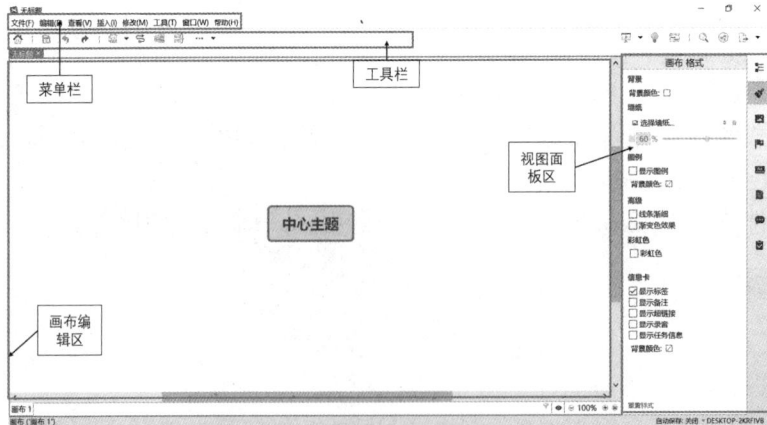

图 5 - 1 - 3　XMind 窗口界面

（四）使用 XMind 制作幼儿活动计划的思维导图

1. 创建幼儿活动计划的中心主题

新建一个 XMind 工作簿时，在画布中会默认出现一个中心主题，名称为"中心主题"，双击"中心主题"，输入"中(1)班幼儿活动计划",按回车即可完成修改。

2. 创建幼儿活动计划的分支主题

按照设计的计划,中(1)班的幼儿活动分成6个主题活动,因此需要创建6个分支主题。

(1) 插入分支主题:单击中心主题"中(1)班幼儿活动计划",单击"插入"→"主题",在画布中会出现一个分支主题,名称默认为"分支主题1",如图5-1-4所示。

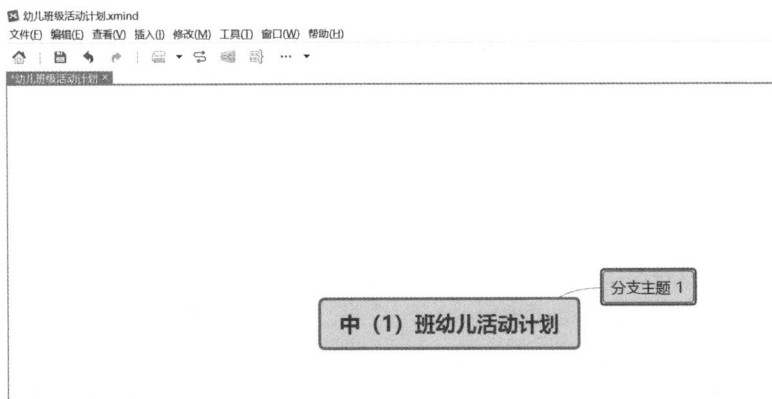

图 5-1-4 插入分支主题

(2) 修改分支主题名称:双击"分支主题1",输入"温暖的春天",按回车键完成修改。

(3) 使用同样的方法,再依次插入分支主题"炎热的夏天""凉爽的秋天""寒冷的冬天""我们的身体""我在马路上"。结果如图5-1-5所示。

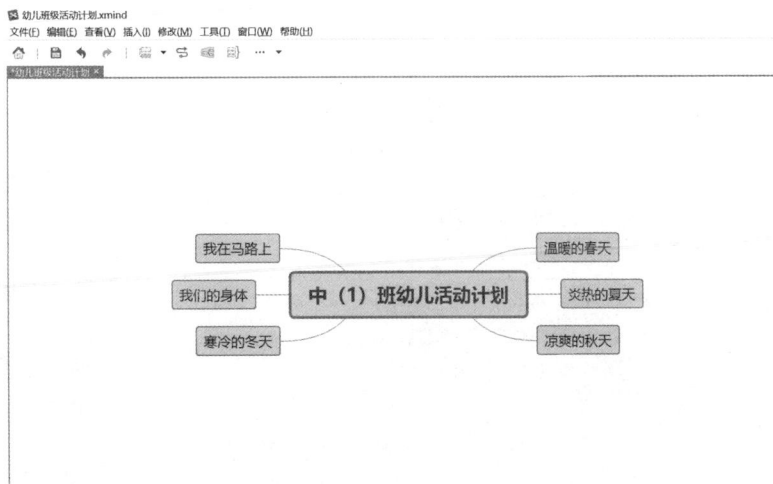

图 5-1-5 插入分支主题的结果

3. 以"凉爽的秋天"主题活动为例,制订详细的活动计划

对于每个主题活动,活动计划应包括活动时间、活动目标、活动的内容和形式等内容。

(1) 插入子主题"活动时间":右击"凉爽的秋天",在弹出的快捷菜单中选择"插入"→"子主题",输入"活动时间"。右击"活动时间",选择"插入"→"子主题",输入"10月—11月中旬"。

(2) 插入子主题"活动目标",并使用"备注"填写活动目标。右击"凉爽的秋天",选择"插入"→"子主题",输入"活动目标"。

为使思维导图看起来规范简洁,一般使用关键词表达各分支的内容,大块的文字内容可以使用"备注"的形式输入。

右击"活动目标",选择"插入"→"备注",会出现编辑框,可进行活动目标的输入,如图5-1-6所示。输入完毕点击画布中的其他区域即可。

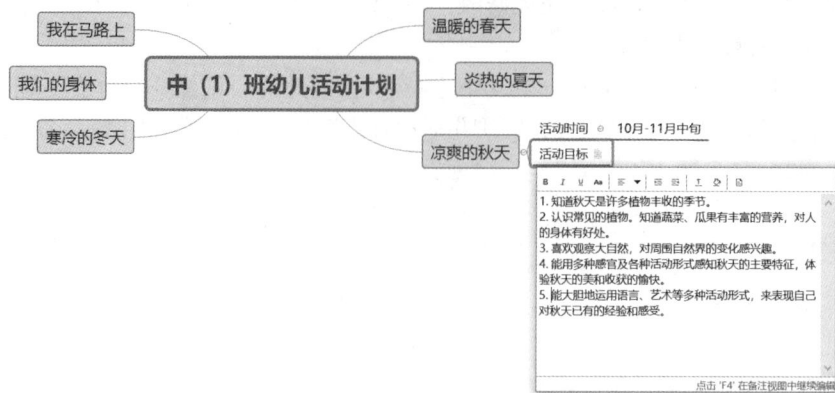

图5-1-6 "备注"编辑框

（3）插入子主题"活动内容"，并进一步细化。右击"凉爽的秋天"，选择"插入"→"子主题"，输入"活动内容"。

右击"活动内容"，选择"插入"→"子主题"，输入"活动1：果子熟了"。

右击"果子熟了"，选择"插入"→"主题"，输入"活动2：秋天的大树"；使用同样的方法分别插入"活动3：秋天的歌"和"活动4：秋游乐"。

细化"活动1：果子熟了"的内容：右击"活动1：果子熟了"，选择"插入"→"子主题"，输入"学习活动"。单击"学习活动"，按回车键，创建子主题"游戏和生活活动"。

右击"学习活动"，选择"插入"→"子主题"，输入"1. 小花籽找快乐"。选定"1. 小花籽找快乐"，按回车键，输入"2. 菜场里的歌"；再选定"2. 菜场里的歌"，按回车键，依次输入其他学习活动主题。

使用同样的方法创建"游戏和生活活动"的活动主题。结果如图5-1-7所示。

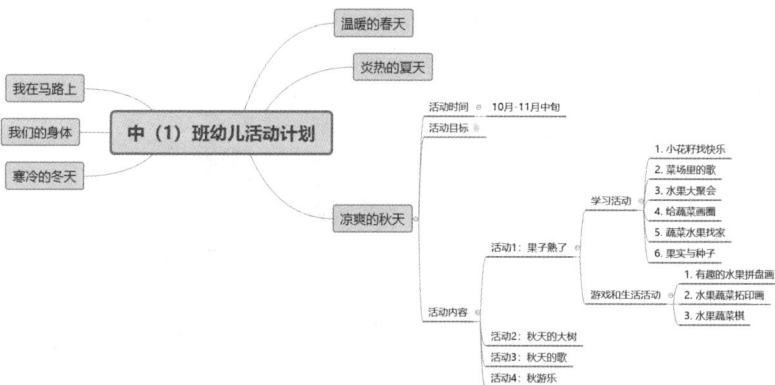

图5-1-7 "凉爽的秋天"活动计划

使用同样的方法，将"活动内容"中的其他活动进行细化。

点拨

拖曳：拖曳可以调整主题之间的顺序，如单击选定"游戏和生活活动"，按住鼠标左键不放，将其拖曳到"学习活动"的上方，可以调整两者的顺序，相应的子主题随之变换位置。

收缩与展开：单击"活动内容"后面的"减号" ⊖ ，可以将其所有子主题进行收缩，此时该符号变成"加号" ⊕ ，单击 ⊕ ，可将子主题展开。

---

4. 细化其他主题活动的活动计划

使用同样的方法，可以将其他几个主题活动的活动计划进行细化，结果如图5-1-8所示。

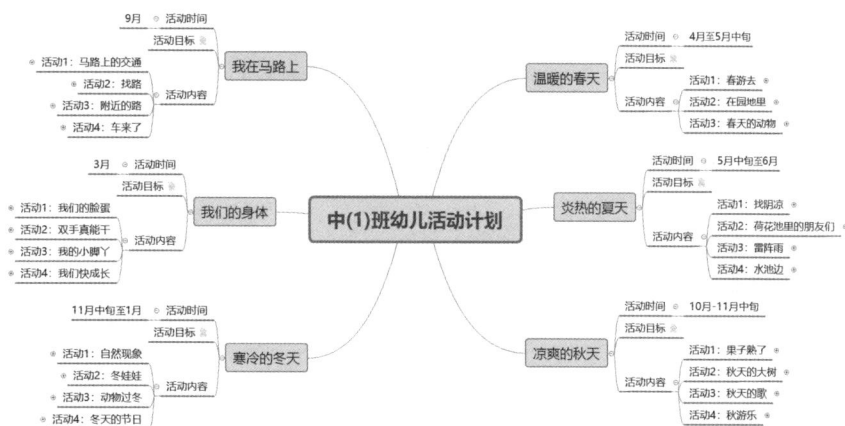

图5-1-8　中(1)班幼儿活动计划

5．总结与讨论

（1）对于某一个主题（如"学习活动"）来说，插入"主题"和插入"子主题"有什么区别？

（2）插入一个"主题"和"子主题"，分别有哪几种操作方法？

（五）幼儿活动计划思维导图的格式设置

为了使活动计划更加直观、清晰、醒目，可以设置思维导图的格式。

1．修改主题格式，使各级主题内容更加清晰。

XMind默认各级主题的字体大小各不相同，予以区分。用户也可以对字体进行设置。例如，选中主题"凉爽的秋天"，在"格式"视图面板中，可以对文字的属性进行设置。此外，在"格式"面板中，还可以对主题的结构、文字、外形、线条的形状等进行设置，如图5-1-9所示。

点拨

如果格式面板没有在视图面板区中显示出来，可以单击"窗口"→"格式"，将其显示出来。

2．使用XMind提供的"风格"，快速设置思维导图格式

XMind提供了近30种风格，风格涵盖了对一个思维图的各种属性的设置，例如图的背景图片、背景颜色、线条的形状/颜色、主题的字体/颜色等等，用户可以根据主题选择合适的风格。

图5-1-9　"特性"视图

操作方法为：单击"窗口"→"风格"，在画布左侧视图中会出现近30种风格，双击要选择的风格即可。由于本思维导图是幼儿活动计划，因此可以选择"卡通"风格，修改思维导图风格如图5-1-10所示。效果如图5-1-11所示。

3．插入"图标"，使主题有序排列

主题有序排列，可以使思维导图看起来更加直观。图标是具有某些特殊含义的标准图片，在项目管理、日常计划以及任务管理等活动中有广泛的应用。XMind提供了一系列经常使用的图标。下面按照活动的时间为各个主题插入优先级图标，并使各个主题按照优先级排序：

（1）选中主题"我在马路上"；

（2）点击"图标"→"任务优先级"；

（3）选择优先级图标中的图标①；

（4）使用同样的方法，按照活动时间依次为各个主题活动添加优先级图标。

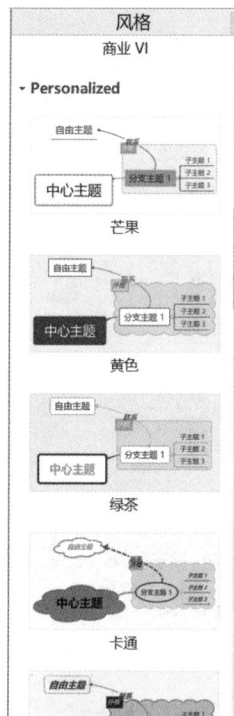

图 5-1-10 设置思维导图的风格

图 5-1-11 卡通主题风格效果

（5）右击中心主题"中（1）班幼儿活动计划"，在快捷菜单中选择"主题排序"→"按优先级"，即按活动时间完成排序。排序结果如图 5-1-12 所示。

图 5-1-12 将主题活动按优先级进行排序

选中主题"中（1）班幼儿活动计划"，在"格式"面板中，将结构"思维导图"改成"平衡图（向下）"，结果如图 5-1-13 所示。

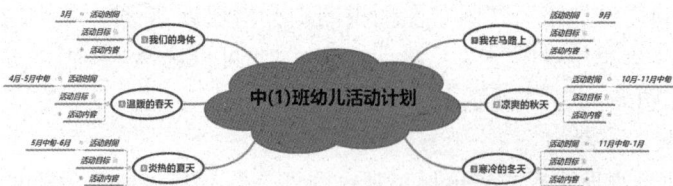

图 5-1-13 "思维导图"改成"平衡图（向下）"

4. 插入图片，图文并茂

思维导图可以插入图片，做到图文并茂。如在"凉爽的秋天"的各个主题活动中添加合适的图片，看起来更加形象直观。

（1）选中主题"活动 1：果子熟了"。

（2）选择"插入"→"图片来自文件"，在素材文件夹中，选择"果子熟了.jpg"，点击【确定】。

（3）拖动图片周围的控制点，调整图片的大小。

使用同样的方法，可以为其他几个主题添加合适的图片。结果如图 5-1-14 所示。

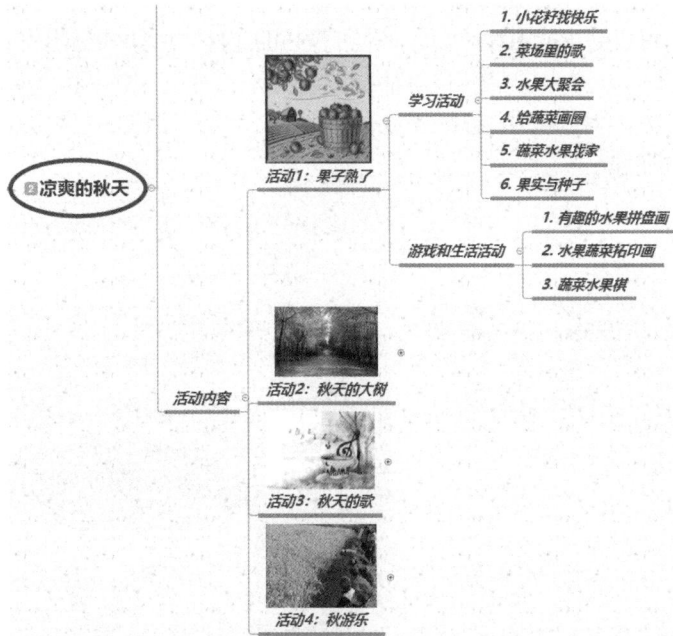

图 5-1-14 插入图片

5. 为一个或者多个主题添加"概要"，更好地表达意图

"概要"是为一个或者多个主题添加的文字性总结，可以更好地表达作者的意图。如本计划中，有 3 个主题活动是上学期开展的，3 个主题活动是下学期开展的，可以添加概要。

（1）选中要添加概要的主题：单击主题"我在马路上"，按住［Ctrl］键，单击主题"凉爽的秋天"，按住［Ctrl］键，单击主题"寒冷的冬天"；

（2）单击"插入"→"概要"，在概要中输入文字"上学期"。

使用同样的方法，为另外 3 个主题添加概要"下学期"，结果如图 5-1-15 所示。

图 5-1-15 添加概要

6. "下钻"当前主题，查看更多内容

在设计思维导图时，有时涉及的主题比较多或者主题的层级比较多，在同一个画布中浏览起来不方便，但是又不能破坏思维导图的结构，此时用"下钻"和"上钻"功能，可以更加专注于一个主题。

选中要下钻的主题"凉爽的秋天"，右击，选择"下钻"，结果如图 5-1-16 所示，暂时出现了一个以"凉爽的秋天"为中心主题的新图，可以通过点击上钻图标↑，返回原图。"下钻"功能在文件导出时特别有用。

XMind 还提供了很多其他格式设置的功能，可以按照需要进行设置，必要时可以查看"帮助"进行更多的学习。

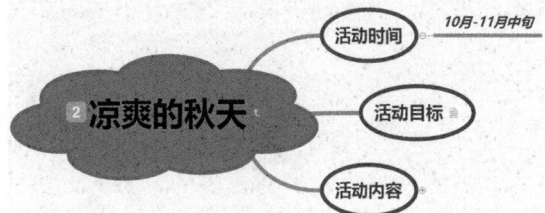

图 5-1-16 下钻功能

（六）幼儿活动计划思维导图的导出

使用 XMind 制作的思维导图文件的格式是 .xmind，即该文件只能用 XMind 打开，使用不方便。因此 XMind 提供了思维导图的导出功能，可以导出成图片、网页、文本等格式的文件。例如，把本思维导图导出成图片格式：

（1）单击"文件"→"导出"，在弹出的"导出"对话框中，选择"图片"，单击【下一步】，如图 5-1-17 所示。

（2）在弹出的"导出为图片"对话框中，选择需要的图片格式，如"JPEG 文件"，选择保存到的位置，单击【完成】即可，如图 5-1-18 所示。

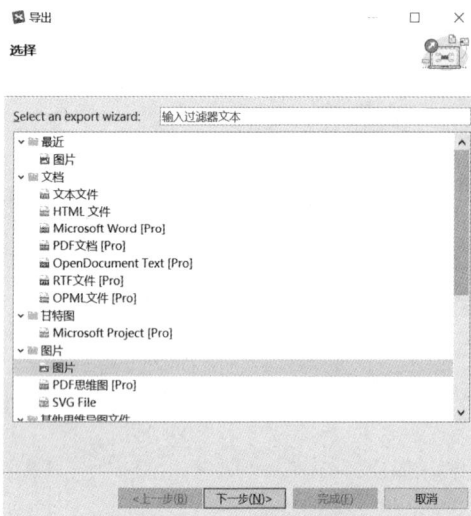

| 图 5-1-17 "导出"对话框 | 图 5-1-18 "导出为图片"对话框 |

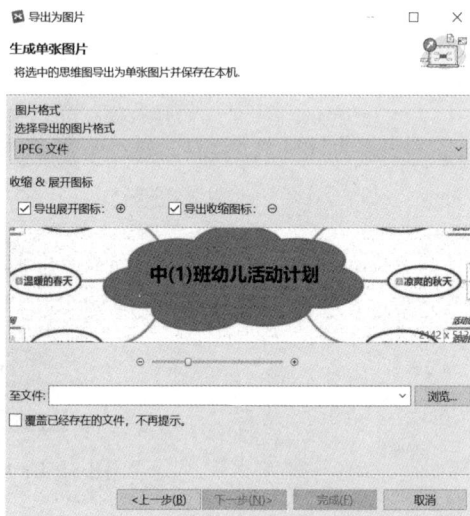

XMind 导出时是"所见即所得"，在窗口中收缩和展开的部分，在导出的文件中也会相应地收缩和展开。如图 5-1-19 和图 5-1-20 分别是文件中所有主题全部展开和部分展开时导出的图像。使用"下钻"功

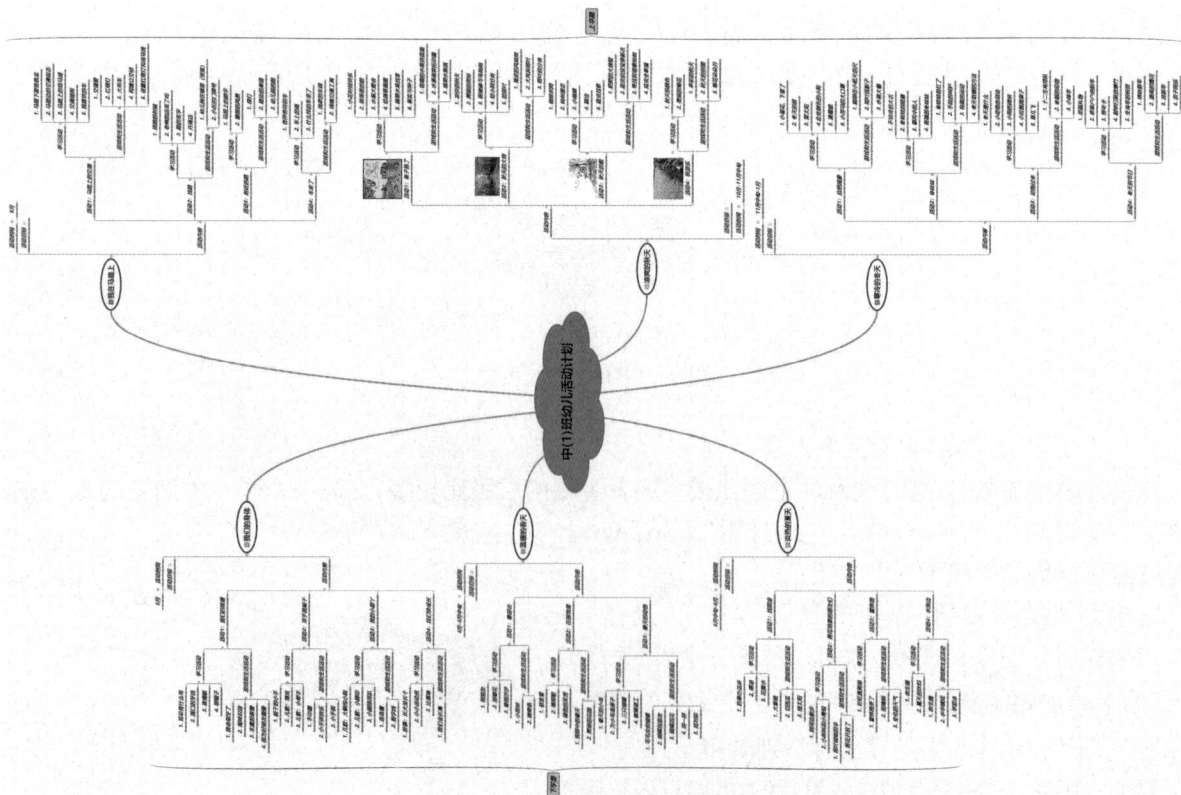

图 5-1-19 中（1）班幼儿活动计划

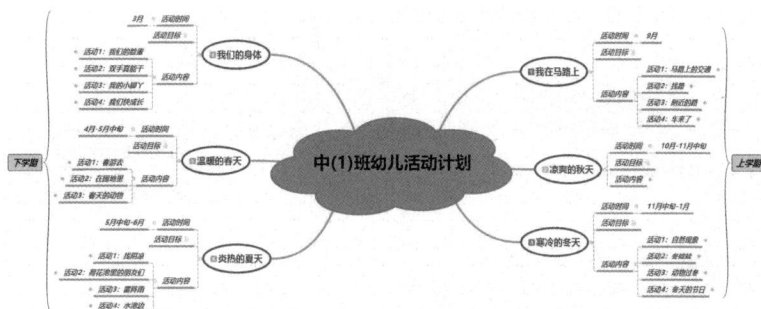

图 5-1-20 中(1)班幼儿活动计划部分展开

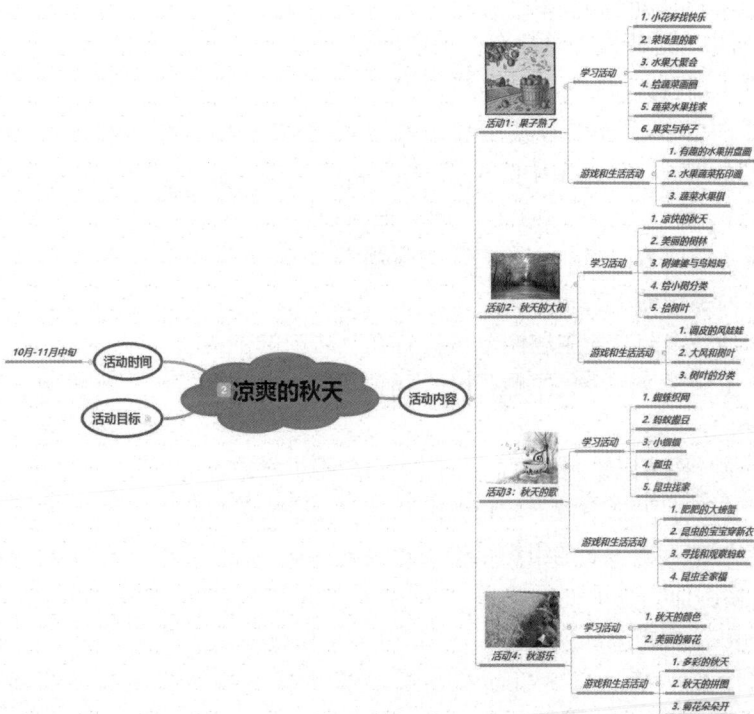

图 5-1-21 "凉爽的秋天"活动计划

能,可以只导出某个主题的内容,图 5-1-21 即为将"凉爽的秋天"下钻后导出的图像。

四、相关知识与技能

(一)思维导图的概念、类型与结构

1. 思维导图的概念

思维导图又称为心智图(Mind Map)、脑图、心智地图、脑力激荡图、灵感触发图、概念地图、树状图、树枝图或思维地图,是一种图像式思维的工具以及一种利用图像式思考辅助工具来表达思维的工具。它使用中央关键词或想法引起形象化的构造和分类的想法,以辐射线形连接所有的代表字词、想法、任务或其他关联项目的图解方式,即把各级主题及其之间的关系用相互隶属与相关的层级图表现出来,是一种将放射性思考具体化的方法,利于人脑的扩散思维的展开,已经在全球范围得到广泛应用。

2. 思维导图软件 XMind

目前绘制思维导图的软件很多,常见的有 XMind、FreeMind、iMindMap、MindMapper 等。其中 XMind 简单易用,是由商业软件进化成的开源软件,是一款顶级商业品质的思维导图和头脑风暴软件,支持多国语言,功能比较丰富,制作的思维导图也比较漂亮,以二维图、树形图、逻辑图、组织结构图等结构化的方式来展示具体的内容,可以运行在 Windows、Mac OS X 和 Linux 三大操作系统上。

3. 思维导图中5种类型的主题及其之间的关系

主题类型如图5-1-22所示。

(1) 中心主题:每一张思维图有且仅有一个中心主题。这个主题在新建图的时候会被自动创建并安排在图的中心位置。当保存新建图的时候,中心主题的内容会默认设置为保存文件的名字。

(2) 分支主题:中心主题周围发散出来的第一层主题即为分支主题。分支主题用来记录与中心主题相关的信息。

(3) 子主题:分支主题、自由主题后面添加的主题都称为子主题,子主题可以有自己的子主题。

(4) 自由主题:通常中心思想之外总会有些关键的,但是临时缺少合适位置的信息。这些信息都将以自由

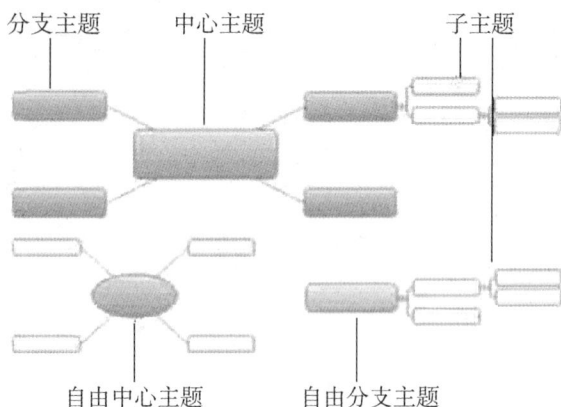

图5-1-22 XMind中的主题类型

主题的形式存在于思维图之中,甚至可以使用自由主题开始另外一个同中心主题并行的分支。XMind中,自由主题也有两种不同的形式——自由中心主题和自由分支主题,便于用户根据需要选用。

在新建一个主题时,主题、子主题、父主题之间的关系:

① 主题:添加分支主题或者与当前主题同级的主题。

② 子主题:添加当前主题的子主题。

③ 主题(之前):添加一个与当前主题同级但位置在其之前的主题。

④ 父主题:为当前主题添加一个父主题,即比当前主题高一级的主题。

4. 思维导图的结构

根据主题的不同思维导图可以绘制成不同的结构,以取得更好的表达效果。XMind提供了8款16种不同的结构,分别是思维导图、鱼骨图(向右发展的鱼骨图和向左发展的鱼骨图)、逻辑图(向右发展的逻辑图和向左发展的逻辑图)、组织结构图(向上发展的组织结构图和向下发展的组织结构图)、树状图(向左发展的树状图和向右发展的树状图)、平衡图(向下发展的平衡图、顺时针方向的平衡图和逆时针方向的平衡图)、时间轴(水平时间轴、垂直时间轴)、矩阵(横矩阵和列矩阵)。可以为整个思维导图或者某一个分支选择合适的结构。

(二) 思维导图的创建、编辑与文件的导出

1. 思维导图的创建——XMind的安装和启动

(1) 下载与安装:打开浏览器,在地址栏输入https://xmind.cn/,拉至网页最底端,找到"产品"→"XMind 8(经典)",在调转的界面点击【免费下载】。找到下载的exe程序,双击后按照提示完成安装。

(2) 启动:在桌面上找到图标 ![xmind.exe],双击即可启动XMind软件。启动之后,XMind会默认新建一个工作簿,名称为"未命名",默认包含一个画布"画布1",用户即可在画布中绘制思维导图。

(3) 插入画布:一个工作簿可以包含多个画布,通过"插入"→"新画布",可以在当前工作簿中插入新的画布。XMind中工作簿与画布的关系,类似Excel电子表格软件中工作簿与工作表的关系。

(4) 新建工作簿:通过"文件"→"新建",可以新建工作簿,即新建思维导图文件。如图5-1-23所示,可以选择XMind提供的思维导图模板来新建。

2. 思维导图的编辑

(1) 修改中心主题:双击中心主题,输入中心主题名称,按回车。

(2) 插入主题(或子主题):选中中心主题(或某个分支主题),在"插入"菜单中选择要插入的主题类型,要注意各种主题类型之间的关系,选择正确的主题。

(3) 修改主题的名称:双击该主题,输入主题名称,按回车。

(4) 删除主题:选中主题,按[Delete]键或者右击,选择"删除"。

(5) 修改主题的格式:选中主题,打开"格式"视图,修改该主题(或整个思维导图)的结构、文字、主题的

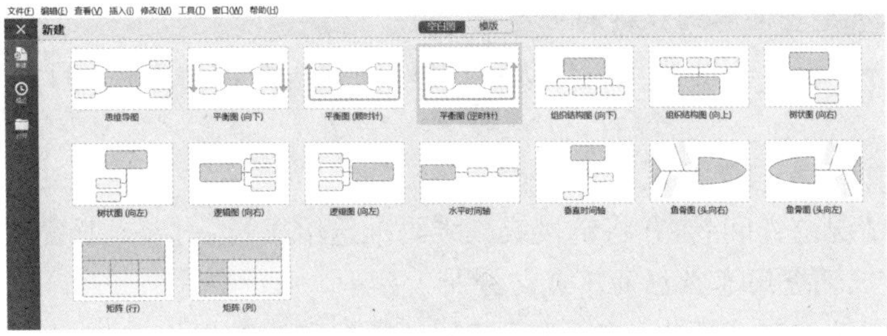

图 5 - 1 - 23　新建思维导图

外形、连接线的线条属性以及主题的编号等。如果"格式"视图面板没有在视图面板区中显示出来,可以单击"窗口"→"格式",将其显示出来。

(6) 插入图标、图片、附件、概要等内容:选中要添加的主题,在"插入"菜单中,选择合适的选项。

(7) 设置画布背景:点击画布中的空白位置,在"格式"视图中,可以修改画布的背景、墙纸等格式。

(8) 使用预设的思维导图的风格:风格涵盖了对一个思维图的各种属性的设置,包括图的背景颜色、线条的形状/颜色、主题的字体/颜色等。思维导图预设了近 30 种不同的风格,适用于不同的主题和用途。选择"窗口"→"风格",在风格视图中可以选择合适的风格。

3. 思维导图文件的导出

使用 XMind 制作的思维导图文件只能用 XMind 软件打开,但 XMind 提供了思维导图的导出功能,即可以将思维导图导出成图片、网页、Word、PPT、文本等格式的文件。方法为:

(1) 单击"文件"→"导出",在弹出的"导出"对话框中,选择要导出的文件类型,如"图片",单击【下一步】。

(2) 在弹出的"导出为图片"对话框中,选择需要的图片格式,如"JPEG 文件",选择保存到的位置,单击【完成】即可。

第二节　技术支持的幼儿行为观察与分析

一、活动情境与任务

主题活动　　　　　幼儿健康数据的采集、处理、分析与可视化

　　幼儿健康数据的采集与分析,有助于教师全面、客观地了解幼儿所存在的健康问题和生长发育状况,让教师能够有针对性地开展幼儿健康教育活动,提高幼儿健康意识,为幼儿的健康成长、科学保教提供重要依据。

　　问卷星是一个专业的在线问卷调查平台,能为教师提供在线问卷设计、数据采集等系列服务。利用问卷星可以很轻松地完成幼儿健康数据问卷的制定、发布与下载。本月的学习活动主题为"保护牙齿",为了更有针对性地开展教学,李老师想在活动前调查全班幼儿的口腔健康情况及生活习惯。

二、活动分析

(一)活动计划

1. 问卷星的注册与熟悉

在问卷星网注册账号,熟悉问卷星的基本操作,包括问卷类型选择、问卷创建、题目添加、选项设置等。

2. 幼儿口腔健康情况调查问卷的设计与创建

根据口腔卫生健康标准,结合幼儿年龄现状,设计好幼儿口腔健康情况调查问卷内容,并在问卷星中创建。

3. 幼儿口腔健康情况调查问卷的发布推送

发布幼儿口腔健康情况调查问卷,并将链接或二维码推送给家长,引导家长完成问卷的填写。

4. 幼儿口腔健康情况调查问卷数据的下载与分析

对问卷结果进行在线统计与可视化分析,并下载问卷数据和调查报告。

5. 基于调查问卷的幼儿口腔健康情况评价

基于调查问卷数据,利用 WPS 表格制作幼儿口腔健康情况评价表,针对全班幼儿口腔健康情况进行评价。

6. 交流与分享

对照活动要求,与班级中其他小组交流自己设计的幼儿口腔健康情况调查问卷及数据分析结果。

(二) 所需知识与技能

(1) 问卷星的注册与使用。

(2) 幼儿口腔健康情况调查问卷的设计、创建与管理。

(3) 幼儿口腔健康情况调查数据的下载、处理、分析与可视化。

三、方法与步骤

(一) 问卷星账号注册开通

注册问卷星账号:首先进入问卷星官网 https://www.wjx.cn,点击首页右上角"免费注册",按照提示输入手机号码,设置密码,如图 5-2-1 所示,完成基本设置之后,即可开通。

图 5-2-1 注册问卷星账号

(二) 幼儿口腔健康情况调查问卷的设计与创建

根据口腔健康标准及幼儿实际情况,幼儿口腔健康情况调查内容可以包括幼儿刷牙频率、刷牙习惯、牙齿健康状况、甜食食用情况等。

(1) 创建问卷:教师登录后,可以创建问卷。如图 5-2-2 所示,点击上方的"＋创建问卷"按钮,即可选择问卷类型。如图 5-2-3 所示,选择"调查"模块右侧的"创建",即进入问卷标题的设置。如图 5-2-4 所示,可输入标题"好孩子幼儿园口腔健康情况调查",然后,点击"立即创建"按钮,进入问卷编辑界面。

(2) 添加问卷说明:进入问卷编辑界面后,点击"添加问卷说明",输入说明内容后点击"确定"按钮,如

图 5 - 2 - 2　创建问卷

图 5 - 2 - 3　问卷类型选择

图 5 - 2 - 4　设置问卷标题

图 5 - 2 - 5 所示。

（3）添加题目：如图 5 - 2 - 6 所示，点击左侧"单选"，右边将出现相关的设置。输入题目"您的孩子多大开始刷牙"，输入选项内容"从长牙开始""2 岁""3 岁""3 岁以后"，并设置为"必答"，点击"完成编辑"，即成功添加，如图 5 - 2 - 7 所示。若选项超过两个，可点击"添加选项"添加。根据所设计的问卷，依次添加所有的题目。

（4）问卷预览：所有题目添加完毕后，点击右上角"预览"按钮，可查阅与检查问卷内容，如图 5 - 2 - 8 所

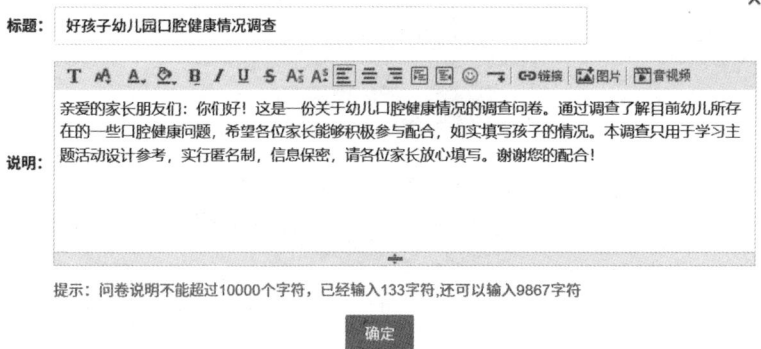

图 5 - 2 - 5 添加问卷说明

图 5 - 2 - 6 添加题目

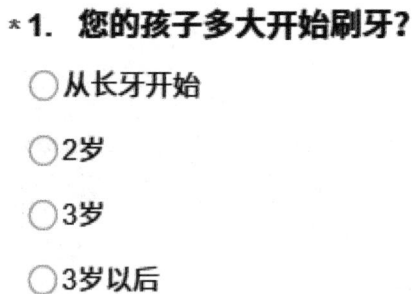

图 5 - 2 - 7 题目添加成功

示。检查无误，点击右上角"完成编辑"按钮。

（三）幼儿口腔健康情况调查问卷的发布推送

（1）问卷发布：问卷创建完成后，点击"发布此问卷"，即完成了基本设置，如图 5 - 2 - 9 所示。在调查过程中，可以多次重新编辑问卷或"发放问卷"。编辑问卷状态下，家长无法填写。

（2）问卷外观设置：点击"问卷外观"可选择与幼儿教育相匹配的背景，同时可设置文字格式、页眉页脚

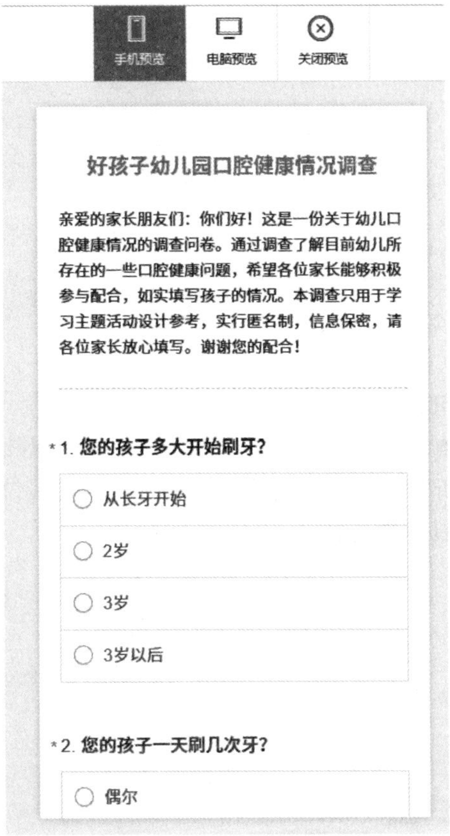

图 5 - 2 - 8 问卷预览

图 5 - 2 - 9 问卷发布

等内容,如图 5 - 2 - 10 所示。点击右下角"保存设置"按钮,完成外观设置。

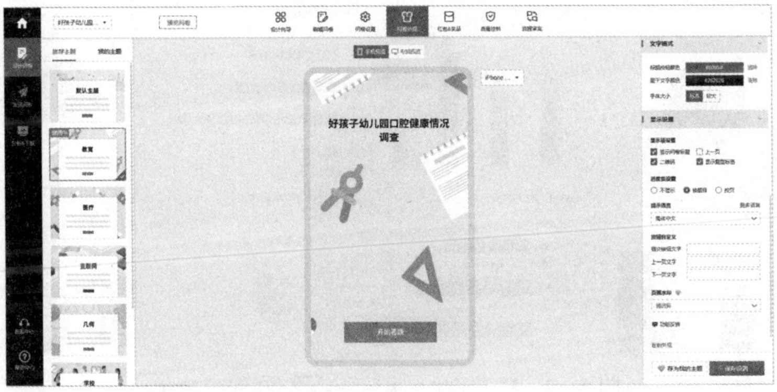

图 5 - 2 - 10 问卷外观设置

(3)问卷推送:点击左侧的"发送问卷",进入问卷链接与二维码界面,如图 5 - 2 - 11 所示。点击"复制",可直接复制问卷链接。或是鼠标移至二维码,如图 5 - 2 - 12 所示,将呈现二维码下载路径。将问卷链接或二维码发送给家长,即可收集幼儿口腔健康情况数据。

图 5 - 2 - 11　问卷发送链接　　　　图 5 - 2 - 12　问卷二维码

（四）幼儿口腔健康情况调查问卷数据的下载与分析

（1）问卷数据在线分析：问卷填写完成后，可进入问卷星平台，查看幼儿园口腔健康情况填报数据。如图 5 - 2 - 13 所示，点击"统计&分析"，即可查看具体的填写内容及在线统计结果。基于统计结果，教师能够初步了解幼儿口腔卫生基本习惯，具体数据如图 5 - 2 - 14 所示。

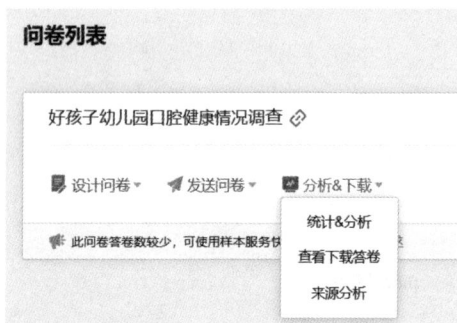

图 5 - 2 - 13　幼儿口腔健康问卷分析　　　图 5 - 2 - 14　幼儿口腔健康数据在线统计

（2）问卷数据在线可视化：问卷星提供在线的饼图、直方图等可视化图表，帮助教师直观地了解班级幼儿口腔卫生习惯及口腔健康状况。点击"数据大屏"，即可查看所有的可视化图表，如图 5 - 2 - 15 所示。同时，在每个图表左侧支持图表大小、类型、颜色等调整与修改，教师可基于教育教学目的，选择最合适的呈现方式。

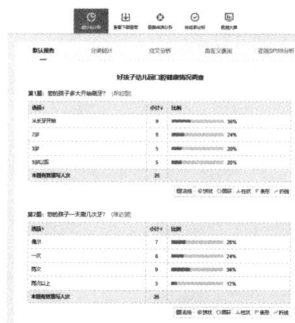

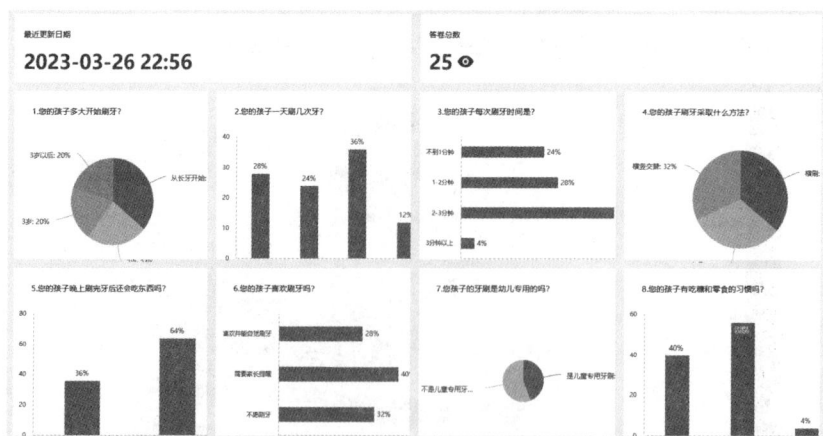

图 5 - 2 - 15　幼儿口腔健康数据在线可视化

（3）问卷数据及分析报告下载：如图 5 - 2 - 16 所示，教师可以点击左侧"报告"，下载幼儿口腔健康问卷调查报告。教师也可点击"下载答卷数据"→"按选项文本下载"，获取幼儿口腔健康数据具体信息，如图 5 - 2 - 17 所示。

图 5－2－16　幼儿口腔健康调查分析报告下载

图 5－2－17　幼儿口腔健康调查数据下载

（五）基于调查问卷的幼儿口腔健康情况评价

为了进一步分析与评估每一位幼儿的口腔健康现状，教师可以通过 WPS 电子表格，进一步梳理、统计与分析收集到的调查数据。

（1）制作幼儿口腔健康情况评价记录表：基于问卷内容，教师可以记录每一位幼儿的刷牙方法、刷牙习惯、卫生爱护等，如图 5－2－18 所示。通过 WPS 电子表格汇总每位幼儿的口腔健康数据，为后续评估幼儿的口腔健康具体情况提供工具支持。

图 5－2－18　幼儿口腔健康情况评价记录表

（2）记录表数据的统计：选中所有学生的调查数据，点击右下角的"快速分析"，选择"汇总"，即可按行、按列，用公式计算平均值、求和、百分比等。如图5－2－19所示，点击下方第二个"求平均值"，会自动统计出全班幼儿在刷牙方法、刷牙习惯、卫生爱护3方面的平均得分；点击下方第六个"求和"，会自动统计出每位幼儿口腔健康情况的总得分。

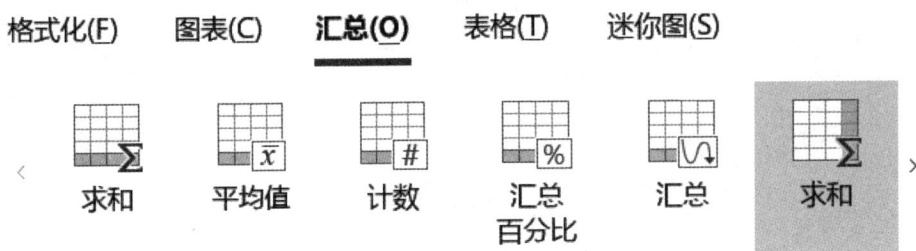

图 5－2－19　WPS 数据快速分析

（3）记录表数据的排序与筛选：点击"总得分"数据格，点击"开始"，定位导航栏右侧"排序和筛选"下拉列表，选择"自定义排序"，依次选择"总得分""单元格值""降序"，可按照总得分将幼儿口腔健康情况排序，如图5－2－20所示。同时，点击"快速分析"→"格式化"→"大于"，即可筛选出总得分大于15分的幼儿，帮助教师识别存在问题的幼儿，从而实施有效干预，如图5－2－21所示。

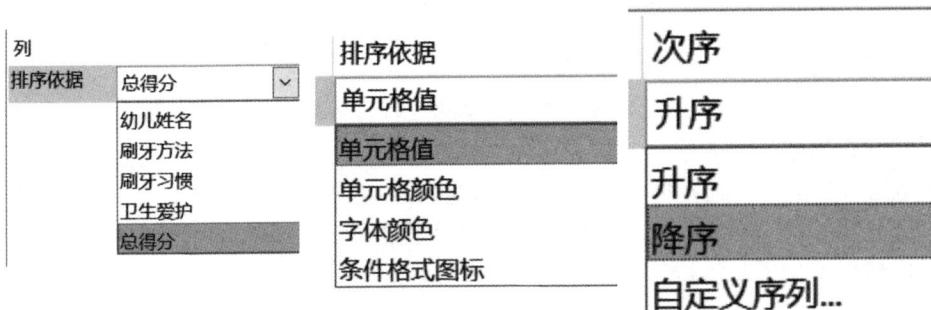

图 5－2－20　幼儿口腔健康总得分排序

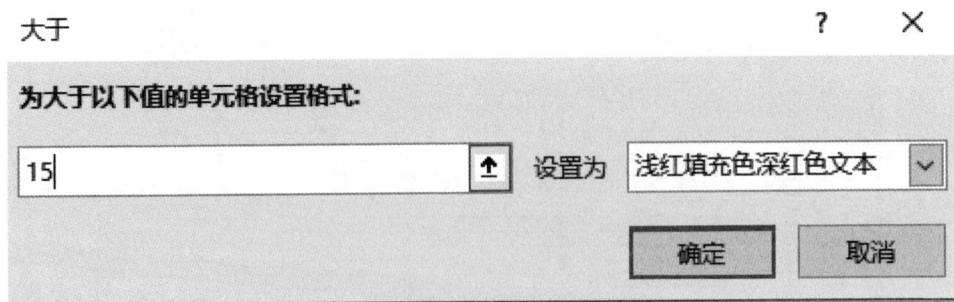

图 5－2－21　幼儿口腔健康总得分筛选

（4）记录表的可视化：WPS 电子表格可以将特定的行和列可视化。选中"幼儿姓名""刷牙方法""刷牙习惯"以及"卫生爱护"4列表格，在导航栏找到"插入"，点击后选择"图表"右下角箭头，进入图表类型选择界面。如图5－2－22所示，依次预览不同图表类型的可视化效果，选择最符合分析要求的，点击右下角的"确定"按钮，便可生成图表。

点击"图表标题"，可修改图表标题文字。选中图表，点击左侧"＋"，可以调整图表的坐标轴标题、数据

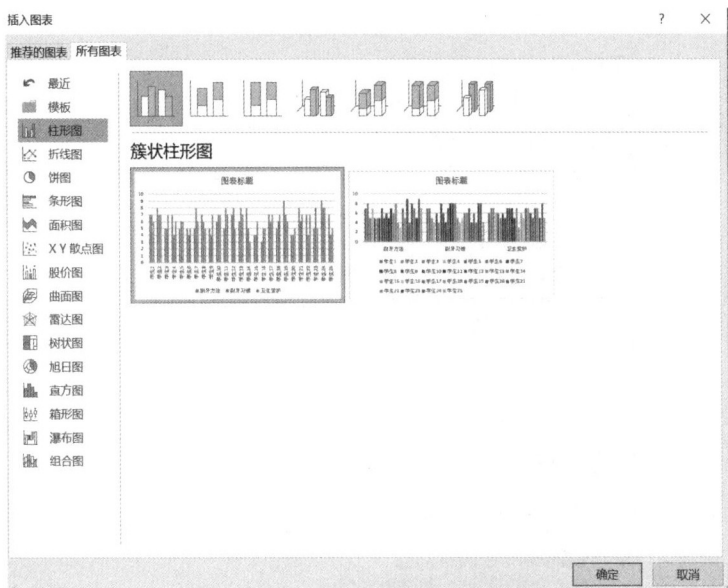

图 5 - 2 - 22　WPS电子表格图表类型选择

标签、图例、网格线等。点击左侧画笔,可以调整图表的样式与颜色,图表的调整操作分别如图 5 - 2 - 23、图 5 - 2 - 24 所示,最终调整后的"25 位幼儿口腔健康情况分析"图表如 5 - 2 - 25 所示。

图 5 - 2 - 23　图表元素调整

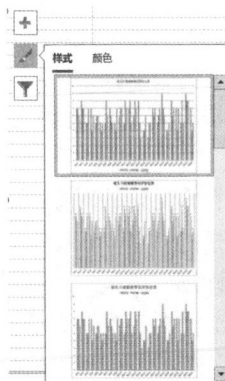

图 5 - 2 - 24　图表样式与颜色调整

(六) 交流与分享

与班级其他小组分享自己设计的幼儿口腔健康情况调查问卷及数据分析结果,并交流讨论:

(1) 利用问卷星收集幼儿健康数据,有哪些优缺点?

(2) 问卷星和 WPS 电子表格各有哪些侧重的功能?

(3) 问卷星和 WPS 电子表格在幼儿行为观察与分析方面,还有哪些应用?

四、相关知识与技能

(一) 幼儿行为观察与分析概述

1. 幼儿行为观察与分析的意义

幼儿行为观察是通过有计划、有目的的考察,了解幼儿在日常生活、游戏、学习和劳动中表现的活动,其观察内容包括幼儿语言、表情和行为的发展水平和实际能力,是了解幼儿学习发展状况,评估幼儿兴趣、特点和需要的重要手段,也是教师调整保教策略、优化教育环境与课程、实现家园共育的有效途径。

幼儿健康管理是幼儿园管理工作中的重要内容,其范围涵盖幼儿的体质评价、生活习惯、生活能力、动作发展、运动监管、营养膳食、心理评估、健康教育等多个方面,对幼儿园日常生活及教育、教学等各项任务具有举足轻重的作用。幼儿健康情况的观察与分析,能有效帮助园所和家庭动态了解、科学分析幼儿生长

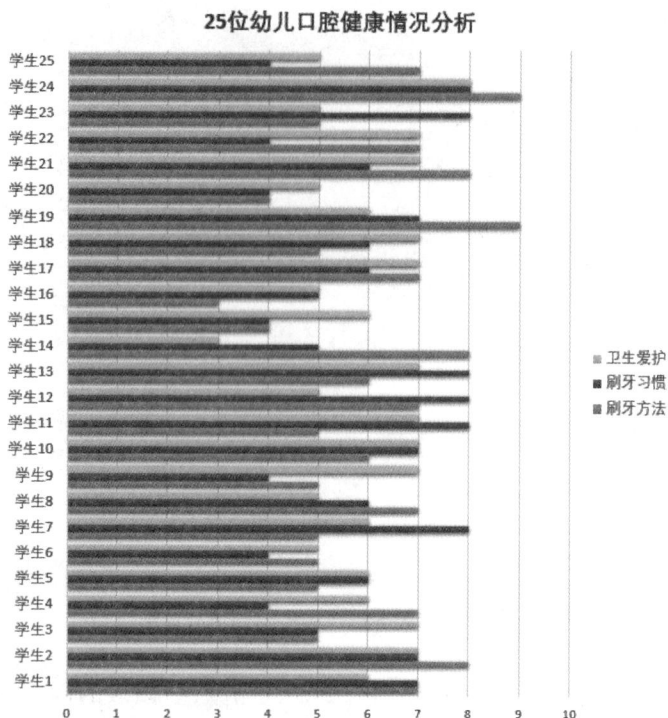

图 5-2-25 25 位幼儿口腔健康情况分析

发育状况,支持园所、家长及时做出调整和干预,也为园所健康管理与教学规划提供参考依据。

2. **幼儿行为观察与分析的步骤**

(1) 明确观察目的:根据研究问题确定观察目的,选取合适的观察角度,以获取有价值的信息,分析问题、解决问题。

(2) 制定观察计划:考虑观察的对象(班级或者幼儿个体)、观察的主题(生活习惯、学习习惯、与同伴互动的行为、情绪行为)、观察的背景(什么场所、什么情境)、观察的方法和手段(现场观察、事后回忆),从而制定科学、符合实际的观察计划。

(3) 观察的实施:幼儿行为观察是要收集、记录、传递幼儿日常生活中的各种实际行为,在观察过程中应客观全面地记录,科学地分析。

开展幼儿行为观察与分析,在幼儿园教学实践中具有非常重要的现实作用。教师应该明确幼儿行为观察的重要意义,学会运用科学的观察与分析策略,整体提升幼儿行为观察与分析的成效,更好促进幼儿的健康成长。

(二) 利用问卷星和 WPS 电子表格对幼儿行为数据进行收集、处理与分析

1. **问卷星的功能与特点**

问卷星是一个专业的在线问卷调查、考试、测评、投票平台,专注于为用户提供功能强大、人性化的在线设计问卷、采集数据、调查结果分析等系列服务。与传统数据收集方式相比,问卷星具有快捷、易用、低成本的明显优势,其强大的数据收集功能,为幼儿园教育教学工作提供了便利。

(1) 题型的丰富性:问卷星包含单选题、多选题、填空题等多种题型,满足了不同场景的问题答题需求,支持从不同维度、以不同方式收集数据。

(2) 提交类型的多样性:问卷星支持以文字、图片、视频等形式提交问卷,拓宽了数据的来源,提高了数据的客观真实性,有利于教师更全面、细致地观察幼儿的行为表现。

(3) 多渠道分发问卷:问卷星支持通过 QQ、微信、二维码、短信等多渠道推送与收集,使得问卷填写不受时空限制,提高了幼儿数据收集的效率。

(4) 自动在线分析:问卷星可自动统计分析收集到的数据,并生成各种可视化报表,且生成的数据便于存储与分享。

（5）问卷数据的可加工：问卷星平台支持以表格或文本形式下载问卷数据，教师可利用其他更专业的软件，开展进一步的数据分析与挖掘。

2. 利用 WPS 电子表格处理与分析数据

WPS 电子表格是一款办公自动化软件，可用于表格处理、数据管理、图表分析等，能够全方位记录、统计与展示幼儿行为数据，在幼儿园工作中的应用较为广泛。WPS 电子表格处理与分析幼儿行为数据的优势主要体现在：

（1）数据记录与整理：幼儿日常生活中的行为数据丰富多样，WPS 电子表格可以整合不同类型但存在关联的数据，或汇总分散的、孤立的数据。

（2）数据统计与分析：WPS 电子表格中内置了丰富的分析工具和强大的函数，利用各种分析工具及不同函数的组合和嵌套，可以进一步归类与统计采集到的幼儿数据。

（3）数据的可视化：WPS 电子表格嵌入了几十种可视化图表，可以直观地呈现数据信息，帮助教师进一步理解幼儿行为背后隐藏的含义，从而开展有针对性的干预。

第三节　技术支持的家园互动

一、活动情境与任务

主题活动　　　　　　　　　　家园互动的开展

　　随着信息时代的到来，好孩子幼儿园一直尝试使用信息技术手段开展家园互动。除传统的家园联系手册、家访、开放日及家长会等家园互动形式外，还建立了家长微信群、QQ 群等，但发现效果不甚理想：微信、QQ 群等大多以幼儿园教师的信息通知、发布为主，互动性不够，而且接受的信息量大，容易遗漏信息。

　　近几年各种专业的家园互动 App 和小程序不断涌现，家长与幼儿园老师可以便捷地在线交流互动，满足家园共育的需要。好孩子幼儿园园长要求班主任使用"家园联系栏"小程序开展家园互动，提高家园互动的质量。

二、活动分析

（一）活动计划

1. 注册账号，建立家园互动班级

在"家园联系栏"小程序注册账号，熟悉平台操作，创建名为"好孩子幼儿园中（1）班"的家园互动班级，并邀请家长加入该班级。

2. 使用"家园联系栏"小程序开展家园互动活动

使用"家园联系栏"小程序发布通知公告、发布好习惯打卡、制作幼儿主题相册、创建幼儿成长档案袋，并引导家长参与发言互动。

3. 分享与交流

对照活动要求，与班级中其他小组交流自己开展的家园互动。

（二）所需知识与技能

（1）家园互动的概念与内容。

(2)"家园联系栏"小程序的注册与使用。

三、方法与步骤

(一)注册账号,建立家园互动班级

(1)注册账号,创建班级。打开微信,在顶部的"搜索"框输入"家园联系栏"。在出现的列表中,选择"家园联系栏"小程序。点击"家园联系栏"小程序进入,如图5-3-1和图5-3-2所示,选择"立即授权",并选择"我是老师"。设置好班级名称和年级后,点击"下一步",即完成班级的创建。创建班级如图5-3-3所示。

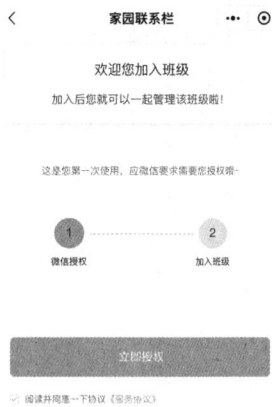

图5-3-1 "家园联系栏"授权　　图5-3-2 选择身份　　图5-3-3 创建班级

(2)熟悉"家园联系栏"小程序界面。"家园联系栏"小程序包括四大模块:班级圈、素材库、工具包以及"我的"设置,点击最底部的导航栏可进入相应的模块,如图5-3-4所示。

图5-3-4 底部导航

(3)邀请家长加入班级。选择左下角"班级圈",点击"工作台"→"班级管理",选择底部右下角的"邀请家长/学生",在弹出来的对话框选择"从微信群邀请",将邀请链接发送至班级微信群,如图5-3-5所示。家长加入家园互动班级成功后,效果如图5-3-6所示。

图5-3-5 邀请家长加入班级　　图5-3-6 家长加入班级

（二）使用"家园联系栏"小程序开展家园互动活动

1. 发布通知公告，告知重要的幼儿活动

好孩子幼儿园将在 4 月 26 日开展春游活动，拟邀请各位家长一起参加。选择左下角"班级圈"，选择"通知"，点击右下角的（发布），在弹出来的对话框中选择"发通知"。"家园联系栏"小程序支持两种方式发布通知：默认模板、使用通知模板。

（1）使用默认模板发布通知。在"选择模板"界面选择第一个"默认模板"，依次输入标题、通知内容，选择"发布对象"以及"是否需要回复"等内容，点击"确认无误，发布"即可完成通知发布，如图 5-3-7 所示。

图 5-3-7　使用默认模板发布通知

（2）使用通知模板发布通知。"家园联系栏"小程序提供了丰富的通知模板，包括"幼小衔接""温馨提醒""活动通知""预防通知""防疫通知""节假日通知"等共几十种通知模板，如图 5-3-8 所示。本次春游属于"活动通知"，选择"春游活动通知"模板，点击"使用该模板"，修改通知内容，发布后结果如图 5-3-9 所示。

图 5-3-8　通知模板

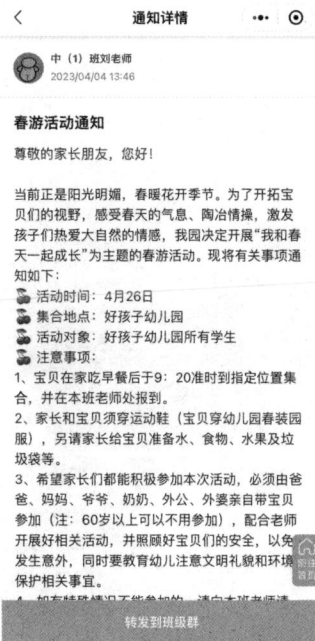

图 5-3-9　通知发布后结果

（3）查看通知结果。点击具体的活动通知,可了解通知的阅读情况及"已查看"和"未查看"的家长名单,如图 5‐3‐10 所示。点击"提醒家长查看",可复制未查看通知的家长名单,如图 5‐3‐11 所示,转发至班级微信群即可提醒家长。

图 5‐3‐10 查看通知的阅读情况

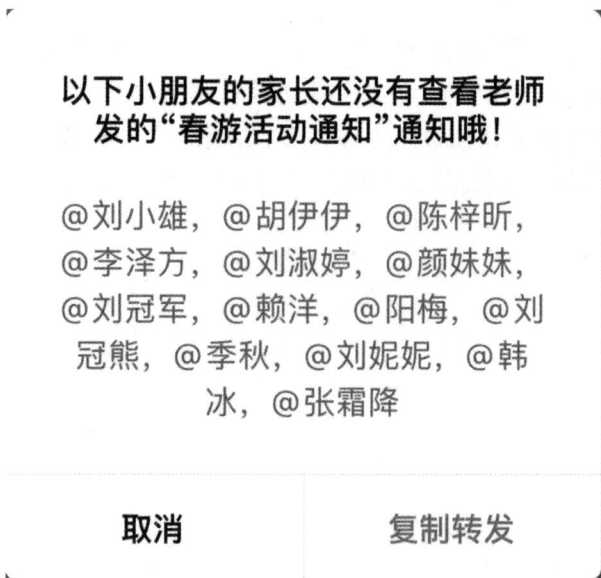

图 5‐3‐11 复制未查看的名单

2. 发布好习惯打卡

为了提高幼儿的阅读兴趣,培养幼儿的阅读习惯,加强亲子互动,好孩子幼儿园将组织 30 天阅读打卡活动。选择左下角"班级圈",选择"好习惯",点击右下角的 🔵 ,在弹出来的对话框中选择"发好习惯打卡"。"家园联系栏"小程序支持两种方式发布打卡任务:自定义打卡、使用打卡模板。

（1）自定义打卡。在"选择打卡模板"界面选择第一个"自定义打卡",依次输入标题、活动内容,设置打卡结束时间与打卡规则,如图 5‐3‐12 所示,点击"确认无误,发布"即可。

图 5‐3‐12 使用自定义打卡

（2）使用打卡模板。"家园联系栏"小程序提供了丰富的打卡模板，包括"生活好习惯""亲子互动""学习启蒙""运动健康""节日专题""暑假打卡""寒假打卡"等共几十种打卡模板，如图 5-3-13 所示。根据本次阅读活动的特点，选择"悦读书香，共享好时光"打卡模板，点击"使用该模板"，修改打卡通知内容，发布后，结果如图 5-3-14 所示。

图 5-3-13 打卡模板

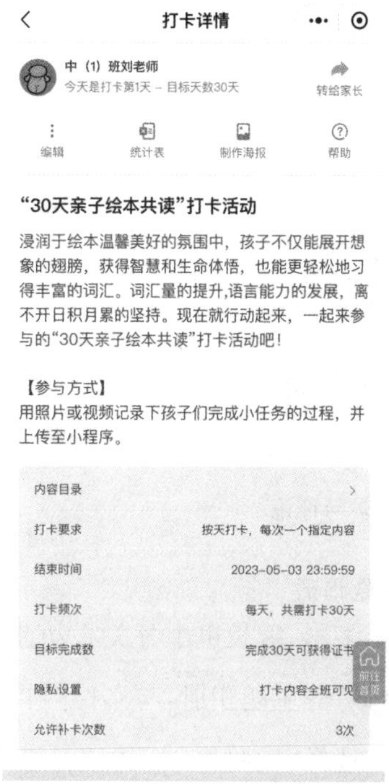

图 5-3-14 打卡发布后结果

（3）查看打卡结果。点击具体的打卡活动，可了解幼儿的阅读情况。如图 5-3-15 所示，从"班级打卡记录"处可查看每日班级打卡人数。点击"统计排行"，可查看参与打卡的幼儿"获得星星"数排名，如图 5-3-16 所示。

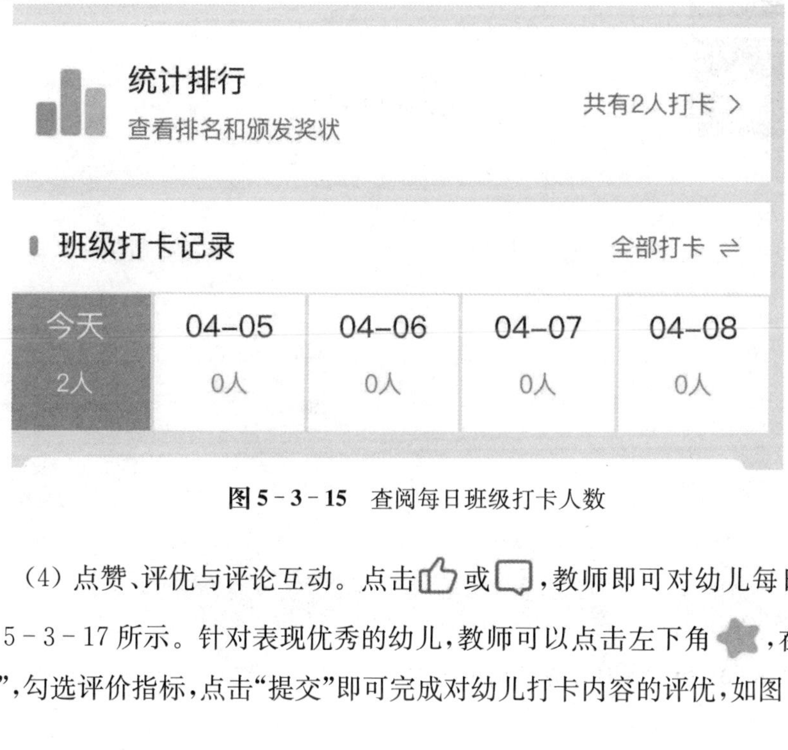

图 5-3-15 查阅每日班级打卡人数

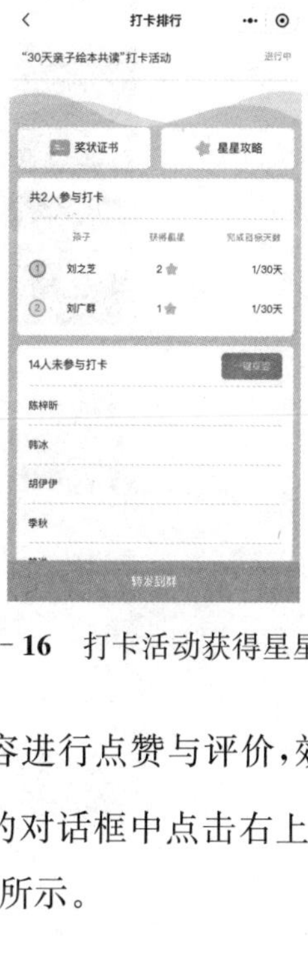

图 5-3-16 打卡活动获得星星数排名

（4）点赞、评优与评论互动。点击👍或💬，教师即可对幼儿每日打卡内容进行点赞与评价，效果如图 5-3-17 所示。针对表现优秀的幼儿，教师可以点击左下角⭐，在弹出来的对话框中点击右上角"编辑"，勾选评价指标，点击"提交"即可完成对幼儿打卡内容的评优，如图 5-3-18 所示。

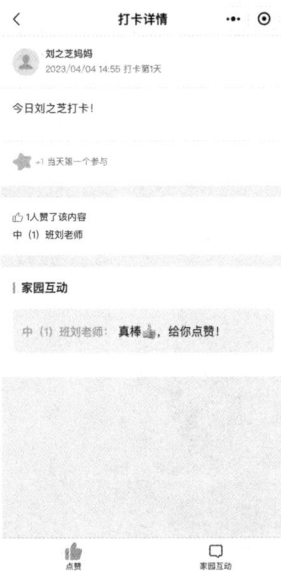

图 5 - 3 - 17　点赞与评论

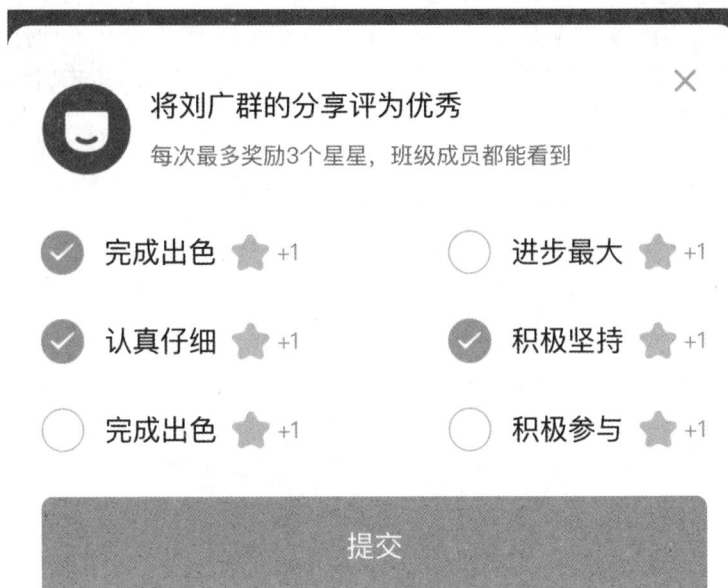

图 5 - 3 - 18　打卡内容评优

3. 制作幼儿主题相册

幼儿园活动丰富多彩,家长也十分关心幼儿在园的饮食与活动表现。刘老师想为中(1)班建立"运动""生活日常""今日食谱"等主题相册,与家长们共享。选择左下角"班级圈",选择"相册",点击右下角的 发布 ,在弹出来的对话框中选择"发照片/视频/音乐影集"。

(1)发布照片。选择"发照片",挑选幼儿园午餐照片,点击"确认"。如图 5 - 3 - 19 所示,点击"加入到相册"右侧箭头,选择"今日食谱"相册,点击"确定",设置主题模板,点击"确认无误,发布"即可。

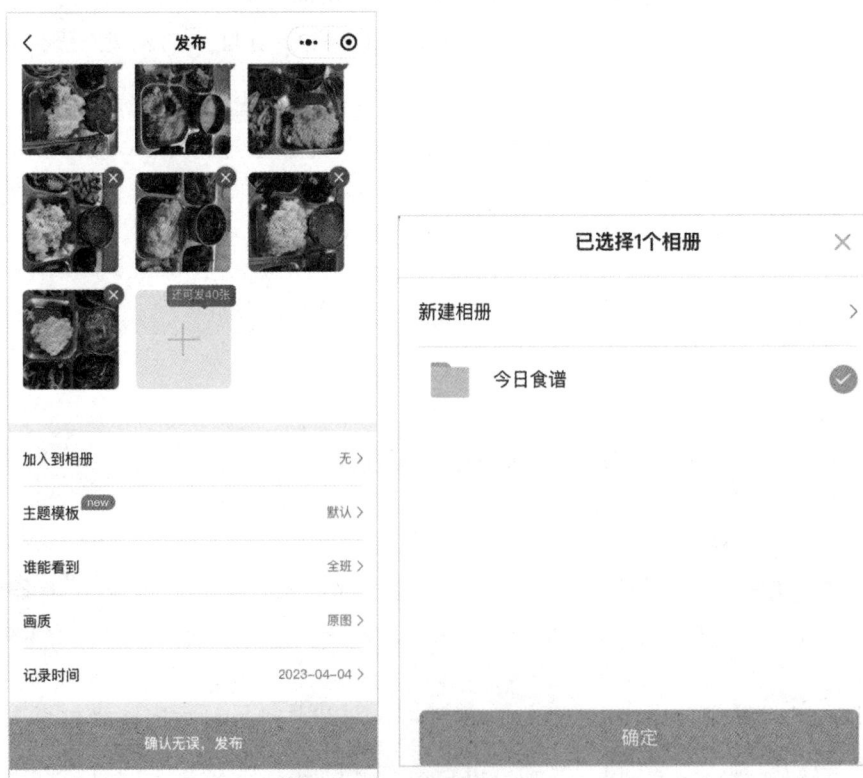

图 5 - 3 - 19　"今日食谱"主题相册制作

提示

若第一次没有相册,则需要按提示新建相册。

(2)查看相册,家园互动。教师可以选择左下角"班级圈",选择"相册",即可看到主题相册更新情况。点击具体的内容,即可与家长互动,如图5-3-20所示。

图5-3-20　主题相册家园互动

用同样的方法,制作"运动"主题相册、"生活日常"主题相册。效果如图5-3-21所示。

图5-3-21　主题相册分类

4.创建幼儿成长档案袋

为每一位幼儿建立成长档案,有助于教师全面、客观地了解并评估每一位幼儿的发展状况,也为家园互动提供有效支持。好孩子幼儿园园长要求每位教师为班级幼儿创建成长档案袋。选择左下角"班级圈",点击"工作台"→"成长档案",即可进入成长档案设计界面。

(1)幼儿成长档案袋的内容。"家园联系栏"小程序中提供了"星星数""证书""成长册"3部分内容,其中"星星数"和"证书"平台会自动统计。

(2)制作电子成长册。点击"电子成长册"右侧箭头,点击"新建班级成长册",设置名称为"中(1)班成长册"。点击"设置成长册风格"右侧箭头,选择成长册风格,例如可选择"童趣卡通",如图5-3-22所示,点击"选择当前模板"。点击"家长参与方式"右侧箭头,选择家长参与方式,例如可选择"家长协同老师编辑",如图5-3-23所示,点击对话框右上角的"确定"。勾选"全选",选择中(1)班所有幼儿,点击"确认创建",在弹出的对话框中点击"确认",即可创建电子成长册,效果如图5-3-24所示。

| 图5-3-22 设置成长册风格 | 图5-3-23 选择家长参与方式 | 图5-3-24 中(1)班成长册 |

(3) 编辑成长册内容。默认情况下成长册总共5页,包括"我的幼儿园""我的老师""我的班级""我的档案""教师评语"。其中"我的幼儿园""我的老师""我的班级"为通用页,将显示在所有的幼儿成长册中,"我的档案"和"教师评语"为个性页,需要单独为每位幼儿设置。

① 通用页设置。点击"我的幼儿园",上传幼儿园图片,设置页面标题,输入幼儿园名称以及园所寄语,点击"确认"。点击"我的老师",上传老师照片,设置页面标题,输入老师寄语,点击"确认"。点击"我的班级",上传班级合影,设置页面标题,输入班级名称以及班级寄语,点击"确认",通用页设置如图5-3-25所示。

图5-3-25 成长册通用页设置

② 个性页设置。点击刘之芝头像,进入其成长册编辑界面。点击左下角"编辑内容",即可看到刘之芝成长册的具体内容。点击"我的档案",为刘之芝定制个性化档案。点击"教师评语",对刘之芝进行阶段性评价。平台提供教师评语模板,点击"评语模板库",选择"中班",选择评语关键词,进而生成相应的话语进行评价。刘之芝个性页设置如图5-3-26所示。

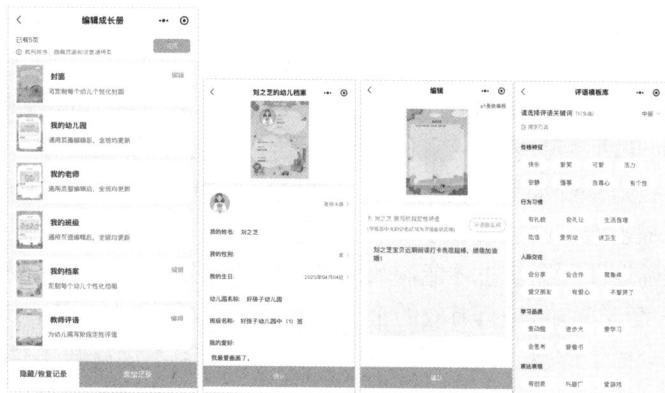

图 5-3-26 刘之芝成长册个性页设置

③ 成长册内容的更新与完善。在刘之芝成长册编辑界面,点击"添加记录",可通过手机、班级相册等途径添加内容,加载完成后,点击左上角的"完成",成长册将自动添加新页。新增记录后的刘之芝成长册效果如图 5-3-27 所示。

图 5-3-27 更新后的刘之芝成长册

用同样的方法,依次为班级其他幼儿优化成长册内容。

(三) 分享与交流

向班级其他小组分享介绍自己创建的"好孩子幼儿园中(1)班"班级圈及成长档案册,并交流讨论:
(1) 与微信群、QQ 群、钉钉或是腾讯会议等软件相比,"家园联系栏"具有哪些优势?
(2) 使用"家园联系栏"还可以在哪些方面进行家园互动?

四、相关知识与技能

(一) 家园互动的内容

1. 家园互动的意义

家园共育是幼儿园教育的重要组成部分,对幼儿健康成长至关重要。家园互动则是实现家园共育的重要途径,是指幼儿园和家庭都把自己当作促进儿童发展的主体,双方积极主动地相互了解、相互配合、相互支持,通过幼儿园与家庭的双向互动共同促进儿童的身心发展。只有家园配合形成有效互动和教育合力,才能为幼儿提供优质的教育资源,创造优良的教育环境,促进幼儿能力的提高,为幼儿的终身发展奠基助力。在新型教育观念引导下,幼儿园应充分发挥家长的主体作用,通过开展科学合理的家园互动实践活动,主动邀请家长参与到幼儿园活动当中,进一步增强家长对幼儿教育的配合度并掌握正确的育儿方式,提高家庭教育质量,实现幼儿教育最佳效能,促进幼儿身心健康全面发展。

2. 幼儿成长电子档案

幼儿成长档案是幼儿在幼儿园识、体、智、美各方面发展情况的记录载体,是教师、家长与幼儿共同记录与收集的关于幼儿从事各类活动的过程与成果,它是幼儿成长过程的记录,目的在于通过幼儿作品及各类资料反映幼儿的兴趣、态度以及在某个领域中的努力、进步与成就。幼儿成长档案是增进家园联系的有效手段,有利于幼儿园教育与家庭教育形成合力,促进幼儿健康成长。幼儿成长档案的建立需要教师、家长和幼儿三方面的合作、参与。幼儿成长档案的建立有着明确的思想,要反映开放教育课程与幼儿发展的内在联系;要反映教师与幼儿的互动过程;要反映家长与教师、幼儿的互动;要反映每一位幼儿富有个性的发展。

幼儿成长档案能促进教师专业水平的提高。通过创建成长档案,提高对孩子的观察能力、文字的撰写能力和教育反思能力。对孩子的日常生活和学习行为、发展状况进行细微的关注,在观察的基础上撰写观察记录存入档案之中。教师还要不断反思才能深入地了解幼儿的发展状况、兴趣特点、特殊需要,从而根据每个孩子的特点,及时调整教学策略,进行有效的个别指导,促进教师专业水平不断地提高。

幼儿成长档案为家长全面了解孩子提供了素材。幼儿成长档案不仅反映了孩子的发展水平,它更是家长了解幼儿园教育的窗口。在创建过程中,要认真做好与家长的分享工作,定期向家长展示,与家长共同分析档案中的材料。家长通过阅读成长档案袋中材料,了解孩子在园的表现与发展,以便更好地采取家庭教育措施,为家园共育架起桥梁。

(二) 利用"家园联系栏"小程序开展家园共育

"家园联系栏"是一款家园互动的小程序,可以轻松方便地将班级通知、亲子活动作业、照片、幼儿信息等发送给家长,形成家园共育的健康环境,是当前较受欢迎、使用较为广泛的家园互动应用。利用"家园联系栏"开展家园共育,主要优势有:

(1) 操作简单、安全免费:"家园联系栏"是专为园所、老师及家长定制的微信小程序,无需下载App,操作简单、安全免费,有效减轻了教师的工作负担,实现了园所高效管理,助力家园有效互动。

(2) 海量模板,快速互动:"家园联系栏"系统内置了海量通知模板、打卡模板,教师可以一键使用模板,替换关键内容,省去编辑时间。

(3) 丰富亲子活动素材,指导开展家庭教育活动:"家园联系栏"为教师提供了大量有趣味性、可视化、轻操作、易展示的亲子活动素材,包含绘本、美工、器乐、科学与数学、运动、劳动等主题,主题内容能帮助幼儿习惯养成、激发幼儿探究欲,为家庭教育提供了有效的指导与支持。

(4) 齐全的工具包,赋能幼儿活动全过程记录与评价:"家园联系栏"系统内置了电子贺卡、班级海报、主题相册、奖状等工具,既可以帮助家长查看家庭活动的成果,也可以帮助教师做好活动的过程性存档,便于复盘、调整。

第四节　技术支持的教师专业成长

一、活动情境与任务

主题活动　　　　　　　　**教师个人知识管理的开展**

在信息爆炸和知识迅猛增加的时代,在幼儿园教学、学习过程中总会查找、浏览各种各样、满足不同需求的资源。教师所用到的资源类型包括图片、音频、视频、软件等,来自互联网的某一网页,下载的不同类型的多媒体资源素材,教师的教学活动设计、教案、课件等,在教研活动中与同伴教师相互交流所积累的碎片化知识。需要选择合适的工具对不同类型、不同来源的资源进行有效管理。

本活动要求对幼儿教育教学活动中所用到的资源进行搜集和科学合理地组织,积极与其他教师共享自己的资源,并能够快速查找到自己的资源。

二、活动分析

(一) 活动计划

1. 使用知识管理工具收集、获取幼儿教育资源

熟悉有道云笔记软件界面以及基本操作。使用有道云笔记获取不同类型、不同来源的资源,能够实现幼儿教育优秀网站、幼儿教育相关教学设计、视频、音频、动画等多媒体资源的搜集。

2. 对搜集的幼教资源进行科学的组织和管理

在之前的学习活动中,用到很多不同类型、不同来源的文件,为了高效管理教育教学资源,需要分门别类地把积累的知识存储在一系列的文件夹中,按照幼儿园学生的学习活动类型对知识进行合理的分类,梳理组织杂乱的资源。

3. 与他人共享自己的幼儿教育教学资源

使用有道云笔记的分享功能,给同事或朋友发送链接或二维码,将个人在学习过程中所积累的不同类型、不同来源的资源,学习中所遇到的问题,与他人共享、交流。

4. 幼儿教育资源的检索与利用

通过关键字搜索快速找到所需要的资源,提高工作和学习效率。

(二) 所需知识与相关技能

(1) 熟悉知识管理的概念和步骤。

(2) 使用有道云笔记搜集多种类型的资源。

(3) 使用有道云笔记组织和管理个人的知识。

(4) 使用关键字检索个人知识。

(5) 使用有道云笔记与他人共享个人的知识。

三、方法与步骤

(一) 使用知识管理工具收集幼儿教育资源

利用有道云笔记插入文字、图片、超链接、多媒体文件等内容,实现不同类型、不同来源资源的搜集。

1. 启动有道云笔记,新建笔记

(1) 在桌面找到 图标,双击启动有道云笔记软件。

(2) 新建文件夹。点击左侧导航栏"新建",在弹出的菜单中选择"新建文档夹",输入名称"我的教育教学资源"。有道云笔记的操作界面如图 5-4-1 所示。

图 5-4-1 新建"我的教育教学资源"文件夹

2. 在有道云笔记中实现幼儿教育网页资源的搜集

（1）右击"我的教育教学资源"文件夹，选择"新建"→"空白文档"，有道云笔记会自动生成一个名称为"无标题笔记"的文档。右击该文档，在弹出的菜单中选择"重命名"，修改名称为"幼教网站"。

（2）了解有道云笔记文档的使用。有道云笔记文档类似于 Office 文档，通过设计标题层级，实现不同资源的管理，同时可以自定义调整笔记背景、字体样式、颜色等，如图 5-4-2 所示。

图 5-4-2　有道云笔记的编辑界面

（3）幼教网站有很多，为了有效管理不同类型的网站，可以再进一步划分网站类别。点击空白页面第一行，输入"幼儿教育教学"，选中"幼儿教育教学"，在菜单栏中将"正文"修改为"一级标题"。在"幼儿教育教学"后换行，输入"幼儿自主学习"。在"幼儿自主学习"后换行，输入"幼教论坛"。

（4）若需要将"幼儿教育教学"这一类网站按照幼儿园一日活动的形态分类，可以在"幼儿教育教学"后设置下属层级。在"幼儿教育教学"后换行，输入"游戏活动"，选中"游戏活动"，在菜单栏中将"正文"修改为"一级标题"，选择"无序列表"，并调整颜色和字体。在"游戏活动"后换行，输入"生活活动"。类似地，依次输入"运动""学习活动"。

用同样的方法，依次将"幼儿自主学习""幼教论坛"这两类网站分类。效果如图 5-4-3 所示。

图 5-4-3　幼教网站分类细化

（5）在页面中插入网页的超链接资源。在"游戏活动"后换行，按下删除键清除列表格式。在菜单栏，选择"插入"→"链接"，如图 5-4-4 所示，在"文本"中输入"中国幼儿教育网-儿童游戏"，在"链接"中输入网址"http://www.cn0-6.com/shared/games.html"。类似地，依次输入其他主题的网址链接。结果如图 5-4-5 所示。

文本 中国幼儿教育网-儿童游戏

链接 http://www.cn0-6.com/shared/games.h 访问

取消　　确定

图5-4-4　插入儿童游戏链接

图5-4-5　幼儿教育教学资源超链接资源界面

3. 利用有道云笔记管理多种类型的幼儿教学素材

除了网站资源外,个人的教育教学资源还包括图片、视频、音频等内容。有道云笔记支持将不同类型的资源以个性化的方式存储。

(1)规划教学素材的内容。右击"我的教育教学资源"文件夹,选择"新建"→"空白文档"。右击该文档,在弹出的菜单中选择"重命名",修改名称为"图片素材"。用类似的方法,依次新建"音频素材""视频素材",如图5-4-6所示。

图5-4-6　教学素材的分类

（2）管理图片资源。点击进入"图片素材"笔记，在菜单栏，选择"插入"→"图片"，选择图片所在的文件夹位置，选择所要管理的图片，将其插入到页面中，移动图片位置，调整图片大小，结果如图5-4-7所示。

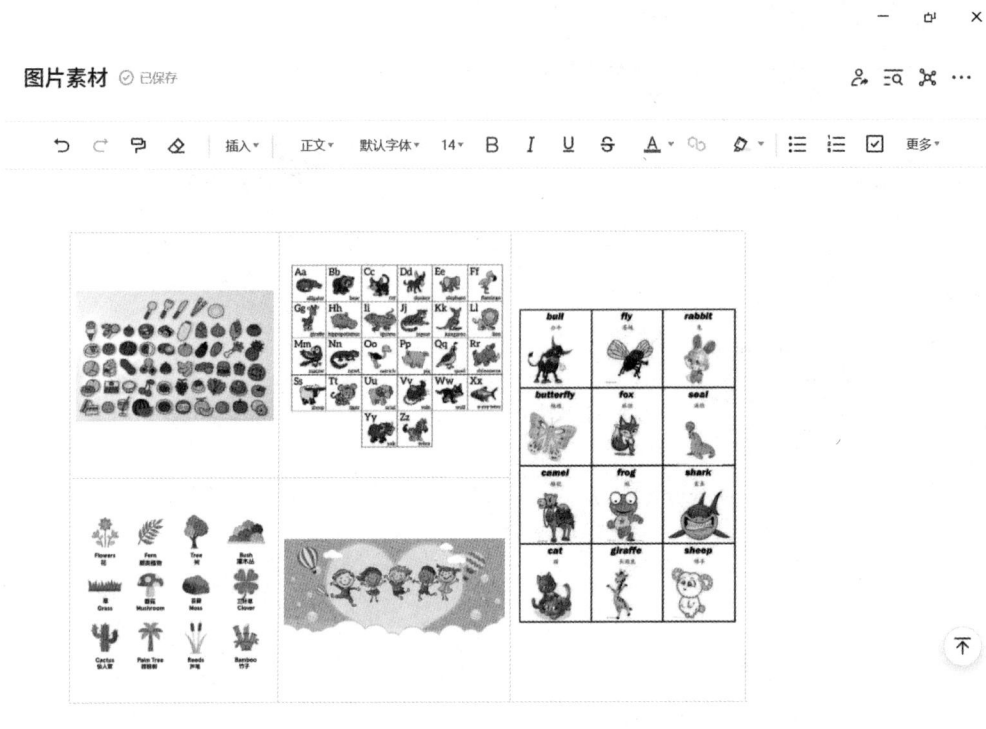

图5-4-7 图片的管理

（3）管理视频和音频。选择"音频素材"笔记页面，在菜单栏，选择"插入"→"附件"，选择音频所在的文件夹位置，选择所要管理的音频，将其插入页面中。类似地，选择视频笔记页面，将所要管理的视频素材依次插入相应的页面中，实现对所下载的视频素材的管理。结果如图5-4-8和图5-4-9所示。

图5-4-8 音频素材的管理

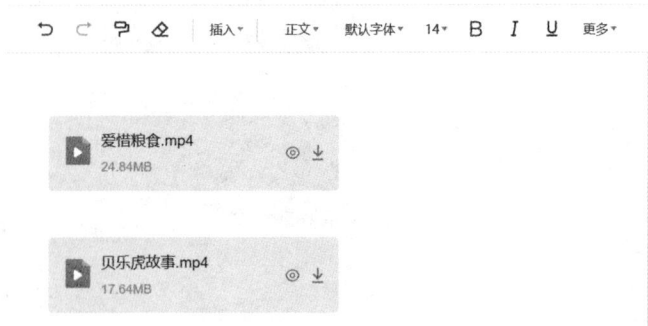

图5-4-9 视频素材的管理

（4）视频、音频的播放。可以用两种方法播放选中的视频或音频。第一种方法是，点击要查看文件右侧的 ◎；第二种方法是，直接双击要查看的文件，即可播放音频和视频。

（二）使用知识管理工具收集教学参考与学习资料

除了图片、视频、音频等资源外，教师要根据实际教学需要，管理日常生活中收集到的优秀教学课件、幼儿活动教案、优秀教学论文、教学反思等内容，提高个人知识管理的效率。

（1）管理课件和教案。按照"我的教育教学资源"文件夹创建方法，创建"幼儿教学参考与学习资料"文件夹。右击该文件夹，选择"新建"→"文件夹"，修改名称为"幼儿教学课件与教案"。

（2）管理幼儿教学课件与教案。右击"幼儿教学课件与教案"文件夹，如图 5-4-10 所示，选择"新建"→"上传文件"，选择课件和教案所在的文件夹位置，将所要管理的课件和教案上传到文件夹内，点击"开始上传"即可，如图 5-4-11 所示。

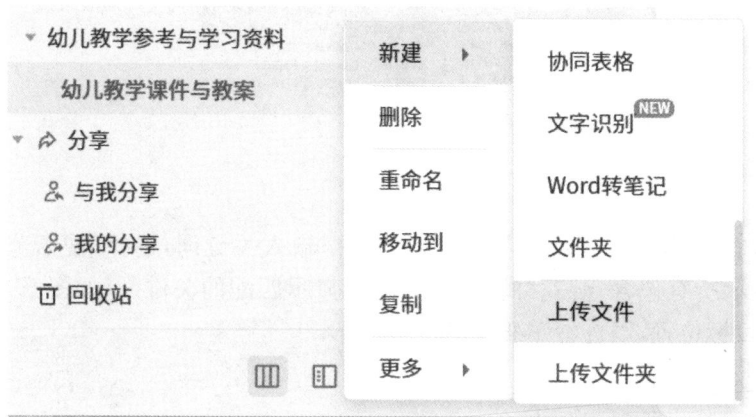

图 5-4-10　上传文件对话框　　　　　　　图 5-4-11　开始上传对话框

幼儿教学课件与教案管理界面如图 5-4-12 所示。使用同样的方法管理幼儿教学论文，结果如图 5-4-13 所示。

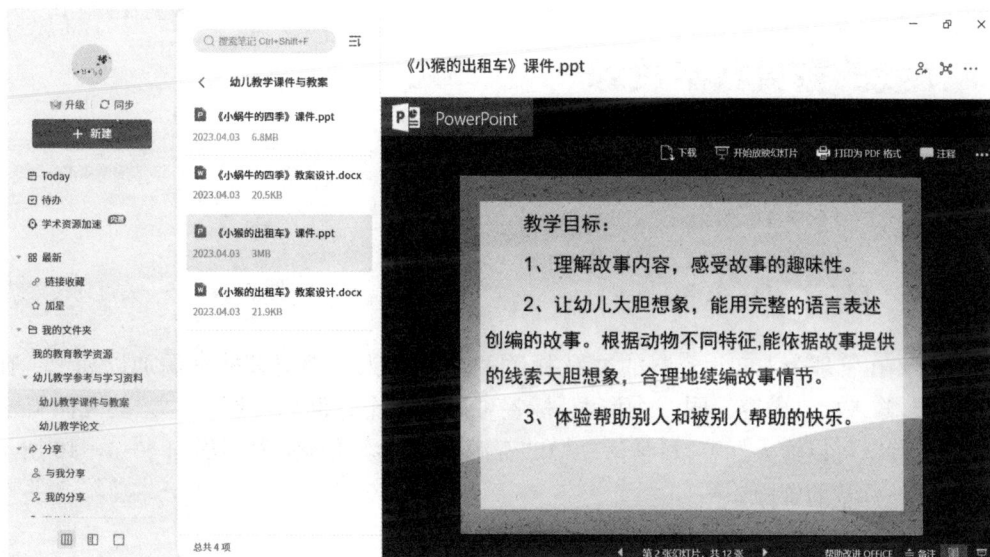

图 5-4-12　课件教案素材的管理

（三）资源的检索与利用

积累和管理的信息越来越多，快速地找到特定内容，对提高知识管理效率至关重要。有道云笔记提供

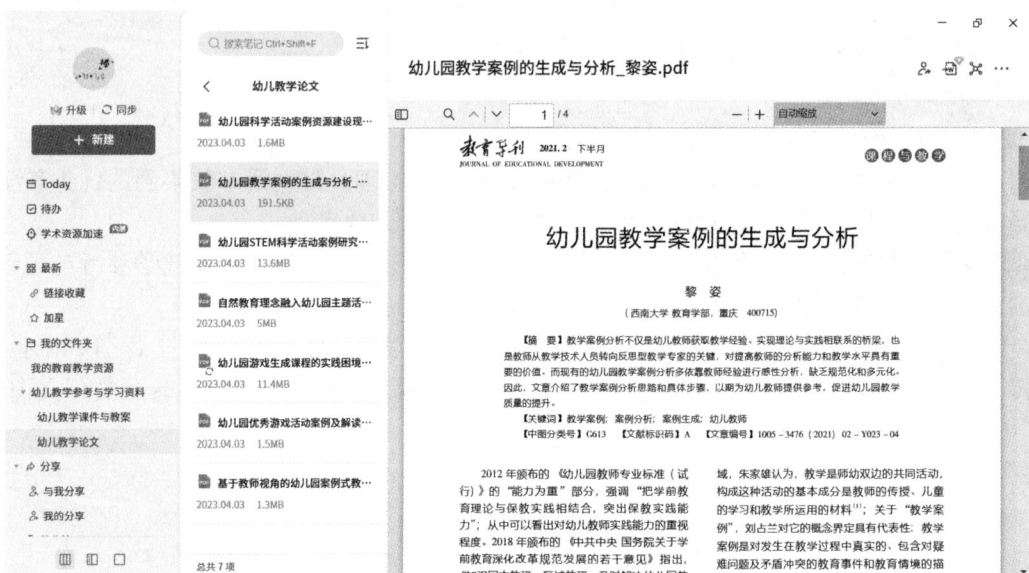

图 5 - 4 - 13　教学论文素材的管理

了关键词检索和标签检索两种功能。

（1）关键词检索：如图 5 - 4 - 14 所示，在有道云笔记窗口左上方的搜索框输入关键词，选择"搜索范围"。如输入"游戏"，选择"全部笔记"，将显示所有包含"游戏"的资源，并高亮显示匹配的关键词，如图 5 - 4 - 15 所示。单击某结果，即可快速跳转到目标位置，以查看详细内容。

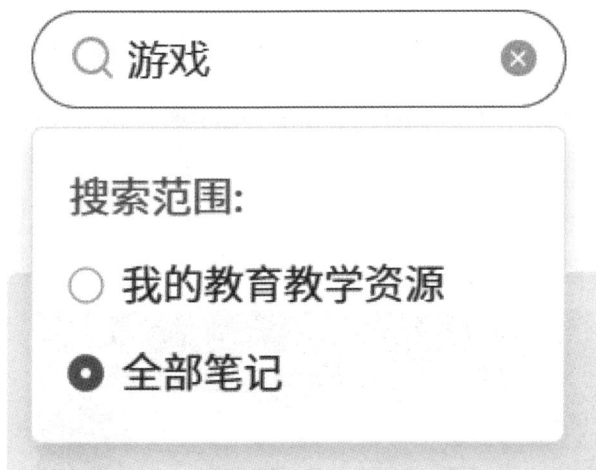

图 5 - 4 - 14　关键词搜索

图 5 - 4 - 15　关键词搜索结果

（2）标签检索。在管理个人知识资料的过程中，可以根据个人习惯对某些资源加以标记。在笔记菜单栏右侧选择"标签"，输入标签内容。同一个资源，标签可以有多个。例如，教学论文"幼儿园科学活动案例资源建设现状与对策"，可以输入标签"科学活动"和"资源开发"，添加标签界面如图 5 - 4 - 16 所示。可在左侧工具栏中查找添加标签的资源。

（四）与其他人共享优秀资源

有道云笔记支持多种形式分享资源。选中需要分享的笔记内容，右击选择"更多"→"分享"，即可通过链接、微信或者二维码的形式分享，如图 5 - 4 - 17 所示。同时，也可以将笔记导出为 Word 文件和 PDF 文件，以便有选择性地和他人共享。

图 5-4-16 添加标签

图 5-4-17 文件的共享

（五）交流与分享

把自己整理的幼儿教育数字资源与班级其他小组分享，并交流讨论：

（1）利用有道云笔记进行个人知识管理有哪些优势？

（2）有道云笔记还有哪些功能？在幼儿教师教育教学工作中还有哪些应用场景？

四、相关知识与技能

（一）知识管理的概念

随着智能手机、平板电脑的普及应用，我们无时无刻不面对着来自互联网的大量信息，有效地获取、筛选、加工、分析信息成为个人适应信息社会发展所必备的关键能力。因此，如何有效管理个人知识进而提升个人工作和学习效率至关重要。

个人知识管理是在个人需要的基础上有目的和有意识地利用具备搜索、存储和交流等相应功能的知识管理工具，对知识进行获取、组织、交流、共享和创新的综合管理活动，从而整合与补充自己的信息资源，逐步建立与完善个人的知识体系，提高个人的适应性、生存能力和知识竞争能力。个人知识管理包括以下几个关键步骤：

（1）知识获取。是个人根据自身的需要，利用知识获取工具选择、提取知识的过程。

（2）知识储存与组织。把个人获取到的知识进行分类，并按类存储。

（3）知识表达与交流。是促进隐性知识与显性知识之间转换的必要过程，是获得灵感、进行知识创新所不可缺少的条件，也是验证知识与思想是否正确、合理的一个过程。

（4）知识共享。是知识管理重要环节之一，是个人知识管理的必要前提，获取知识、进行知识的交流都是依托在知识共享的前提之下实现的。

（5）知识创新。是个人知识管理的最终目标，是在前人知识的基础上，通过自身总结、思考与实践，促使隐性知识显性化和编码化，发现知识新内涵和新作用的活动。

随着互联网技术及人工智能技术的迅猛发展，学习的形式发生了变化，非正式学习成为人类获取知识的主要途径之一。看视频，浏览网页，参加网络讨论，无时无刻不在获取、共享和创造着知识，一张图片、电子书、网页、与其他人交流的片段言语等都有可能成为学习的内容或者成果，碎片化的知识构成了个人获取知识的重要来源。如何对碎片化知识进行记录和管理，对提高学习效率、提升个人知识管理效能有着重要的作用。

（二）利用有道云笔记进行资源的获取、组织、共享与检索

有道云笔记是网易旗下专注提高效率的笔记软件，支持多端同步。用户可以随时随地编辑、分享以及协同处理线上资料。由于其具有强大的文件管理功能和人性化的读写界面，越来越被人们赋予了个人知识管理的意义。有道云笔记的功能主要包括：

（1）记录与存储。有道云笔记支持各种附件格式的录入，包括图片、PDF、Word、Excel、PowerPoint 文件等，能够实时增量式同步，是个人与团队的线上资料库。

（2）编辑管理。有道云笔记提供了文字、图片、拍照、语音等文档编辑功能，支持添加有序/无序列表，支持文字段落的字号、加粗、颜色等多种格式的编辑。除了重命名、移动、删除、添加标签等基本功能外，有道云笔记还提供"阅读密码""置顶""加星"等实用功能。

（3）分享与协作。有道云支持分享到主流的社交应用，如微信、微博等，还增加了复制链接、二维码等分享形式。同时，有道云笔记提供了云协作功能，支持教师在线协作修改，提高了教师团队协作的效率。

参考文献

［1］教育部. 幼儿园教育指导纲要(试行)［M］. 北京:北京师范大学出版社,2001.

［2］何克抗,林君芬,张文兰. 教学系统设计［M］. 北京:高等教育出版社,2006.

［3］张剑平. 现代教育技术——理论与应用［M］. 北京:高等教育出版社,2006.

［4］R. A. 瑞泽. 教学设计和技术的趋势与问题［M］. 上海:华东师范大学出版社,2008.

［5］林铭. 现代教育技术——理论与实践［M］. 北京:电子工业出版社,2008.

［6］傅钢善. 现代教育技术［M］. 西安:陕西师范大学出版社,2008.

［7］黄瑾. 幼儿园教育活动设计与指导［M］. 上海:华东师范大学出版社,2007.

［8］凯斯著. 智慧的发展——一种新皮亚杰主义理论［M］. 上海:上海教育出版社,1994.

［9］闫芃. 当前幼儿园教育活动中存在的问题及对策思考［D］. 济南:山东师范大学,2012.

［10］郭素敏. 信息技术与幼儿园数学教育的整合及案例研究［D］. 沈阳:东北师范大学,2011.

［11］王卫军. 教师信息化教学能力发展研究［D］. 兰州:西北师范大学,2009.

［12］闫淑英. 浅谈幼儿园的教学设计［J］. 太原师范专科学校学报,1999,(2):73－74.

［13］教育部. 中小学教师教育技术能力标准(试行)［S］. 2004.

［14］丁海东. 幼儿教师应当如何设计和撰写教育活动目标［J］. 教育导刊,2011,(4):48－50.

［15］柯和平,齐剑鹏. 教学策略的选择与运用［J］. 教学与管理,2008,(2):112－113.

［16］郭力平. 我国学前教育信息化的未来展望［J］. 中国信息技术教育,2011,(1):19－20.

［17］王吉. 学前教育信息化评价指标体系的构建［J］. 教育测量与评价,2012,(1):25－27＋40.

［18］何克抗. 关于《中小学教师教育技术能力标准》［J］. 电化教育研究,2005,(4):37－40＋44.

［19］蒋晨. 把握介入要素,提升整合实效——谈信息技术介入幼儿园语言教学的三个要素［J］. 上海教育科研,2013,(1):95－96.

［20］武爱红. 现代教育技术与幼儿教育改革初探［J］. 中国现代教育装备,2010,(20):14－16.

［21］何磊,黄艳霞,金晓晓. 信息技术与幼儿教育的整合［J］. 学前教育研究,2009,(1):56－59.

［22］杨开城. 以学习活动为中心的教学设计实训指南［M］. 北京:电子工业出版社,2016.

［23］葛文双,傅钢善. 基于活动理论的网络学习活动设计——"现代教育技术"网络公共课活动案例［J］. 电化教育研究,2008,(3):50－54＋62.

［24］中共中央国务院. 中国教育现代化 2035［EB/OL］. 2019. http://www. moe. gov. cn/jyb_xwfb/s6052/moe_838/201902/t20190223_370857. html.

［25］中共中央国务院. "十四五"学前教育发展提升行动计划［EB/OL］. 2018. https://www. gov. cn/zhengce/2018－11/15/content_5340776. htm.

［26］教育部. 《教师数字素养》教育行业标准［EB/OL］. 2022. http://www. moe. gov. cn/srcsite/A16/

s3342/202302/t20230214_1044634.html.

[27] 程丽辉,章锦,李聪.教师观察中微视频的拍摄和运用[J].幼儿教育研究,2022,(5):54-57.

[28] 孙晓娇.基于生活教育视角的幼儿园微课程实施的个案研究[D].兰州:西北师范大学,2022.

[29] 王建虎,刘莹,张曦之.幼儿园教师教育中的微课程开发研究[J].基础教育研究,2016,(17):74-77.

[30] 吕玉萍.信息技术支撑幼儿教育活动开展的方式[J].新课程教学(电子版),2022,(18):150-152.

[31] 吴宇.通过探究性学习优化幼儿教育活动的策略分析[J].考试周刊,2021,(88):22-24.

[32] 马利民.教师进行幼儿行为观察与分析的意义、方法[J].教育观察,2020,(16):26-27.

[33] 谭恒,康华明.职前幼儿教师"儿童行为观察与支持"实践检核及提质路径研究[J].遵义师范学院学报,2023,(2):117-121.

图书在版编目(CIP)数据

学前教育现代教育技术/谢忠新主编. —2 版. —上海：复旦大学出版社,2024.6
普通高等学校学前教育专业系列教材
ISBN 978-7-309-17063-4

Ⅰ.①学… Ⅱ.①谢… Ⅲ.①学前教育-教育技术学-高等学校-教材 Ⅳ.①G612②G40-057

中国国家版本馆 CIP 数据核字(2023)第 222166 号

学前教育现代教育技术(第二版)
谢忠新　主编
责任编辑/张志军

复旦大学出版社有限公司出版发行
上海市国权路 579 号　邮编：200433
网址：fupnet@ fudanpress.com　http://www.fudanpress.com
门市零售：86-21-65102580　　团体订购：86-21-65104505
出版部电话：86-21-65642845
上海华业装璜印刷厂有限公司

开本 890 毫米×1240 毫米　1/16　印张 10.75　字数 217 千字
2024 年 6 月第 2 版第 1 次印刷

ISBN 978-7-309-17063-4/G・2539
定价：45.00 元